思想政治教育研究文库

匠心筑梦育芳华

——东莞职业技术学院学生工作成果集

李浩泉　主编

光明日报出版社

图书在版编目(CIP)数据

匠心筑梦育芳华:东莞职业技术学院学生工作成果集 / 李浩泉主编. —— 北京:光明日报出版社,2021.5

ISBN 978-7-5194-5981-9

Ⅰ.①匠… Ⅱ.①李… Ⅲ.①高等职业教育—思想政治教育—研究—东莞 Ⅳ.① G711

中国版本图书馆 CIP 数据核字(2021)第 071535 号

匠心筑梦育芳华:东莞职业技术学院学生工作成果集
JIANGXIN ZHUMENG YU FANGHUA:DONGGUAN ZHIYE JISHU XUEYUAN
XUESHENG GONGZUO CHENGGUOJI

主　　编:李浩泉			
责任编辑:陆希宇		责任校对:傅泉泽	
封面设计:中联华文		责任印制:曹　净	

出版发行:光明日报出版社

地　　址:北京市西城区永安路 106 号,100050

电　　话:010-63169890(咨询),010-63131930(邮购)

传　　真:010-63131930

网　　址:http://book.gmw.cn

E - mail:luxiyu@gmw.cn

法律顾问:北京德恒律师事务所龚柳方律师

印　　刷:三河市华东印刷有限公司

装　　订:三河市华东印刷有限公司

本书如有破损、缺页、装订错误,请与本社联系调换,电话:010-63131930

开　　本:170mm×240mm

字　　数:309 千字　　　　印　　张:19.5

版　　次:2021 年 5 月第 1 版　　印　　次:2021 年 5 月第 1 次印刷

书　　号:ISBN 978-7-5194-5981-9

定　　价:98.00 元

编 委 会

序

　　全力培养德智体美劳全面发展的社会主义建设者和接班人是高校的根本使命。党的十八大以来，东莞职业技术学院全面贯彻党的教育方针，深入学习贯彻习近平新时代中国特色社会主义思想，认真落实全国高校思想政治工作会议精神，坚持立德树人，注重内涵发展，不断提高人才培养质量，砥砺奋进，各项事业发展均迈上了新的台阶，为服务地方经济社会发展作出了新的贡献。恰逢学校成立十周年契机，我们编辑了学生工作成果集《匠心筑梦育芳华》，旨在总结我校学生工作的有效经验，凝练德育工作的阶段成果，提振新时期学工队伍的责任意识和使命担当。

　　思想政治工作是学校各项工作的生命线。近年来，我校学生工作部门将思想政治工作牢牢记在心上，不断摸索学生教育、管理和服务的有效方法，全面推动学生思想政治工作因事而化、因时而进、因势而新。注重养成教育，狠抓学生违纪行为，建立学业预警、与学生谈话和家校联系机制，常态开展优良学风班创建和学风建设季活动，学生的日常行为得到明显改观。创新教育模式，从强化学生的主体地位出发，在大二学生中选拔优秀学生作为新生班级班主任助理，创办《学在东职》校园月报，以轻松愉悦的方式讲好校园故事，打造"我最喜爱的习总书记的一句话""讲出自己好故事""我们的宿舍家园""校园网贷现形记"情景剧比赛等近、小、实、亲的活动品牌，利用手机APP推行阳光健康跑，通过易班平台发布消息，推进工作，切实提高了第二课堂育人水平。加强辅导员队伍的实践锻炼，承办东莞市辅导员职业能力大赛和广东省辅导员职业能力大赛，让辅导员从中得到历练，提高了能力，展示了风采，3人获广东省辅导员职业能力大赛一等奖，2人成功晋级全国总决赛并获奖，1人被评为广东高校辅导员年度人物。

加强和改进大学生思想政治教育工作，既需要不断进行实践探索，也需要不断深化理论研究。近年来，我校从事学生工作的全体同志先后就学生学风建设、大学生思想状况、校园文化建设等诸多问题开展专题调研，初步建立起"常态调研、找准问题、建立机制、打造品牌"的工作模式，取得了令人鼓舞的成绩。近三年先后获得广东高校校园文化建设优秀成果一等奖1项；省高校辅导员优秀工作成果二等奖3项，三等奖6项，优秀奖2项。

为及时巩固和升华阶段性成果，我们对近年来学校从事学生工作的同志们撰写的论文、调研报告、工作案例、精品项目和经验分享文章进行梳理和编排，最终形成书稿。本书包括理论研究、实践探索和感知感悟三篇内容，从理论和实践的角度，结合学校思想政治工作实际对学生工作进行了总结和分析，有思想政治教育经验的交流，有学生管理新途径的探索，有对学工队伍建设的科学建言，有对网络育人的前瞻性思考，有深入细致的调查研究，有真实可信的典型案例……其中不乏对现代职业教育的反思，对大学生思想状况的担忧，对学风建设的剖析等。可以说，本文集是了解我校学生工作的一扇窗，是记录东职日新月异的一面镜，是指导学生工作者完善自我，施教育人，服务师生的一面旗。

当前，面对高校改革发展的新任务、新要求，面对新时代大学生的新特点、新变化，进一步做好高校思想政治工作任重道远。我们期望通过本书的出版，达到各兄弟院校之间相互交流，共同提高的目的。

由于我们的经验和学识不足，书中难免会有疏漏不妥之处，敬请专家、学者及读者批评指正。

编者

2019年1月

目　录
CONTENTS

第二篇　实践探索

第三篇　感知感悟

第一篇　理论研究

深化广东高职学生价值观自信教育的调查与思考

学生处 李浩泉

摘 要： 价值观自信是文化自信最本质的体现。调查发现，广东高职学生具有积极向上的政治信仰、积极进取的人生态度和较为健康的婚恋观，其生活方式折射出价值观取向，其价值评判标准更为开放务实。他们对现行价值观教育模式持肯定态度，并期待与其个人发展密切相关的教育活动。调查也显示，他们的价值观深受环境影响，在价值观的知行上仍存在落差。面对新时代新要求，面对新征程新任务，深入地推进高职学生价值观自信教育，应关注学生的发展需要以实施个性化的教育，根据高职教育的职业性特点把握递进教育中的重点，尊重学生主体地位以调动其自主参与的积极性，重视社会文化因素以发挥优秀文化的滋养作用，提升学生自律意识以促进核心价值观的实践养成。

关键词： 高职学生 价值观自信 思想政治教育

文化自信是一个国家、一个民族发展中更基本、更深沉、更持久的力量。没有高度的文化自信，没有文化的繁荣兴盛，就没有中华民族的伟大复兴。而价值观是文化最深层的内核，价值观自信是文化自信最本质的体现。只有持续培育和践行社会主义核心价值观，大力传承和延续中华民族思想精髓、精神基因、文化血脉，才能更好构筑中国精神、中国价值、中国力量，使中华民族以更加昂扬的姿态屹立于世界民族之林[1]。

由于青年的价值取向决定了未来整个社会的价值取向，对青年大学生进行价值观自信教育就成为文化自信建设的重中之重。而根据调查显示，我国共有2000多所高职院校，高职学生占大学生总数近一半比例，培育其牢固的文化自信与价值观自信，成为高职院校人才培养的一项重要责任和使命。

从文化自信的视角来审视广东高职学生价值观自信教育工作，有利于学习贯彻党的十九大精神，推动核心价值观融入现代职业教育当中。因此，笔者选择了省内部分高职学院进行相关的调研，力求通过分析存在的问题与不足，提出针对性的对策建议。

一、广东高职学生价值观取向现状

把握我省高职学生价值观取向现状及其对价值观教育的自我感知，是更好地开展学生价值观自信教育的前提。为此，此次调研选择了广东机电职业技术学院、广州城市职业学院、佛山职业技术学院、东莞职业技术学院等10所高职院校的学生为样本开展问卷调查。调研共发放问卷1400份，回收有效问卷1360份，问卷的有效回收率为97.1%。其中，男生、女生所占比例分别为42.8%和57.2%。同时，在东莞职业技术学院组织了100余人的个别访谈和学生座谈。通过调研，了解到我省高职学生的价值取向具有以下特点。

（一）政治信仰积极向上

大学生的信仰直接影响着他们的人生观、世界观和价值观。调查显示，高职学生政治信仰的主流是积极向上的，67.5%表示已加入或有意向加入中国共产党。当被问及"对中国共产党的执政能力进一步加强的乐观程度"时，有40.4%的受访学生表示很乐观，48.3%的表示比较乐观，乐观率达88.7%，表示不确定的占10.3%，表示比较悲观或很悲观的只有1.0%。对建设人民满意的服务型政府的乐观程度也类似，表示很乐观或比较乐观的共有86.7%。当问及"你对我国当前反腐斗争形势的看法"时，有7.9%的学生表示"压倒性态势已经形成"，64.4%的表示"已经取得阶段性成效"。此外，对每年国家定期召开的两会，11.8%的同学表示非常关注，52.2%的表示一般关注；对当前网络上出现一些诋毁抹黑英雄人物、道德楷模等的流言，91.2%的受访同学认为"这是不怀好意者蓄意造谣，切莫上当受骗，信以为真"。

这表明，大多数高职学生的政治价值取向与国家的主流意识形态一致，对于十八大以来党和政府所作出的一系列重大战略决策给予了积极的肯定，同时需要注意的是，随着"互联网＋"时代的到来，意识形态领域的斗争日趋激烈并不断地变换着内容和形式，对大学生的政治信仰产生了冲击，导致一些学生政治信仰迷茫，对于社会主义道路的内涵认知和情感认同远远不够。

（二）人生态度积极进取

生活于市场经济繁荣发达的今天，学生们的成就观正在经历深刻的变革。被问及最理想的职业时，学生们选择最多的是企业家（17.8%）、公务员（15.2%）和白领（13.6%）。问及其最崇拜的偶像，选择"影视明星"的学生最多，达26.0%，其次是"科学家""政治家""文学家"和"道德楷模"，分别为18.1%、16.8%、15.1%和15.0%，选择"体育明星"的学生占6.6%，还有2.9%的学生选择了"网红名嘴"。

对于成功的主导影响因素的选择，选择善抓机遇和刻苦勤奋的学生最多，选择率分别为45.6%和43.6%，选择"贵人帮扶""家庭背景""裙带关系"和"投机钻营"的学生较少，分别为5.4%、2.6%、1.7%和1.1%。对"有人通过打擦边球，钻政策制度的空子等方法来达到个人的目的"的态度，51.2%的学生表示"鄙视这种行为，我坚决不这样做"，但也有34.1%的学生表示"属投机取巧行为，万不得已时也会这样做"。对"有人认为拥有巨额财富是人生赢家的重要标准"这一观点，表示"不赞同"和"非常不赞同"的学生占44.5%，比表示"非常赞同"和"赞同"的（占32.3%）多，还有23.2%的学生不表态，选择了"不确定"。

被问及"你认为人生价值目标中最重要的是什么"时，回答"家庭幸福""诚信友善""爱国敬业"和"实现个人价值"的学生最多，分别占71.5%、71.3%、63.0%、59.3%，远高于"成名成家"（21.3%）和"家财万贯"（16.2%）。对于有关集体利益与个人利益取舍，选择"利己不损人"的学生最多，为76.5%。对于"位卑未敢忘忧国""先天下之忧而忧，后天下之乐而乐"这类观点，表示"非常赞同"和"赞同"的学生共占80.0%。对于未来将持的消费理念，表示"长远计划，理性消费"的学生占77.56%。这说明高职学生具有积极进取、健康务实的人生观、价值观，对"爱国""敬业""诚信""友善"等价值观高度认同，希望自己成为对国家、人民、社会有用的人。

（三）婚恋观较为健康

恋爱和婚姻乃是伦理关系产生的基础和前提，高职学生所持有的婚恋观将会对整个社会的道德舆论与风向产生重要影响。被问及"你认为身边朋友恋爱的主要目的"时，高职学生选择最多的是"倾慕对方""缓解空虚无聊""为婚姻作准备"和"证明自身魅力"，分别占68.1%、44.5%、39.5%、29.1%，还有14.5%的学生选择了"满足父母心愿"，9.8%的学生选择了"出于经济目的"。关于恋爱与婚姻的关系，58.9的学生认为"恋爱就是要享受当下，能否结婚顺其自然"，17.4%的学生认为"恋爱是恋爱，婚姻是婚姻"，16.1%的学生认为"恋爱的目的就是结婚"，还有7.6%的学生表示"没想过，不清楚，不关心"。对择偶时最重要因素的选择，90.4%的学生选择了人品，其次是性格（77.7%）、健康（57.3%）、外貌（52.6%）、身高（46.1%）和气质（44.2%）。

可见，当前高职学生群体在爱情观上的主流思想仍然是积极健康的，但同时也出现了一些诸如功利化、庸俗化、游戏化等消极现象。

（四）生活方式折射出价值观取向

网络的出现让大学生的课余生活变得更加丰富多彩。当代大学生的生活习惯、学习方式、价值取向、思维模式以及行为动机都深受网络文化的影响。从表1可见，学生一般用现代电子设备进行的最多的活动是社交聊天、追剧看电影和购物。

表1　学生一般用手机、电脑、iPad 等现代电子设备进行的活动（多选题）

选择项	人数	占比（%）
追剧看电影	933	68.6
购物	903	66.4
玩游戏	729	53.6
浏览新闻	771	56.7
炒股开店等经济行为	91	6.7
逛论坛贴吧	317	23.3
阅读	715	52.6
辅助学习	740	54.4
社交聊天	1013	74.5
信息交流	647	47.6

而且，如表2所示，学生的生活方式具有十足的多样化、个性化特征，看电影电视、玩游戏、阅读、旅游、逛街、聚餐K歌成了大多数学生的"标配"。难得的是，有21.4%的学生在闲暇时间选择参加志愿服务。

表2　学生在闲暇时间时主要参与的活动（多选题）

选择项	人数	占比（%）
旅游	603	44.3
聚餐K歌	588	43.2
玩游戏	670	49.3
文体活动	415	30.5
看电影电视	861	63.3
阅读	645	47.4
关注新闻	417	30.7
听讲座	172	12.6
志愿者服务	291	21.4
逛街	608	44.7
其他	52	3.8

当代青年群体的生活方式呈现个性化、大众化、国际化并存，实用性与时尚性并存的特点[2]。高职学生在生活方式上的选择，很大程度上是受到文化环境的影响，也从一个侧面反映了他们价值观的发展。比如网络文化促使他们形成了网络价值观，同时带动其价值观、世界观发生很大的变化，接受更多外来的价值文明；休闲文化和旅游文化、生态文化热的形成，彰显了当代高职学生群体的休闲享受价值观与环保价值观的形成发展。

（五）价值评判标准更为开放务实

高职学生在大学校园里，既学习着科学文化知识，又在不断地丰富和完善自身的价值观，既接受着校园文化的熏陶和洗礼，也接受着社会文化的影响与冲击[3]。调查发现，他们对现有生活方式和价值观有着自己独立的思考。例如，我国自古以来就有"勤俭持家"的文化传统，但是现在很多青年受享乐主义的影响，具有一定的"未富先奢"倾向，对诸如LV、香奈儿、法拉利、劳力士类的奢侈品，67.8%的学生表示"经济条件允许会选择购买"，25.3%的学生认为"追逐奢侈品是缺乏自信的虚荣表现"，只有4.5%的学生选择"奢侈品是身份地位的象征，必须拥有"，还有1.4%的学生甚至表示"我是奢侈品控，吃土也得买买买"。

此外，被问及对当前许多青少年热衷于过洋节，吃洋餐，追捧外国影视的看法时，57.8%的学生认为"西方文化有其可取的元素，可让青少年适当接触"，26.6%的学生表示"尝试一下西方的生活方式无伤大雅，不必大惊小怪"，认为"外国节日、饮食、影视文化富有特色，青少年追捧无可厚非"和"西方文化渗透对青少年价值观负面影响很大，此风不宜助长"的学生分别占10.23%和5.4%。而被问及"你对公务员在外事活动中穿西服、系领带的看法"时，选择"很好，与国际接轨"和"较好，尊重西方礼仪"的学生最多，分别为42.6%和34.7%，认为"不太好，缺乏中国特色"和"很不好，是文化不自信的表现"的学生最少，分别是7.2%和1.8%，另有13.8%的学生认为"无所谓，着装自由"。

可见，从价值评判来看，当代高职学生的价值评判不再是保持一种单一化的评判标准，而是采用一种更加开放、更加务实和多样化的评判体系。

二、广东高职学生对价值观教育的自我感知及实践养成情况

高职学生价值观的形成受他们成长经历和生活体验的影响，也受到他们所接受的价值观教育的影响。调查发现，高职学生对价值观教育的自我感知和实践养成有如下特点。

（一）对现行价值观教育模式基本持肯定态度

价值观形成是诸多因素合力影响的结果，但学校教育无疑是发挥着主渠道作用。核心价值观的系统教育和理论灌输是非常重要的途径。调查中，认为思想品德课、思想政治课、高校思想政治理论课等课程对其价值观发展的"作用很大"和"作用较大"的学生分别为13.9%和41.8%（见表4），与此相对应，共有51%的被调查者认为在上这些课程时注意力集中，学习效果好（见表3）。但同时，近40%学生对这些课程的学习效果和作用发挥评价一般。

表3 学生对上思想品德课、思想政治课、高校思想政治理论课时的状态评价

选择项	人数	占比（%）
注意力高度集中，学习效果很好	210	15.4
注意力较集中，学习效果较好	485	35.7
注意力一般，学习效果一般	522	38.4
注意力较差，学习效果较差	78	5.7
做其他作业，看其他书籍	25	1.8
玩手机、睡觉、闲聊等	40	2.9

表4 学生认为思想品德课、思想政治课、高校思想政治理论课等课程对其价值观发展的作用

选择项	人数	占比（%）
作用很大	189	13.9
作用较大	568	41.8
作用一般	496	36.5
作用较小	70	5.1
作用很小	37	2.7

表5 学生对学校开展的社会主义核心价值观教育活动的兴趣度

选择项	人数	占比（%）
很有兴趣	156	11.5
有兴趣	740	54.4
无所谓	359	26.4
无兴趣	80	5.9
毫无兴趣	25	1.8

　　培育大学生核心价值观的最终目的是希望其外化为实际行动。因此，有必要在理论灌输和正面教育的基础上结合配套的实践活动以增强大学生社会主义核心价值观教育的实效性。对于所在学校开展社会主义核心价值观教育

活动，学生的感知度不高，选择"一学期1至2次"和"一学期3至5次"的学生最多，分别是37.0%和35.5%，只有17.4%的学生选择"一学期5次以上"，甚至有10.1%的学生选择了"未开展"。但他们对开展的社会主义核心价值观教育活动的兴趣还是较高的，表示"很有兴趣"和"有兴趣"的学生分别为11.5%和54.4%（见表5）。

（二）更为期待与其个人发展密切相关的价值观教育活动

当被问及"对价值观教育活动的哪些形式感兴趣"时，学生对"有教育意义的影视片"和"特色节日主题活动"最感兴趣（约60%），约30%学生喜欢"优秀传统文化教育""教师、家长以身示范"和"专家名人的专题报告"，对"课堂教学"和"第二课堂"的兴趣度反而最低（见表6）。同时，调查发现，学生感到压力最大的事情是"学习成绩"，"求职就业"和"父母期望"也是近50%学生的主要压力源（见表7）。

应该说，当代高职学生已经很少热衷宏大叙事的价值理想，更多的是考虑与自身相关的发展走向和人生发展规划。社会主义核心价值观教育要增强其吸引力和感染力，不妨多对学生的思想行为特点进行调查研究，掌握学生的真实需求，采取更能调动学生积极性和主动性的教育方式，这样既能渗透教育内容，又更能为学生所接受，有利于提高育人实效。

表6　学生感兴趣的价值观教育活动形式（多选题）

选择项	人数	占比（%）
有教育意义的影视片	901	66.3
专家名人的专题报告	403	29.6
教师、家长以身示范	404	29.7
优秀传统文化教育	496	36.5
特色节日主题活动	806	59.3
课堂教学	231	17.0
第二课堂	208	15.3
选树身边的榜样	245	18.0
其他	3	0.2

表7 学生认为当前让其感到压力最大的事情（多选题）

选择项	人数	占比（%）
学习成绩	799	58.8
升学压力	485	35.7
父母期望	650	47.8
与同学或老师的关系	293	21.5
求职就业	651	47.9
经济压力	598	44.0
上当受骗	119	8.8
恋爱不顺利	141	10.4

（三）价值观深受环境影响

大学生生活在一定的环境中，环境因素对大学生思想和行为的影响不可忽视。表8表明，47.7%的大学生觉得社会大环境对自身价值观的形成影响最大，其次是教育因素（包括课堂教学、第二课堂和党团活动）和媒体环境（包括传统媒体和新媒体），旅游和阅读也是影响其价值观发展的重要因素。对比来看，直接的教育影响（显性教育）没有间接的教育影响（隐性教育）大，这也反映了价值观教育中柔性力量的重要性。

表8 学生认为对其价值观的发展影响较大的途径（多选题）

选择项	人数	占比（%）
课堂教学	492	36.2
第二课堂	263	19.3
旅游	457	33.6
报纸广播等传统媒体	407	29.9
电视节目	438	32.2
社会大环境	649	47.7
党团活动	231	17.0
阅读	495	36.4

选择项	人数	占比（%）
微信微博网络等新媒体	495	36.4
其他	6	0.4

与此同时，家长、教师、同伴、明星等对其价值观的确立和实践也有着影响，他们认为对他们影响最大的人群是父母亲戚、朋辈和老师，男生受朋辈、老师和道德楷模的影响不及女生，而受政治明星影响略高于女生（见表9）。自身经历特殊事件，社会重大事件或运动，家庭重大变故和他人诉说的重要事件对学生价值观的影响度分别为67.4%、55.1%、43.2%和22.1%。可见，营造良好的环境，尤其是学校环境和家庭环境，对大学生的社会主义核心价值观的培育和践行有着积极的作用。

表9　学生认为对其价值观的发展影响较大的人群（多选题）

选择项	男生的占比（%）	女生的占比（%）	总体占比（%）
父母亲戚	70.8	72.5	71.8
朋辈	47.8	53.9	51.3
老师	46	50.8	48.8
心中的偶像	18.7	20.8	19.9
政治明星	10	8	8.8
道德楷模	13.1	17.7	15.7

（四）在价值观的知行上存在落差

实践养成，是培育核心价值观的现实根基。调查发现，有的价值观学生虽然理解和认同了，但未必能够践行。例如，虽然大多学生都认识到玩游戏会对学习生活以及价值观的发展产生不良影响（见表10、表11），但仍有49.3%的学生表示闲暇时间的主要活动是打游戏，玩游戏的主要原因是"放松心情，释放压力"（占66.1%）和"排解寂寞，打发无聊"（占53.0%）。又如，现实中高职学生基本都能意识到规矩的存在，但在行为上常常漠视了"应然状态"。有的无意识，对规矩"熟视无睹"；有的重功利，钻规矩的空子"投机钻营"；有的走极端，把个性追求与规矩约束完全对立起来。再如，学生都知晓要找到理想的工作必须要有一技之长这一道理，但仍有相当一部分高职学生学习自觉性欠缺，得过且过。这种"知而不能行"的忧患在教育工作中要引起重视，必须采取有效措施加强学生的自律教育，强化大学生价值观自信的情感体验和自觉践行。

表 10　学生认为玩游戏对学习生活产生的主要影响

选择项	人数	占比（%）
浪费时间精力，导致成绩下降	321	23.6
沉溺虚拟世界难以自拔，对现实生活毫无兴趣	254	18.7
爽！开心快乐，心情舒畅	137	10.1
锻炼脑眼手，促进智力开发，提高学习效率	286	21.0
过度熬夜，影响身心健康	231	17.0
疏远人际关系，淡漠友情亲情	131	9.6

表 11　认为玩游戏会对你的价值观发展产生的影响（多选题）

选择项	人数	占比（%）
游戏中的黄赌暴毁我三观	322	23.7
部分游戏中的价值取向使我对西方价值观逐渐认同	280	20.6
崇拜 RMB 玩家，坚信有钱便是爷	157	11.5
游戏中的暴力杀戮使我漠视生命，行为具有攻击性	269	19.8
部分游戏戏说历史，歪曲事实，混淆视听	565	41.5
游戏中的文化渗透对我的价值观影响很大	286	21.0
游戏使我对团队协作的重要性坚信不疑	492	36.2
游戏画面精美，提升了我的审美品位	357	26.3

三、新时代加强广东高职学生价值观自信教育的路径思考

通过本次问卷调查、查阅资料、实地走访和个别访谈，笔者也认识到：近年来广东高职院校积极开展社会主义核心价值观教育活动，涌现出了许多

典型经验和丰硕成果，开创了社会主义核心价值观教育的新局面，与此同时，也存在着一些认识上的误区和实践中的不足，部分高职院校对核心价值观教育的重视不够、手段不佳、效果不好。

面对新时代新要求，面对新征程新任务，持续深入地培育和践行社会主义核心价值观，意义重大而深远。笔者根据十九大报告中关于培育和践行社会主义核心价值观的最新精神，结合本次调研掌握的情况，提出关于推进高职学生价值观自信教育的一些建议，供教育工作者参考。

（一）关注学生的发展需要，实施个性化的教育

以95后为主体的高职学生，在当今这个物质丰富、思想多元、信息纷繁、发展迅猛的时代，思想上具有显著的独立性、选择性、多变性和差异性特征，学业、情感、职业选择等很多现实的问题很容易让他们陷入迷茫、焦灼的状态。同时，与本科生相比，高职学生大多注重技术技能的提高，较少注重意义价值，正如此次调查结果所显示的，他们更为期待与其个人发展密切相关的价值观教育活动。学校想学生所想，急学生所急，将社会主义核心价值观的内容融入学生成长的各个环节，将能更好地达到润物无声的教育效果。比如，在课堂理论教学方面，强化对高职学生身心成长起到有效帮助的励志教育、思想道德教育、心理健康教育、礼仪修养教育、传统文化教育等内容，采用互动体验式教学，注重从高职学生的现实关切着眼，从具体细致的解疑释惑入手，主动回应其诉求，将能最大限度地吸引学生的注意力，从而实现社会主义核心价值观从教学认同到价值认同的升华。

（二）根据高职教育的职业性特点，把握递进教育的重点

培育和践行社会主义核心价值观是一个依次递进的过程。在引导学生认知层面，就高职教育来说，首要的不是辨析核心价值观的真理性，而是要建立起社会主义核心价值观与高职学生全面发展的紧密关联，使学生深刻感受到价值观问题的重要性，自觉投入到核心价值观的学习当中。在增进学生认同层面，对核心价值观价值性的阐释，不是讲授越多、理论越深就一定更好，而是要把社会主义核心价值观教育的理论深度与高职学生的可接受程度结合起来[4]。在规划学生践行层面，日常的教育活动不一定是开展越多就会越好，关键看活动能否着眼高职学生的专业特点和职业属性，适应高职学生的身心特点、思想实际和理解接受能力，切实做到让学生参与前有兴趣，参与时有

共鸣，参与后有感悟，真正起到教化作用。

（三）尊重学生主体地位，着力调动学生自主参与的积极性

当下高职学生更愿意接受认为对其有所用的东西，更愿意接受觉得有意思的东西，更愿意接受自己参与完成的东西[5]。因此，面向新时代高职学生群体的社会主义核心价值观教育，应该充分尊重学生的主体地位，积极为学生营造自我教育的氛围和环境，使学生在自我认识、自我体验中提高认知能力、判断能力和选择能力，逐渐形成自我的价值意识和对社会价值取向的选择认同。具体来说，社会主义核心价值观的培育，除了要有严谨的课堂理论教学，更要有丰富生动的第二课堂。要注重搭建学生各种交流分享的平台，引导学生主动参与志愿服务、社会实践、社团活动等具体实践，以保证学生有充分表达交流和深度思考探究的机会，调动学生践行社会主义核心价值观的自主性、主动性和创造性。

（四）重视社会文化因素，充分发挥优秀文化的滋养作用

任何一种价值观的形成，都是一种文化浸润和选择的结果。中华优秀传统文化是中华民族的精神命脉，是涵养社会主义核心价值观的重要源泉。要坚持创造性转化、创新性发展，善于用优秀传统文化、红色文化涵养校园文化，借助新媒介、新手段提升其亲和力，不断提升学生的文化归属感，增强价值观自信。比如，可以将传统文化的慈善文化、礼仪文化和修身文化注入当前的文化建设中，将广东各地方的经典诵读、道德论坛、文化讲堂和民间民俗活动引入校园，并发挥高职学生的创新创意特点，引领"创业时尚""低碳时尚""志愿时尚"等健康生活方式，积极创造网络文化精品，为学生价值观的转变提供丰富的文化养分。

（五）提升学生自律意识，促进核心价值观的实践养成

自觉以社会主义核心价值观指导、规范个人行为，是高职学生涵养社会主义核心价值观的必然要求。要注重构建学生的行为自律机制，深入挖掘学生身边的先进典型，鼓励学生社团自主开展"卫生宿舍""文明班集体""优秀志愿者"等评比活动，并且广泛宣传遵纪守法、诚实守信、文明礼貌、乐于助人等社会公德，同时建立激励机制，将核心价值观践行情况与学生入党考核、评奖评优、推荐就业等挂钩，激励广大学生积极向上、见贤思齐。自律固然是最重要的，但是他律也不可或缺。各高职院校也要以社会主义核心

价值观为基本原则，完善各种校纪校规，对学生的道德标准、文明行为提出明确、具体、细致的要求。在实际工作中加强考核与监督，通过抓细抓实，规范学生的日常行为，让守规矩、重学习逐渐成为学生的自主追求和自觉行动，努力形成以社会主义核心价值观为内核的校园风尚。

参考文献

[1] 黄坤明. 培育和践行社会主义核心价值观 [N]. 人民日报, 2017-11-17.

[2] 杨艳. 文化热点与青年生活方式及价值观转变研究 [J]. 中国青年研究, 2016 (8): 79-83.

[3] 丁若沙, 黄振翔. 文化自信视域下大学生社会主义核心价值观的培育与践行 [J]. 延安大学学报（社会科学版）, 2017, 39 (3): 120-125.

[4] 邹宏秋. 价值观培养, 高职教育不能缺少 [N]. 光明日报, 2016-08-16.

[5] 侍旭. 大学生社会主义核心价值观教育要有受众导向 [N]. 光明日报, 2015-03-17.

儒家"慎独"精神对高职德育的重要价值

学生处 陈萃韧

摘 要：为了解决高职院校学生因缺少"独处"时间而导致自制力和独立思考能力缺失的问题。采用文献研究、现象观察等方法，依据儒家思想中慎独的精神，分析了高职院校德育教育中忽视学生个人修身、慎独教育的现象。提出了"慎独"精神对培养高职生道德行为，提高其独立思考能力等方面拥有的重要启示作用。

关键词：慎独 高职 德育

《国家中长期教育改革和发展规划纲要（2010—2020年）》指出，学校教育要坚持以德育为先。要构建大中小学有效衔接的德育体系，创新德育形式，丰富德育内容，不断提高德育工作的吸引力和感染力，增强德育工作的针对性和实效性。如何对德育形式进行创新，德育内容的扩充及引导学生从德育教育中培养积极健康的精神追求和思想状态，成为当前高校德育工作者需要探索的重点、难点和热点。高职的学生，与普通高校的学生相比，在学习和生活上的个性化趋势明显，自发性较强，这也使得德育工作越显重要。而儒家思想中的"慎独"精神作为一种无监督情况下的道德自律要求，能够为思想活跃，个性张扬，崇尚自主的高职生的德育工作提供借鉴。

一、"慎独"精神内涵

"慎独"，语出《礼记·中庸》："道也者，不可须臾离也；可离，非道也。是故君子戒慎乎其所不睹，恐惧乎其所不闻。莫见乎隐，莫显乎微，故君子慎其独也。"[1]传统儒家哲学认为，人性的善根藏在最隐秘的地方，只有自己心如明镜，而越是独处的时候，越要时刻谨慎，克制自己的私欲，不偏离于道，严格要求自己。《大学》也云："所谓诚其意者，毋自欺也。如恶恶臭，如好好色，此之谓自谦，故君子必慎其独也。"[2]同样强调，不要自己欺骗自己，要做到人前人后，道德行为都一致。刘少奇提到慎独时是这样要求的："即使在他个人独立工作，无人监督，有做各种坏事的可能的时候，他能够慎独，不做任何坏事。"[3]可见，自古以来，慎独作为一种道德自律要求，一种无监督情况下的自我约束被众人提及倡导。不管在个人独处还是众人群处时，都能自觉要求自己，坚决不偏离道德轨道，达到内外兼修，群独兼明的精神境界。

慎独，蕴含的主动自我克制，自我约束等道德自律的品质，对一个人自身素质培养具有重要的意义。高职学生，在课程外所拥有的独处时间较多，个人实训操作机会增加。"慎独"精神对于建立在个人自觉而非外力强迫的基础上形成的个人修养具有重要的现实作用和应用价值。

二、当前高职德育中"慎独"教育的缺失

当前高职德育中"慎独"教育的缺失包括几个方面：学生缺乏独立思考力，遇事易轻易放弃自身道德追求；高校学生群体不善于独立生活，喜爱群居生活；同时，高职院校德育工作的功利性，也对"慎独"教育的缺失产生影响。

（一）学生缺乏独立思考，轻易放弃自身道德追求

高职生作为国家高校统一招生最后一批录取的学生，经过激烈的高考竞争，大部分人把高职当成高考失利的无奈选择，因而，高职生在心理上还是会产生落差，形成较强的自卑感。高职学生尚未形成固定的人生观、世界观、价值观，优缺点突出，外界的导向对其观念形成具有重要作用。由于自身经历简单和价值环境的复杂，高职学生的道德标准混乱，道德意识模糊，从众心理明显，独立思考能力弱，认知与行为背离。即便自身不满足道德现状，也为了个人利益需求或者团体的不认同而放弃自身道德追求。当今大学生缺乏"慎独"精神，例如南京某大学在读研究生在被人围殴时持刀捅伤6人，事件一出，该事件的讨论在各大高校蔓延，不少大学生对该"血性行为"表示赞赏有加，奉其为"校园英雄"，也正是因为当代学生缺乏独立思考的能力，

使得他们遇事作出错误的判断。

（二）高职学生喜爱"群体"生活

龙应台曾以中国大学教育缺失为主题进行了一次演讲，先生指出，现今中国大学教育有两个严重的弊端，其中一个是教会了"群居"，而忘了"独处"。与普通大学生相比，高职生缺乏明确的奋斗目标，学习动力弱，自我实现意识不强。在一些课堂上学生分布在中间靠后几排，前三排空无一人，分布主要成片状而非点状。有些不来上课的也是待在寝室睡觉、打游戏，甚至在上下课路程中，学生们也是手挽手，三两成群，成群结队，单独行动的学生寥寥无几。除此之外，学校在上课严格要求到座率，活动要保证参与率，培养学生们社交能力的同时，也让他们丧失了独处的机会，高职学生们经常出入实训室甚至企业，许多实训任务都需要相互合作完成，甚至在思想判断上，都习惯用"拉帮结派"的方式思考事情，这也降低了学生们的独立操作、思考能力。另外，高职学生本身普遍对学习不感兴趣，对课外活动精力充沛，兴趣广泛，在时间的分配上，除了学校课程占满了校园生活，各种活动亦充斥课外生活，这样一来，学生不是在群居的路上，就是在亢奋积极的活动中，这样无时无刻不在群体中"相濡以沫"的环境，不利于高职学生培养出自己的思想和境界。

（三）高职院校德育工作具有功利性

从德育大环境来说，高职学生不爱学习的特点，加上思想政治道德教育必修的教学体系，使得当前高职院校德育方法与德育内容带有一定的功利色彩。学生去上课是为了考勤，为了分数而学习。"毛泽东思想和中国特色社会主义理论体系概论""思想道德修养和法律基础"，诸如此类思想政治理论课成为德育唯一途径，但教学形式较为单一，学生兴趣不高，成为一种应试教育；教学目标忽略了学生个体差异性，应用性，也导致德育实效削弱，即便学生学到了理论知识，也难以与日常行为表现相结合。以上因素，导致部分高职院校将思想政治理论课当摆设，德育投入更是能省则省或者力不从心。存在"提起来重要，做起来次要，忙起来不要"的状况。

德育工作的功利性，也对"慎独"教育的缺失产生影响。清华大学校长梅贻琦最早曾在1941年指出"人生不能离群，而自修不能无独，此大学教育所最忽略之一端……与人相处而慎易，独居而慎难""自'慎独'之教亡，而学子乃无复有'独'之机会，亦无复作'独'之企求"。意在大学中学生缺少独处机会后也不会再作独处的企求，不知道什么是适当的分寸，不懂得如何磨练意志，而这也是大学最容易忽略的教育。

三、儒家"慎独"精神为高职德育提供借鉴

儒家"慎独"精神不管是在培养高职生的道德行为能力，自我约束能力，独立思考能力，明辨是非能力，还是在培养高职生网络道德中的慎言、慎思、慎行能力都提供借鉴。

（一）引导高职生正确认识儒家思想，营造"慎独"精神大环境

习近平总书记在北京大学师生座谈会上的"青年要自觉践行社会主义核心价值观"讲话中也提道："中华优秀传统文化已经成为中华民族的基因，植根在中国人内心，潜移默化影响着中国人的思想方式和行为方式。"今天，我们提倡和弘扬中华优秀传统文化，必须从中汲取丰富营养，否则就不会有生命力和影响力。可见，绵延数千年的中华文明，有其独特的价值体系，有"百姓日用而不知"的价值观。在以社会道德实践为基础的高职院校德育工作中，优秀的传统文化为高职德育教育提供了积极的规范作用。

我们要让学生正确认识到传统文化对个人、民族乃至国家的积极意义以及继承和发展的必要性，而儒家文化作为中华民族文化发展的不竭源泉，也是中国德育思想源源不断的源泉，具有强大生命力的儒学思想，内容博大精深，规范着人们的行为举止，也为我们今日的高职德育提供了丰富的内容。

在传播慎独思想上，要好好利用高职院校德育平台，可以通过德育课堂等形式进行。例如，在学校内张贴意如"勿以善小而不为，勿以善小而为之"的标语以起到警示作用。再例如，学校可以开设《大学》《论语》等选修课程，或在一些活动中传播道德内容，给予一定的人文关怀。例如，开展儒家文化读书月、儒家文化大讲堂等活动。营造了气氛之后，学生也会被儒家文化源远流长的魅力所吸引。除此之外，也应将"慎独"这一传统美德纳入学生综合测评系统中，建立学生档案，让高职学生的"慎独"实现从他律到自律的转变。

（二）利用"慎独"精神培养高职生的道德行为能力

高校德育的本质属性在于教育者向受教育者传授人类已有的德育知识，

使受教育者能够在各种现实规定中形成正确的道德信念，并以此来引导人的行为，不断推动受教育者向至善的方向前进[4]。而"慎独"精神可被当成一种教学资源，从而培养高职生道德行为能力。

1."慎独"中的自我约束能力

慎独的基本特点就是靠自觉，高职学生要想道德修养达到慎独的境界，就必须要有较强的自律能力。在德育教育过程中，慎独就是一种培养学生自觉的过程。

据报道，河北某学院曾经举行了一场特别的期末考试，60名考生走进了"慎独"的考场，在无人监考的环境下顺利完成了考试。该学院一直以来教育广大师生把"慎独"作为加强思想道德建设的着力点，促使全校学生养成"慎独"精神。严格来说，这些考试并非真正意义上的"慎独"，虽没有监考老师的监督，但是仍存在互相监督。不过，该类考试还是值得肯定的。大学有意识培养学生的"慎独"精神，使得学生们学会自觉严于律己，谨慎对待所思所行，防止偏离于道德的私欲行为发生，也是非常有必要的。

当高职生告别紧张、单纯、封闭的中学时代，进入相对轻松、自由开放的大学校园后，部分高职生缺乏自我管理和约束能力，行为懒散、精神空虚。因此，在开学伊始，学校可在教学活动中有计划、有目的地对其进行道德教育。通过"慎独"精神，培养学生的自我约束、自我管理的内在自律能力，这将会对整个高职院校学生素养乃至全社会素养的提高产生可观的积极影响。

2."慎独"中的独立思考能力

高职学生群体特殊，上课时间大部分是在实训的专业教室中度过，实操性较强，专业教学中独立操作的机会也较多，因而，在道德教育中加强学生独立思考能力是慎独修养形成的一个重要因素。可以在德育过程中设置一两个环节，由学生独立完成每项任务，教师不给予指导，当独立思考的良好习惯养成后，在以后的工作中将会形成不自觉的行为习惯，不管是否有人检查或督促，都能按部就班地独立完成自己的任务，而学生这一良好的习惯养成，也需要教师在专业教学过程中注意细节的教育。然而，目前，几乎没有一所高职院校甚至高校展开一门新的课程去提升学生的独立思考能力，以至于很难培养出具有独立思考能力的现代化大学生。"批判性推理入门"一课作为名校的选修课已传至各大网络公开课网站，此课的广为传阅也从另一个角度说明国人对于此类能力培养的课程"如饥似渴"。

3."慎独"中的明辨是非能力

习近平总书记在中央党校建校80周年庆祝大会暨2013年春季学期开学典礼的讲话中提到古语"博学之,审问之,慎思之,明辨之,笃行之"。"慎思"指的就是能独立思考,谨慎地辨析身边事物的是非曲直。多元社会中价值观也多元,人云亦云已成为常态。而高职生则应正确地对待流言传闻,谨慎辨析,弄清真相。当代社会上或校园中总会有人基于某种目的而传递虚假的信息,导致一定程度上的思想政治斗争。"慎辨"的教育可以使得学生明辨各种是非,作出正确的判断,鉴定政治立场。在多种价值观,社会思潮的碰撞中,坚定自身立场,辨析是非曲直的能力,是当代高职院校的学生必不可缺少的能力。因而,德育工作者可把该儒家道德思想转化为具体行为标准,渗透到学生的成长过程中去,叮通过开展关于道德的社会热点话题讨论活动,在讨论的过程中,学生通过思想碰撞,进行道德剖析与辩论,从而澄清道德迷茫问题。

4."慎独"精神与网络道德的契合

高职院校的学生在非上课时间,多数在互联网上度过,而互联网在大学生中产生的影响不容小觑,互联网时代学生接触鱼龙混杂的网络信息,但信息并不等于知识,学生独立思考能力较弱,容易受到不良信息的影响。互联网空间作为一个具有鲜明"独立"个性和"自由"特性的领域,是需要大学生借鉴"慎独"精神严格自律的重要领域。互联网几乎充斥着学生生活的方方面面,使得学生不仅生活在一个现实社会,也生活在网络虚拟空间,在上网的过程中,往往都是"独处"的状态,不受干扰和限制。高职院校学生部分能力较普通大学生弱,在这样的网络环境下高职学生难以保持良好的自控能力。虚假信息通过网络的广泛传播,学生更应该辨别真伪,抵制不良信息的诱惑,言论相对自由的网络空间,更要求学生慎言,通过"慎独"精神来自我约束,用道德要求来规范自身行为,这些道德要求与儒家的"慎独"精神十分契合。儒家"慎独"精神作为一种新型的德育教学资源,能够强化大学生网络行为中的自律教育,提高整体道德水平。

"慎独"精神的落脚点和归宿是形成人们的道德人格。"慎独"教育有利于高职生道德意识的自我觉悟,是主张克己自律的修身过程。因而,今后的高职德育工作，应不仅仅局限于普及道德行为规范，还应以学生们不受外力控制下有意识的自我约束并逐步形成高层次的道德自律性为目标。

参考文献

[1] 戴圣 . 礼记 · 中庸 [M]. 杭州：浙江文艺出版社，2001.

[2] 孔丘 . 大学 · 春秋 [M]. 北京：线装书局，2001.

[3] 刘少奇 . 论共产党员的修养 [M]. 武汉：湖北人民出版社，1980.

[4] 徐海波 . 大学生德育与价值观教育研究 [M]. 南昌：江西人民出版社，2012.

意识形态安全视域下大学生思想政治教育的功能论析

计算机工程系　刘伊

摘要： 大学生作为中国社会各阶层中富有梦想，年轻有为的一个群体，是重塑社会主义核心价值体系的重要力量之一，是中国特色社会主义建设事业的未来建设者和接班人。在大学生思想政治教育过程中做好意识形态安全教育，塑造当代大学生中国特色社会主义道路自信、理论自信、制度自信、文化自信，对抵御西方敌对势力的意识形态渗透具有重大的现实意义，也是大学生思想政治教育的重要功能。

关键词： 大学生　意识形态安全　思想政治教育

一、意识形态及其与思想政治教育的关系

意识形态是社会意识形式的一种，是社会上层建筑的重要组成部分。它是指在一定社会历史条件下，集中反映统治阶级利益、社会经济形态、政治制度乃至国际关系的系统化的思想体系、价值观念和理论学说的总称[1]。意识形态有多种流派，但每一个国家都有自己的主流意识形态，因为它是这个国家统治阶级意志的重要体现，能为其统治提供理论依据和思想基础，是整个社会的精神支柱，包括社会理想、价值观念、政治原则、行动纲领、实践战略等。当前我国社会主流意识形态的本质体现就是社会主义核心价值体系，包括与时俱进的马克思主义指导思想，中国特色社会主义共同理想，以爱国主义为核心的民族精神和以改革创新为核心的时代精神以及社会主义荣辱观。只有社会主义核心价值体系引领和整合社会思潮的功能和作用得到充分发挥，

才能为实现中华民族伟大复兴的"中国梦"提供强大的思想保证、文化氛围和舆论支持[2]。

思想政治教育是教育者在正确把握人的思想、品德及行为形成和发展规律的基础上，以先进的思想观点、政治观念和道德规范对人们进行教育，指导人们养成正确思想品德和行为的社会实践活动。其中，"先进的思想观点、政治观念和道德规范"即意识形态。我国教育法明确规定了思想政治教育的主要内容，即对受教育者进行爱国主义、集体主义、社会主义教育，进行理想、道德、纪律、法制、国防和民族团结的教育。教育应继承和弘扬中华民族优秀的历史文化传统，吸收人类文明发展的一切优秀成果。这些都是思想政治教育的主要内容，每一项内容又可具体分为许多方面。

从二者的内涵可以看出，意识形态与思想政治教育关系密切，相辅相成。从内容上来看，思想政治教育的内容更加广泛，包含着意识形态。从特征上来看，阶级性都是二者的本质属性，即二者都是一个国家统治阶级利益和意志的体现。二者的关系可以概括成一句话：主流意识形态是思想政治教育内容的重要组成部分，思想政治教育以主流意识形态教育为主要任务和核心，具有重要的意识形态教育功能。大学生作为中国特色社会主义事业的未来接班人和建设者，是我国主流意识形态教育的重要群体。

二、意识形态安全视域下大学生思想政治教育的功能

习近平总书记指出："意识形态工作是一项极端重要的工作。"在我国意识形态安全面临较为严峻的形势下，主要的途径就是充分发挥思想政治教育的意识形态教育功能，将人们的思想统一在中国特色社会主义旗帜下，增强意识形态安全意识，维护国家的和谐稳定。

（一）思想政治教育的政治引导功能

阶级性和政治性是思想政治教育的鲜明特征，其首要任务是为国家的"合法性"辩护，为社会的经济基础和上层建筑进行"合理性"论证，以便在政治、思想等多方面维护和巩固国家的合法统治和管理。在资本主义国家，虽然没有使用"思想政治教育"这个概念，但是却做了很多实质性的思想政治教育工作，如公民教育、法制教育、共同价值观教育、民族振兴教育、道德教育、传统文化教育、历史地理教育等，从各个方面大力宣传资本主义社

会制度、价值观和意识形态，从而维护资本主义统治。我国大学思想政治教育的内容丰富，形式多样。通过对大学生进行思想教育，使大学生的世界观、人生观、价值观、道德观、政治观和法治观得以重塑，使大学生对党、国家、社会和公民所追求的社会价值予以认同，坚定年轻人对中国特色社会主义的理论、道路、制度的信心。由此可见，加强大学生思想政治教育是我国引领社会主义发展方向，巩固和完善社会主义制度的迫切需要，这也正是思想政治教育重要的意识形态功能之一。

（二）思想政治教育的思想引领功能

当今社会已进入新媒体时代，与传统媒体相比，开放性、快捷性和互动性是其显著特征。专业网站、QQ、贴吧、微博、微信等新媒体传播信息的主体、渠道和手段多样化，信息海量化，这就使得我国大学生有更多机会接触到西方文化思潮，如现代西方哲学、经济学、政治学、伦理学、社会学等，这虽然对他们主体意识、独立意识、民主意识等的形成产生了一定的积极影响，但消极影响也是深远的，不可掉以轻心。尤其是西方反华势力有意散布一些错误思潮和理论，其中就包括冲击我国意识形态的西方主流意识形态——新自由主义论；干扰我国主流意识形态建设的错误思潮——民主社会主义论；腐蚀和消解我国主流意识形态的西方价值观——消费主义论；歪曲我国走和平与发展道路的意识形态谬论——"中国威胁论"等错误思潮和理论。这些错误思潮和理论的冲击，容易引起大学生群体主流意识形态的动摇，出现一些不容忽视的思想问题，如功利思想较浓，诚信意识淡薄，自我意识严重，缺乏团队合作精神等。针对这些问题，最重要就是充分发挥思想政治教育的意识形态引领功能，通过各种有效途径将马克思主义中国化最新理论成果传递给大学生，用中国特色社会主义共同理想凝聚人心，用以爱国主义为核心的民族精神和以改革创新为核心的时代精神鼓舞斗志，用社会主义荣辱观引领道德风尚，巩固大学生为党的事业团结奋斗的思想基础，培养和造就有理想、有道德、有文化、有纪律的社会主义合格建设者和接班人。

（三）思想政治教育的文化建设功能

优秀民族文化是我国社会主义主流意识形态的重要载体，继承和弘扬优秀民族文化也是我国思想政治教育工作的重要内容。高校校园文化建设作为大学生思想政治教育的重要环节，是构建大学生民族心理，造就大学生民族性格，塑造大学生民族精神的重要渠道，对增强大学生的民族自信心、自尊心，培育民族精神和时代精神，具有重要作用。但是，在文化多元化的背景下，鲜有大学生研读国学经典著作，领悟优秀传统文化中的民族精神和道德风范。相反，他们却认同西方的消费观念和生活方式，对西方万圣节、情人节、圣诞节的熟悉、青睐已经远远超过对七夕、重阳、清明、端午、中秋等中国传统节日的认知和了解，完全没有中华民族伟大复兴的责任感和使命感，对于民族文化在全球化进程中何去何从的问题更是无暇顾及。由于他们对西方文化及其价值观产生的根源不了解，没有认识到西方文化的弊端及发展危机，导致他们盲目追随西方文化，对本国优秀传统文化的情感淡漠，民族自尊心和自豪感逐渐衰退。

加强大学思想政治教育，搞好校园文化建设，有利于营造积极、健康的校园文化，有利于抵御西方意识形态的渗透，形成弘扬社会主义核心价值的正能量前沿阵地。这不仅体现了思想政治教育的导向和育人功能，也为提高大学生思想政治教育的实效性创造了积极的文化氛围。

（四）思想政治教育的和谐稳定功能

任何一个社会要做到和谐稳定，都需要用主流意识形态去凝聚共识，统一思想。建设社会主义和谐社会理所当然要对包括大学生在内的所有公民进行思想政治教育。当代大学生充满时代活力，掌握先进的知识和技能，通过行之有效的思想政治教育充分调动大学生的社会主人翁精神，能够很好地促进社会和谐与稳定。但是，由于大学生年纪轻，阅历浅，缺乏实践经验，对客观世界缺乏全面、理性、深刻的分析和认识，少数学生容易受到社会不良风气的影响，走上违法犯罪的道路，给社会带来负面影响，危及社会的和谐稳定。此外，西方反华势力也在始终关注着我国大学生的动向。他们通过各种途径在大学生中传播所谓的"民主""自由""平等""博爱"等西方价值观，利用国内外各种敏感政治事件，如"颜色革命""中日钓鱼岛问题""南海领土争端"等，煽动不明真相的大学生游行示威，搞所谓的"街头政治"。对此我们必须保持高度警惕，认清形势，把握大局，以社会主义主流意识形态教育和影响大学生，增强其政治敏锐性和政治鉴别力，以免卷入不该参与的政治旋涡中，害人害己，祸国殃民。

大学生思想政治教育具有鲜明的意识形态属性和功能。我们要在正确把握当今时代特征和当代大学生思想行为特点以及思想政治教育工作的规律性的基础上，通过大学生日常思想教育与管理，思想政治理论课教学，校园文化活动等多种途径，培育大学生的主流意识形态，引领大学生认同社会主义核心价值体系，践行社会主义核心价值观，真正成为实现中华民族伟大复兴"中国梦"的中坚力量。

参考文献

[1]侯惠勤.马克思的意识形态批判与当代中国[M].北京：中国社会科学出版社，2010.

[2]朱兆中.中国社会主义意识形态建设纵论[M].上海：上海人民出版社，2003.

[3]石云霞.当代中国文化发展中的意识形态安全问题[J].中国特色社会主义研究，2012（2）：33-38.

[4]王永贵.经济全球化与我国主流意识形态建设研究[M].北京：人民出版社，2010.

工匠精神培育与思政教育融合的思考

——以东莞职业技术学院为例

电子与电气工程学院 周欢

摘 要： 高职思政教育是为祖国培养有理想、有道德、有文化、有纪律专业技术人才的主阵地和主渠道。工匠精神的培养需要融合到高职思政教育中，让所有的大学生从高职思政教育中潜移默化地培养精益求精的工匠精神。在高职教育对人才的培养目的方面，工匠精神的培养与高职思政教育的开展存在着共同的契合点。基于工匠精神的高职思政教育研究的途径和方法有：专业教育、实践教育、校园文化熏陶和"走出去，请进来"。

关键词： 工匠精神 思政教育 融合

目前，我国正处在从制造大国向制造强国的转变的关键时期，迫切需求具有工匠精神的建设者。我国高等职业教育已占到了高等教育55%以上的比例，高等职业教育的问题已成为高等教育不可或缺的重要问题。由于高职教育面向学生就业，相比于高校教育，高职教育更加注重于学生的专业能力培养。因而，高职中的思政教育就成了对学生进行工匠精神培养的重点方式。高职思政教育与工匠精神进行有机结合，不仅能够提升高职教育中学生的思政认知，对于培养学生精益求精的工匠精神也有较大的推动作用。二者的有机结合，对于我国高职毕业生的就业前景和未来发展具有相当大的促进作用[1]。

东莞是举世闻名的制造中心，东莞制造业也在中国制造板块上占据着举足轻重的地位。制造业离不开技术人才，东莞职业技术学院为东莞制造业培养和输送了大量人才。党的十八大以后，我国经济迈入新阶段，呈现新常态，东莞也相应制定了"制造转型升级"的发展战略，这些战略目标的实现都需要大量高水平技术人才。人才在具备专业技能知识的前提下，还需要拥有较高的职业素养和创新意识及能力。工匠精神是职业素养和创新能力的综合化体现形势，是高职思政教育人才的必要教学内容。高职思政教育工作内容与工匠精神的培养有效融合，对提高职业院校人才培养质量具有积极的推动作用，同时满足社会发展对具有工匠精神的创新性人才的需求。下面将以东莞职业技术学院为例，就高职思政教育工作内容与工匠精神培养的融合进行探讨。

一、工匠精神与高职思政教育内容进行结合的必要性

高职思政教育是培养有理想、有道德、有文化、有纪律的高级技术人才的主阵地和主渠道。东莞正处在"制造转型升级"的关键时期，迫切地需要一批具有工匠精神的建设者，因此在高职思政课的教学改革中应把工匠精神的培养融合到高职思政教育中，让所有的大学生从高职思政课的教育中潜移默化地培养精益求精的工匠精神。

（一）工匠精神助力东莞"制造转型升级"

"中国制造看广东，广东制造看东莞"。作为举世闻名的制造中心，东莞制造业在中国制造板块上占据着举足轻重的地位。党的十八大以后，我国经济迈入新阶段，呈现新常态，经济建设的核心任务是"转方式，调结构，促升级"。李克强总理强调，实施《中国制造2025》，必须坚持创新驱动、智能转型、强化基础、绿色发展，加快从制造大国转向制造强国。

东莞市松山湖高新区是国家级高新区，目前成为"珠三角"自主创新示范区。华为终端（东莞）有限公司、易事特、生益科技、华贝电子、普门科技、大连机床等优质企业带动了对计算机应用技术、工业机器人装备、智能控制、物流、电子商务等高等技术技能人才的需求。在这一宏观背景下，东莞实现由制造大市向样板城市转变，需要数以千万计的、能适应产业发展的、具有工匠精神的一流技术技能人才的强力支撑。

（二）培养具有工匠精神的人才是高职思政教育的责任

良好的高职思政教学体系，能够在其教育工作开展过程中通过教学内容的引导以及教师的合理调控来完成对学生职业精神的培养。高职教育的教学

理念不同于高校教育，在学生的受教育阶段除了对职业技能进行学习之外，进行职业精神的教育也同样重要。但就我国当前高职教育现状而言，高职院校的思政教育普遍倾向于职业技能的教育，而对于职业精神的相关培养普遍缺失，学生得不到合理的引导，对于工匠精神达不到合理水准，自然出现了工匠精神在社会体制建设中的缺失，这也是当下我们呼唤工匠精神的原因所在。

二、工匠精神与高职思政教育内容进行结合的可行性

在高职教育对人才的培养目的方面，工匠精神的培养与高职思政教育的开展存在着共同的契合点。高职教育的一个重要内容就是对高职学生进行职业技术培养，以提高学生的职业能力和职业素养。在对学生进行职业技术教育的过程中，工匠精神中的敬业创新，敢于吃苦等精神都得以体现。因此，高职教育的思政教育环节中进行工匠精神的结合具有可行性[2]。

《中国制造2025》是我国制定的迈向制造强国的第一个十年行动纲领，李克强总理指出："各行各业要向获奖组织和个人学习，弘扬工匠精神，勇攀质量高峰，打造更多消费者满意的知名品牌，让追求卓越，崇尚质量成为全社会、全民族的价值导向和时代精神，为促进经济'双中高'，全面建成小康社会作出更大贡献！"由此可见，工匠精神的培育和传承对于中国全面建成小康社会，对于中华民族实现伟大复兴具有重要的推动作用。高职思政教育可以通过加强对大学生的工匠精神培养来推动中国全面建成小康社会和中华民族伟大复兴的早日实现。

三、基于工匠精神的高职思政教育研究的途径和方法

高职思政教育的目标是为祖国培养优秀的中国特色社会主义事业接班人，在思政教育中，一方面是培养大学生对中国特色社会主义的理论自信、道路自信和制度自信；另一方面，是激励大学生学好知识与本领以后为中国特色社会主义事业而努力奋斗，为实现中华民族的伟大复兴而不断进取[3]。对我院学生工匠精神的培育现状进行调查分析，以及对企业尤其是校企合作企业对员工工匠精神的要求进行调查分析的基础上，准确定位高职学生工匠精神培育目标，将工匠精神融入思政教育中，选择有针对性的思政教育路径与方法。

（一）专业教育是工匠精神融入课程教学的有效途径

专业教育不只是简单地传播理论知识，在课程教学中还应结合院校的专业特点和行业特点，将工匠精神渗透其中，分析本职业岗位应具备的职业精神，并将其融入专业教学的目标、内容及考核之中，使学生在潜移默化中感受工匠精神。通过专业教育使学生掌握理论知识，以及具备爱岗敬业、诚实守信等专业岗位的基本职业素质，让学生逐渐认识到工匠精神在提升其专业能力和专业水平中的作用。

（二）实践教育是培养学生工匠精神的重要途径

职业精神往往要通过实践才能内化为从业者的职业素质。当工匠精神与具体的职业场景相关联时，学生能更真切地体会到这一精神的实质与价值，并将其作为自己的职业信仰与追求[4]。在职业精神的教育实践中，学生可以通过顶岗实习激发并训练形成相关职业情感，使学生认识到爱岗敬业、诚实守信等专业岗位的基本职业素质的重要性。

（三）校园文化的熏陶是弘扬学生工匠精神的有效手段

高职院校应该以校园文化活动为引领，充分利用这一隐性教育资源，传播、弘扬工匠精神。高职院校可通过相关的演讲比赛、辩论比赛、运动会等各种文体活动和校园学风校风建设等人文素质培训系列活动，为学生营造一种工匠精神氛围，这样既丰富了高职学生的业余校园生活，又能拓展他们的知识面，并能对其职业精神的形成起到积极的助推作用。

（四）"走出去，请进来"是塑造学生工匠精神的重要方式

除了上文提到的各种方法途径外，高职院校还应采用"走出去"（如采访、参观知名企业，下企业实习，在企业进行学徒制的培养与衔接等）、"请进来"（如邀请著名专家开展讲座，邀请资深的企业导师来学校宣讲等）的方式，帮助学生认识工匠精神的价值和精髓。高职学生通过企业参观，人物采访等活动，可以直接了解企业对从业人员职业素养的要求，认识到工匠精神这一职业素质在未来就业和职业发展中的重要性。通过著名专家开展讲座，邀请资深的企业导师来学校宣讲可以让学生全面了解工匠精神如何运用到企业岗位中。

参考文献

[1] 张坤晶. 论工匠精神培养与高职思政教育的有效融合 [J]. 职教通讯，2016（16）：32-35.

[2] 王丽媛. 高职教育中培养学生工匠精神的必要性与可行性研究 [J]. 职教论坛，2014（22）：66-69.

[3] 闻洁，李鹏飞. 基于工匠精神的高职思政实践教育创新研究 [J]. 黑龙江教育学院学报，2017，36（8）：50-52.

[4] 余敬斌. 工匠精神培育与高职思政教育有效融合的理论与实践研究 [J]. 黑龙江教育学院学报，2017，36（8）：53-55.

浅谈高职院校思想政治理论课实践教学有效性建设

计算机工程系 刘 伊

继续教育学院 郑继海

摘 要: 高职院校加强思政课实践教学已成为教学改革的趋势。但在实际教学过程中,还存在不少问题。只有科学界定思政课实践教学的内涵,充分认识实践教学的重要性,处理好实践教学与课堂理论教学、专业教学及其不同层次间的关系,制定科学立体化的教学计划,创新教学方式,建立稳定高质量的实践教学基地和科学合理的考核评价体系与奖惩激励机制等,才能确保思政课实践教学真正落到实处。

关键词: 高职院校 思想政治理论课 实践教学

一、思想政治理论课实践教学的内涵及其主要功能

思想政治理论课(以下简称"思政课")实践教学是在教师的组织和指导下,依据课程内容和要求,引导学生积极参与社会实践和现实生活,使其获得思想道德方面的直接体验,提高自身思想政治素质和道德素质的教学方式,包括校内实践教学和校外社会实践教学,如课题研究、社会调查、模拟法庭、观看法庭公审、参观考察、社团活动、志愿服务、公益活动等。学生通过参加丰富多彩的实践活动,将所学的理论知识应用于实践活动,学会用马克思主义的立场、观点、方法认识问题、分析问题、解决问题,从而提高自身思想政治素质和道德水平[1]。

由于思政课实践教学所具有的独特功能与价值,它在高职院校中应该具

有重要地位。其主要功能体现如下。

（一）增强思政课实效性的重要途径

通过开展多层次、多样化的实践性教学，丰富了思政课的教学体系和内容，创新了教学方式，学生在实践过程中提高了自身认识、分析、解决的能力；在体验实际生活过程中，学生的思想政治素质和道德水平也得到了提高。因此，实践教学作为思政课的一个重要环节，成为提高思政课教学效果的主要途径。

（二）有利于提高学生就业的核心竞争力

高职院校的育人目标是面向生产、建设、管理和服务第一线，培养高素质、技能型人才。"高素质"是排在首位的。思政课实践教学强调通过实施有主题、有计划的教学活动，对教学资源进行整合，帮助学生学会综合运用各种知识和技能，提高解决实际问题的能力，成为具有良好职业道德，爱岗敬业，善于与人合作，具有过硬心理素质和健康体魄的、受企业欢迎的专业人才。

（三）丰富和深化了校园文化活动

校园文化活动与思政课实践教学之间的关系紧密，二者相辅相成。校园文化活动为思政课实践教学提供平台和支撑，而通过有计划的、系统的思政课实践教学活动的开展，可以丰富校园文化活动的主题，深化校园文化的内涵，进一步推动校园文化建设。

二、高职院校提升思政课实践教学效果应处理好的三个关系

高职院校思政课实践教学效果的提升是一项系统工程，涉及教学的方方面面，需要统筹兼顾，处理好彼此之间的关系，方能达到事半功倍的效果。

（一）处理好思政课实践教学与课堂理论教学的关系

实践教学是课堂理论教学的延伸，是对理论学习环节的具体化和深化，实践教学与课堂理论教学相互配合，共同实现思政课的育人目标，二者在思政课程体系中同等重要，不可偏废。一方面，课堂理论教学是实施实践教学的基础，实践教学反过来又促进课堂理论教学的深化，二者密不可分，共同构成完备的思政课程体系；另一方面，二者也有区别。实践教学并不是课堂理论教学的简单补充或延伸，而是理论与实践结合的独立环节，它在将科学理论内化为高职学生自身信念与修养，以及先进文化的学习与传递等方面具

有不可替代的独特价值和功能。它将思政课理论知识与高职学生生活与发展规律以实践的形式整合起来，将学习、传递、建设先进文化与自身成长结合起来，在高职学生主动参与，积极探索，发挥主动性和创造性的过程中，引导他们从社会现实生活的实际体验中理解如何做人做事，理解社会对公民思想道德和行为规范的要求，增强对科学理论和知识的理解，培养适应、沟通、协调等各种核心竞争力，健全人格，实现全面发展。

根据思政课教学任务，通过有计划、有目的地组织学生投身社会实践活动中，把在课堂学到的理论知识运用到社会实践中去进行消化、升华，同时把在实践中发现的问题带回到课堂，从而起到提升教学效果的作用。

（二）处理好思政课实践教学与专业教学的关系

要从根本上提升高职院校思政课实践教学的效果，必须牢牢把握高职院校这一背景，根据高职院校鲜明的办学特色和学生特点，处理好思政课实践教学与专业教学的关系。与本科生相比，高职学生更注重操作与实践，容易被调动和参与到由教师引导的具有一定目标性的各种实践活动中去。高职教育的办学宗旨之一就是学生的高质量就业，围绕这一目标，学校注重学生职业技能的培养与提高，但是这并不仅仅意味着技能第一，学生不仅要掌握专业技能，而且要学会做人，学会做事，学会学习，学会创造，具备适应社会经济发展和职业变化的综合职业能力，而这些综合能力和素质的培养就是高职院校思政课教学的重要目标。

因此，思政课实践教学与专业课及其他课程一样是学生职业素质培养的重要组成部分。在思政课实践教学中应实现知识、技能和情感三者的有机统一，即如何在传授知识和培养思想道德素质的同时，使学生的综合职业能力得到培养和提高。思政课教师在教学工作中要有实践导向的意识，更新教学观念，改革教学方式，对学生进行能力培养，提高学生的综合职业素质。思政课实践教学必须有效利用专业教学的平台，从实践教学的内容选择、实践途径、实践目标的定位等方面实现与专业教学的融通。

（三）处理好思政实践教学不同层次之间的关系

思政课实践教学形式多种多样，从开展的空间来区分，既包括校内实践教学活动和德育活动，也包括围绕教学目标进行的校外社会实践活动；根据实践教学的目的，大体又可以分为参与型实践（如模拟法庭，辩论赛，参与校园文化活动等）、感知型实践（如参观考察，旁听法庭公审等）、探索型实践（如社会调查研究）、内化型实践（角色体验等）等不同层次。在教学实践中要把握好这些层次的特点，坚持校内实践教学和校外社会实践相结合，基地定点实践和全面实践相结合的原则，根据教学目标有针对性地开展不同形式的实践教学。

三、高职院校提升思政课实践教学效果的主要途径

高职院校思政课需要加强实践教学环节这一理念已经得到普遍认同。但就目前高职院校思政课实践教学的组织与运行状况来看，还存在实践教学的重要性未得到充分认识，学生参与度不高，教学内容和形式与高职教育特色不相适应，后勤保障不足，教学过程流于形式等问题，影响了思政课实践教学的效果提升。解决这些问题，需要我们在教学实践中改革创新，不断提升实践教学的实效性。

（一）以课程内容体系和教学目标为依据，确立立体化的思政课实践教学计划

实践教学是思政课课程体系的一个有机组成部分，其目标必须与思政课教学目标一致，围绕并服务于课堂教学；同时要适应高职院校的办学特色、专业特色和学生特点，在教学过程中牢固树立实践育人思想，遵循学生成长规律和教育规律，确立立体化的实践教学计划，将其纳入学校总体教学体系之中，有计划、有目的地组织实施，力求实现综合的教学效果。在制订实践教学计划时，要注意以下几个方面：

把握总体目标。高职院校思政课实践教学要努力实现四个方面的目标：一是提高学生思想政治素质和观察分析社会现象的能力，深化教育教学效果；二是充分发挥学生的主体性和主观能动性，把社会主流价值诉求变成学生的自身需要，通过实践，使思政课的教学内容真正进入学生头脑，外化为行为选择；三是帮助学生学会做人，学会做事，学会学习，学会生存，提高人际交往、团队合作、时间管理、组织管理能力等各种综合职业能力；四是突出对学生实践能力，尤其是创新、创业能力的培养。

发挥整体作用。高职院校三门思政课是一个有机整体，虽然内容各不相同，但最终目标都在于培养学生成为中国特色社会主义事业的合格建设者和

可靠接班人。因此，要认真学习和研究《中共中央国务院关于进一步加强和改进大学生思想政治教育的意见》等一系列文件精神，对开设的"思想道德修养与法律基础""毛泽东思想和中国特色社会主义理论体系概论""形势与政策"三门课程，从整体教育教学目标出发，融会贯通，科学安排实践教学内容，确定实践重点，从而发挥三门课的合力育人作用。

强化职业道德，提升职业素质。高职院校与普通本科院校相比，虽然总的目标都是培养"四有"新人，但在具体的培养目标上各有侧重。强化职业道德，提升职业素质是高职教育特点在思想政治理论课教学中最直接的体现。现代职业观不仅要求从业者具有过硬的职业技能，还要求从业者必须具有良好的职业道德，它们都具有很强的实践性、行业性，只有借助实践与行业生活，这些职业道德规范才能被学生领悟并外化为职业行为。因此，要充分利用实习、实训，精心设计、统筹安排思政课实践教学环节，尽力考虑作为培养适应性、技术型、应用型高级人才的需要，使实践教学内容与高职学生的特点和就业需求相联系，把职业道德的内容细化到行业层面，并做到不同专业的内容有所侧重。这样，就会使思政课实践教学更加具体化、个性化，更有针对性，从而实现教学效果的提高。

（二）创新教学方式，实施多层次的实践教学

1. 课堂教学实践化。高职院校在思政课教学中要渗透实践教学的理念和方法，即在课堂教学中创设实践教学情境，发挥学生主体作用，引导学生在课堂上积极思考问题，解决问题，并通过恰当的教学方式把理论教学和实践教育，课内活动和课外活动，校内活动和校外活动有机结合。课堂教学实践化需要教师在备课时精心设计与策划，根据三门课程的不同特点，设计和选择不同的主题和教学方法，在课堂上创造平等的教学氛围，调动学生的主动性，引导他们独立思考问题，培养他们运用马克思主义的立场、观点和方法分析和解决问题的能力。课堂教学过程中实践活动的方式很多，如主题讨论、主题辩论、主题演讲等。任课教师在课堂教学中要善于抓住大学生关注的社会热点问题和自身疑惑，结合有关教学内容开展具体的实践教学活动 [2]。

2. 实践教学理论化。即指在实践教学中理论联系实际，在开展校园文化活动、社会调查、参观考察、公益活动等实践活动时，以科学理论为指导，并在实践活动中升华理论认识，提升理论思维能力。比如，在组织学生参观

红色教育基地时，教师要引导学生把切身体会和课堂讲授的科学理论知识结合起来，通过对比、提炼和总结，深化自身的理论认识；在组织学生进行社会调查研究时，要在调查方法、途径、过程等方面加强对学生的理论指导，帮助学生掌握科学的研究方法和思维方法，使学生在实践中善于思考问题，在实践中自觉提升认识。任课教师通过指导学生实践，深入了解学生实际，反过来又有利于自己在课堂教学中做到有的放矢，实现教学与实践相长。

（三）建立稳定高质量的思政课实践教学基地

开展有效的思政课实践教学，离不开稳定高质量的校内实践教学基地和校外社会实践基地，这是思政课实践教学的基本要求和有力保障。实践教学基地可以是学校、校企合作单位或学生的家乡。根据高职院校的特点，以专业实习基地为依托开展思政课实践教学，既可以降低成本，又可以扩大学生参与面，将思想政治教育融入相对独立的专业实践过程之中，实现思政课与专业课的有机结合和相互促进。比如，在专业实习过程中，学生会因为环境变化而产生诸如理想与现实，竞争与压力等思想困惑，适时地、有针对性地对其进行教育和引导，有助于引导学生正确地认识社会，认识自我，认识未来职业，进而提高思想政治教育的针对性和实效性。

（四）建立科学合理的思政课实践教学评价体系

建立科学合理的考核评价体系是提高教师、学生开展思政课实践教学积极性的有效途径。实践教学评价标准包括两个方面：一方面是对教师的评价。将教师开展实践教学，指导学生实践，实践教学效果三方面结合起来综合评价，做到客观、公平、公正。对用心投入实践教学的教师给予表彰奖励，对敷衍了事的要批评、惩罚，扣除一定的教学工作量。这样才能充分调动教师的积极性、主动性和创造性，避免流于形式现象产生[3]。另一方面是对学生的评价。将实践教学成绩纳入学生考核评价体系有利于学生重视实践学习，包括对学生积极参与实践教学的评价，对学生在实践过程中的评价和对学生实践教学结果的评价。对主动参与，认真完成实践教学的同学表扬鼓励，同时给予较高成绩评定；对马虎应付实践教学的同学要批评教育，成绩评定为不及格，从而有效调动学生学习的积极性和主观能动性。

参考文献

[1]郁大海.高校思想政治理论课实践教学运行机制创新研究[J].探索,2008（2）:168-170.

[2]黄励.深化高校思想政治理论课实践性教学的策略[J].中国成人教育,2010（20）:172-173.

[3]唐文利.提高高校思想政治理论课实践性教学实效性探究[J].教育与职业,2010（27）:153-155.

高校"形势与政策"课专题化教学改革：
依据、困境与路向

计算机工程系　王伟

摘　要：高校"形势与政策"课建设至今依然存在着不规范和教学实效性不强的问题，亟待高校进行课程教学改革，通过实施专题化教学改革不断提升高校"形势与政策"课的吸引力和感染力。推进新时代高校"形势与政策"课专题化教学改革，既要从政策层面、理论层面和现实层面考量其遵循依据，又要从课程专题化教学改革动力、保障机制和改革实施上准确研判其遭遇的困境，并在此基础上从教育主管部门政策支撑、高校党政领导课程基础性建设以及课程任课老师专题化教学能力和水平提升的视角，提出了新时代高校"形势与政策"课专题化教学的改革路向。

关键词："形势与政策"课　专题化教学　依据　困境　路向

习近平总书记在2016年12月召开的全国高校思想政治工作会议上强调："高校要把立德树人作为中心环节，要教育引导学生正确认识世界和中国发展，正确认识中国特色和国际比较，全面客观认识当代中国，看待外部世界，正确认识时代责任和历史使命。"[1] 在党的十九大报告中，习近平总书记再次强调了要落实立德树人的任务并提出了新时代要坚定文化自信的要求。这就蕴含着要实现"立德树人"或坚定文化自信的目标，就要求高校要加强思想政治工作，充分发挥高校"形势与政策"课教学的主渠道和主阵地作用。高校"形势与政策"课自1987开设以来，国家相关部委多次出台了与高校形势与政策教育相关的政策文件，然而高校"形势与政策"课建设至今依然存在着不规范和教学实效性不强的问题，亟待高校进行课程教学改革，通过引入专题化教学改革，不断提升高校"形势与政策"课的吸引力和感染力。高校"形势与政策"课专题化教学改革是一个复杂的系统性工程，要求包括高校在内的教学改革参与主体在推进专题化教学改革的过程中，既要遵循相关的改革依据，又要在准确研判当前高校"形势与政策"课专题化教学改革所面临困境的基础上，从教育主管部门、高校党政领导、课程任课教师3个层面寻求其正确的专题化教学改革路向。

一、高校"形势与政策"课专题化教学改革依据

引入专题化教学改革又是提升高校"形势与政策"课感吸引力和感染力的重要手段和有效途径。这就为我们引出了两个新的问题，那就是我们为什么要推进高校"形势与政策"专题化教学改革？其专题化教学改革的基本遵循和依据又是什么？这需要我们从政策依据、理论依据和现实依据3个方面进行研究和探讨。

（一）政策依据——1987年以来中共中央和国家教育主管部门相关文件

20世纪80年代以来，我国就制定并颁布了与"形势与政策"课开设相关的一系列政策文件。1987年11月，原国家教委下发了《关于高等学校思想教育课程建设的意见》（简称《意见》），《意见》指出了"形势政策教育"课开设中存在的部分问题，并历史性地第一次将"形势与政策"规定为高校的必修课。1988年5月，原国家教委下发了《关于高等学校开设〈形势与政策〉课的实施意见》，对"形势与政策"课的教学原则、教学内容、师资、教材等，作出了一些相应的具体规定。1996年10月，原国家教委又下发了《关于进一步加强高等学校〈形势与政策〉课程建设的意见》，它对"形势与政策"课程的性质和地位作了进一步地明确，对规范"形势与政策"课教学管理工作提出了具体要求。2004年8月，中共中央国务院印发影响深远的中央16号文件《关于进一步加强和改进大学生思想政治教育的意见》，着重提出"形势政策教育是思想政治教育的重要内容和途径"。2004年11月，中共中央宣传部、教育部联合下发《关于进一步加强高等学校学生形势与政策教育的通知》（以下简称"04通知"），"04通知"针对新世纪新阶段形势与政策教育面临的新问题新情况，就形势与政策教育的重要作用、主要内容、课时安排、学分

管理、课程考核、教育方式、教学队伍建设、保障机制建立、科研工作等方面作出了相应的规定和要求。2005年出台《中共中央宣传部教育部关于进一步加强和改进高等学校思想政治理论课的意见实施方案》（以下简称"05方案"），再次明确了"形势与政策"课是高校思想政治理论课的重要组成部分，规定了高校要开设"形势与政策"课，并强调了课程建设的具体要求要按照"04通知"规定执行。党的十八大后，以习近平同志为核心的党中央高度重视高校思想政治工作。2015年7月，中宣部、教育部印发了《普通高校思想政治理论课建设体系创新计划》；2016年12月中央召开了全国高校思想政治工作会议，习近平总书记出席了会议并作了重要讲话，之后中共中央、国务院印发了《关于加强和改进新形势下高校思想政治工作的意见》，《意见》强调指出要进一步办好高校思想政治理论课，充分发挥思想政治理论课的主渠道作用，深入实施高校思想政治理论课建设体系创新计划[2]。在一系列政策文件中，无一例外都强调了"形势与政策"课或思想政治理论课的极为重要的作用和地位，其中2004年的"04通知"和2005年的"05方案"，仍然是高校"形势与政策"课规范化建设和专题化教学改革的纲领性指导文件，而最近印发的《普通高校思想政治理论课建设体系创新计划》和《关于加强和改进新形势下高校思想政治工作的意见》以及党的十九大会议精神的相关内容，是新时代高校开展"形势与政策"专题化教学改革的最新动力来源和政策依据。

（二）理论依据——高校"形势与政策"课规范化建设及教学研究形成的一切先进理论成果

自2004年中宣部、教育部联合下发"04通知"以来，高校"形势与政策"课程建设进入了前所未有的快速发展阶段，包括专题化教学在内的各种教学改革探索如雨后春笋般涌现，学界和理论界开始广泛关注并涉足高校"形势与政策"课规范化建设和教学改革的研究，形成了一批先进的理论成果，为当前开展高校"形势与政策"课专题化教学改革研究提供了资料借鉴和理论依据。这些先进的理论成果，主要集中于六个研究领域：一是高校"形势与政策"课开设的现状调查研究；二是高校"形势与政策"课规范化建设研究；三是高校"形势与政策"课话语体系建构研究；四是高校"形势与政策"课学科化建设研究；五是高校"形势与政策"课教学实效性研究；六是高校思想政治理论课专题化教学的内涵研究；六是专题化教学在高校思想政治理论课教学体系中的应用研究。比较有代表性且质量较高的研究成果有：王刚于2015年在《思想理论教育》期刊上发表的论文《"形势与政策"课规范化建设：问题与解决路径》；王包泉、王民忠于2013年在《学校党建与思想教育》期刊上共同发表的论文《高校"形势与政策"课规范化建设的实践与思考》；姜健、谢萌于2012年在《思想理论教育导刊》上发表的论文《高校"形势与政策"课规范化建设问题研究》；陶倩、易小兵于2016年在《思想理论教育导刊》上发表的论文《"形势与政策"课话语体系建构研究》；苏琪撰写的硕士论文《高校"形势与政策"课教学实效性研究》；付丽萍于2016年在《辽宁教育行政学院学报》上发表的论文《专题式教学在高校思政课教学体系中的应用探析》；龚德才于2013年在《教育评论》上发表的论文《思想政治理论课专题化教学探讨》；章小朝于2015年在《思想理论教育导刊》上发表的论文《高校思想政治理论课教学的问题意识与专题化教学》。这些研究所形成的理论成果，初步回答了高校"形势与政策"课建设现状与存在的主要问题以及推进教学改革的必要性，较好地提出了高校"形势与政策"课规范化建设和教学改革之策，有力地阐述了专题化教学的内涵以及专题化教学在高校思想政治理论课教学的应用之道，等等。这些倾注了众多学者心血探索研究的先进理论成果，无疑是我们研究高校"形势与政策"课专题化教学改革极为重要的经验借鉴和理论依据。

（三）现实依据——当前高校"形势与政策"课教学实效性不强的现实状况

20世纪80年代以来，党中央和国务院及有关部委就非常重视这门课程的开设和建设问题，为适应形势的变化和时代的要求，多次专门下发文件，要求各级宣传部门、教育部门和高等学校进一步加强高校的"形势与政策"课建设，不断增强高校"形势与政策"课的实效性。但在实际工作中，诸多高校没有贯彻落实好上级相关重要文件精神，对"形势与政策"课的重视程度不够，没有将"形势与政策"课摆在高校课程体系建设中应有的位置，更多的是停留在做表面工作或走过场的层面上，对科学的教学管理、合理的教学安排、先进的教学手段、灵活的教学方式等教学问题关心关注不够，课程教学流于形式，教学效果不佳、实效性不强的问题至今依然十分突出。实效性是实践活动的预期目的与结果之间的张力关系，是指实践活动结果对于目的是否实现及二者的具体实现程度[3]。高校"形势与政策"课教学实效性，就是指"形势与政策"课的教学主体对教学客体开展教学活动所产生的实际育人效果达到教学主体预先设定的教学目的或教学效果的实现程度。当前我国在高校开设"形势与政策"课的教学目的，就是通过该门课程的学习，使学生掌握当前我国社会主义建设和改革开放的任务，发展现状和趋势，党和国家实现现阶段任务的基本方针和政策，党和国家的重大活动和决策，当前国际关系的状况、发展趋势，我国的对外政策，世界重大事件和我国政府的立场，大国外交形势，大学生在形势与政策方面普遍关心的热点、难点问题及解决问题的对策等[4]。然而我国高校"形势与政策"课教学开展的现实情况，却是教学内容随意性较大，课时安排不合理，考核制度建设不合理，教学队伍不稳定，教学模式传统等问题极为普遍，教学活动难以达到国家文件规定的教学目的，教学实效性不强成了教育界、学界和理论界普遍认同的不争事实。面对这个教学实效性不强的难题和现实，就要求高校必须要深化"形势与政策"课教学改革，创新教学方式方法，而引入专题化教学无疑是高校通过深化"形式与政策"课教学改革提升其实效性的最佳选择和途径。抑或说"形势与政策"课教学实效性不强的现实状况为高校对"形势与政策"课进行专题化教学改革提供了现实依据。

二、高校"形势与政策"课专题化教学改革困境

从高校开展"形势与政策"课的专题化教学改革实践来看，我国高校的"形势与政策"课专题化教学改革还存在着改革动力、保障机制、改革实施等问题，这些问题成了高校推进"形势与政策"课专题化教学改革的"绊脚石"，直接影响了高校开展"形势与政策"课的专题化教学改革成效。

（一）高校"形势与政策"课育人地位矮化严重，专题化教学改革动力不足

20世纪80年代始，党中央、国务院和国家相关部委就围绕高等学校加强和改进思想政治理论课建设、大学生思想政治教育工作、形势与政策教育多次下发相关文件，每次下发的国字号文件无不强调高校形势政策与政策课在高校课程体系中的重要地位和无可替代的作用，对高校"形势与政策"课重视程度之高和建设决心之大异乎寻常，然而到了高校的执行落实层面，却完

全是另一番模样，出现了"上头热下头冷""上动下不动"的反差景象。碍于"04通知"和"05方案"的规定要求和教学评估检查的需要，我国绝大多数高校都已将高校"形势与政策"课列为每个大学生的必修课，然而在对该门课程具体的教学安排和实施上高校却没有将"形势与政策"课摆到应有的位置和高度，课程地位矮化现象明显。"形势与政策"课在诸多高校成了一门地位极低的边缘化课程，就在与思想政治理论课内的其他必修课相比也是处于垫底的地位，就从对"形势与政策"课的教学安排的随意性这一点就可以充分地看出高校对该门课程的开设及建设极为不重视，高校教务部门或思想政治理论课教学部门排课总是把"形势与政策"课排在相对较差的时间段，如安排在双休日或课外活动时间，对教学内容和教学方式也是缺乏统一的安排和科学的规划，教学内容缺乏针对性和有效性，一些高校甚至随意从校外找几个党政领导开几场形势报告会就结束了这门课程，走过场或应付式教学的痕迹明显。高校"形势与政策"课育人地位的严重矮化，久而久之这种"不重视""无所谓"的课程情节或心态就会像病毒传播一样快速传染给高校担任该门课程教学的所有任课教师，最终必然导致任课教师会以一种消极的心态对待这门课程的教学活动，对旨在提高课程实效性为目标的包括专题教学改革在内的一切教学改革活动缺乏积极性和动力。

（二）高校"形势与政策"课基础性建设薄弱，专题化教学改革保障机制缺位

高校"形势与政策"课基础性建设，就是指影响高校"形势与政策"课规范化建设最根本、最核心、最关键的建设环节，包括"形势与政策"课领导体制建设、师资建设、学科化建设、课程学习考核评价机制建设、教学经费投入保障机制建设等六大基础性建设工程。长期以来，我国高校"形势与政策"课教学实效性不强，一个极为重要的诱因就是我国高校在"形势与政策"课的上述六大基础性建设存着太多的历史欠账和薄弱环节，具体表现为：缺乏由学校党委书记或专职副书记挂帅，马克思主义学院或思想政治理论课教学部为主导的多部门参与的专门的课程建设领导小组；师资力量不足，专职教师配备不够；课程规范化建设及专题化教学改革工作机制尚未建立健全；课程建设缺乏对应的学科支持[5]；检验学生学习成果明确的、完善的考核机制尚未建立；教学资金投入长期不足，教学经费投入保障机制缺失。这些基

础性建设薄弱的问题，既有政策落实不到位的原因，也有高等教育大众化引发课程建设复杂化的原因，还有教学管理不和谐带来教学行为不和谐的原因。高校"形势与政策"课这六大基础性建设工程，不仅是高校"形势与政策"课体制机制建设最重要的内容，而且是课程专题化教学改革开展最有力的保障机制。抑或说，高校"形势与政策"课专题化教学改革没有较好的课程基础性建设，就如"无源之水""无本之木"，专题化教学改革将寸步难行。现在高校"形势与政策"课专题化教学改革最大的问题，就是由于该门课程基础性建设薄弱而导致的专题化教学改革缺位，已经成为当前高校大力推进专题化教学改革最大的阻力和难题。

（三）高校"形势与政策"课教师队伍素质堪忧，专题化教学改革实施疲软

高校"形势与政策"课是思想性、政治性、政策性、时效性、综合性很强的课程，教学内容涉及面极广，知识融合程度极高，涉及经济、政治、文化、社会、国防、外交等社会科学领域，还涉及新技术、新发明等自然科学领域。这就决定了高校"形势与政策"课教学是一项要求很高的工作，要求任课教师既要具备坚定的政治立场，扎实的理论功底，较强的学习研究能力，同时还要具备较强的课程传授表达能力以及多学科知识和迅速接受新知识的能力。然而现实状况却是高校"形势与政策"课的教师素质与这一要求相比有较大差距，教师队伍建设堪忧。根据"04通知"规定：高校"形势与政策"课要建设一支以精干的专职教师为主体，专兼结合的教师队伍。然而诸多高校至今仍以兼职教师为主，甚至全部是兼职教师，往往让一些校内从事学生管理的工作人员、院系辅导员、党政干部或行政人员以及校外聘请的兼职教师承担该课程的教学任务[5]。这些兼职教师理论水平不高，教学经验不足，教学能力有限，再加上日常事务繁忙，接受专业培训机会极少，完成教务部门安排的教学任务都是一件极为艰难的事情，更不要谈他们有足够的能力和精力推动专题化教学改革。高校"形势与政策"课专题化实践探索由来已久，20世纪80年代高校"形势与政策"课开设以来，就有高校任课教师尝试性地在"形势与政策"课的课堂教学中引入了专题化教学，甚至还推动了所在高校的"形势与政策"课的专题化教学改革。然而从多年来高校"形势与政策"课专题化教学改革的实践成果和研究成果来看，高校"形势与政策"课专题

化教学改革的成效并不明显，甚至毫无成效可言。这其中一个最大的问题就是高校"形势与政策"课专题化教学改革缺乏师资保障。长期以来我国高校"形势与政策"课的教师队伍建设都没有落实好国家层面的相关政策规定，课程任课教师队伍流动性大，结构不合理，政治素养不高，主体责任感缺乏，知识结构单一，专题化教学能力较弱等令人担忧的状况至今仍没有改变[6]，已经成为当前我国高校推进"形势与政策"课专题化教学改革最头痛和最棘手的问题。

三、高校"形势与政策"课专题化教学改革路向

中国特色社会主义进入了新时代，新时代就要有新气象新作为。当前我国高校"形势与政策"课专题化教学改革同样进入了新时代，这就要求我们要以党的十九大精神为指引，高举习近平新时代中国特色社会主义思想伟大旗帜，着重从教育主管部门、高校党政领导、课程任课教师三个维度和视角推进高校"形势与政策"课专题化教学改革。

（一）教育主管部门：尽早出台一部专门规范高校"形势与政策"课建设的政策文件，明确鼓励支持高校探索实践"形势与政策"课专题化教学改革

高校"形势与政策"课在高校一直不受重视，课程地位长期被矮化，虽然产生的原因是多方面的，但一个最为根本的源头性原因就是国字号的政策文件支撑不到位。从1987年至今，以党中央、国务院、国家相关部委名义下发的与"形势与政策"教育内容相关的文件多达7个，几乎所有的文件都提到了或强调"形势与政策"课极为重要的作用和地位，应该可以肯定的是国家层面无论在任何时期对高校"形势与政策"课的建设都是极为重视的，然而落实到高校层面就走样变形，其深层次的成因并不是高校党政领导思想认识不充分那么简单，而是国家部委制定下发的与"形势与政策"课相关的文件自身存在天然的不足和缺陷。诸多政策文件都是宏观上的指导性的文件，内容上追求大而全，缺乏具体的规定和约束性的要求，甚至某些条款内容还缺乏科学性和严谨性，为高校"形势与政策"课建设的随意化提供了制度上的可能和空间。

为了更好地为高校"形势与政策"课专题化教学改革提供政策支撑和制

度保障，国家教育主管部门应重点从如下几方面着手：第一，启动与"形势与政策"课建设相关的政策文件清理工作。就数量来讲，与高校"形势与政策"课规范性建设相关的政策并不少，但在现实中的落实情况并不理想，高校"形势与政策"课教学的实效性依然较差，其原因之一就在于某些政策文件的适应性、时效性、科学性、约束性较差，某些政策内容规定甚至不切实际。因此，国家教育主管部门必须尽早启动相关文件的清理工作，该废止的要废止，该宣布失效的要宣布失效。第二，制定一部规范高校"形势与政策"课建设的最新的权威政策文件。政策文件的制定主体选择应汲取过去的经验教训，整合以往多个制定主体为唯一的一个制定主体——教育部，由教育部整合以往纷繁复杂的相关政策文件为一部唯一的关于规范高校"形势与政策"课建设最新的专门文件，文件名称可命名为"关于新时代切实规范高校'形势与政策'课建设通知"，此政策文件不仅要避免过去政策文件内容制定的不科学和缺乏可操作性的缺点，而且还要增加政策落实奖惩机制，鼓励支持课程教学改革等内容条款。第三，配套出台高校"形势与政策"课专题化教学改革实施细则。教育部以最新出台的关于规范高校"形势与政策"课建设的专门文件为依据，制定下发最新课程专题化教学改革细则，细则应明确专题化教学改革的意义、目的、理念、路径、资金等问题。唯有如此，才能为高校"形势与政策"课专题化教学改革填补政策漏洞，提供制度保障。

（二）高校党政领导：充分认识高校"形势与政策"课规范化建设的深刻意义，全面推动高校"形势与政策"课专题化教学改革的基础性工程建设

高校党政领导主要是指，校党委书记、副书记和校长、副校长等校领导班子成员以及与"形势与政策"课建设的相关职能部门及教学部门的党政主要负责人，如党委宣传部、教务处、团委、学生处、科研处、财务处、马克思主义学院或思想政治理论教学等相关部门的党政一把手[7]。这些党政一把手在各自分管的工作领域拥有极大的课程建设资源调配权，是高校"形势与政策"课专题化教学改革最有力的推动者和督促者，是决定高校"形势与政策"课专题化教学改革成败最为关键的力量。为此，高校党政领导，尤其是校长和党委书记，应认真学习相关文件精神，在最新的政策文件出台之前，重点学习"04通知"和"05方案"，2016年12月习近平总书记在全国高校思

想政治工作会议上的讲话精神，以及党的十九大会议精神的相关内容，充分认识高校"形势与政策"课开设及规范化建设的深刻意义和现实价值，积极推动高校"形势与政策"课的规范化建设，为新时代高校"形势与政策"课专题化教学改革扫除一切基础性障碍。

当前高校"形势与政策"课规范化建设存在着的各种问题，只要高校党政领导尤其是一把手高度重视并积极推动，问题就容易得到解决。当前高校党政领导应在以下几个方面着重推动高校"形势与政策"课专题化教学改革的基础性工程建设：一是尽早成立以高校党委书记亲自挂帅的高校"形势与政策"课规范化建设工作领导小组及专题化教学改革领导小组，两个领导小组成员组成相同，即"一套人马，两块牌子"。领导小组办公室下设在高校马克思主义学院或思想政治理论课教学部，领导小组成员由教务处、团委、学生处、财务处、宣传部等相关部门的部门一把手及相关课程建设专家学者组成，成立"形势与政策"课教研室。二是尽早配足专职教师，建立一支稳定性强、结构合理的教师队伍。三是尽早建立课程规范化建设及专题化教学改革协调沟通工作机制，出台相应的课程规范化建设及专题化教学改革协调沟通管理办法，办法对各参与主体或个人都应具有约束力。四是尽早启动研究高校"形势与政策"课学科归属划分问题，无论是高校"形势与政策"课规范化建设还是专题化教学改革都离不开学科的支撑，"形势与政策"课究竟隶属于哪个学科，至今在学界和教育界都没有一个统一的定论，高校亟须对此进行深入的研究并尽早科学确定"形势与政策"课的学科归属。五是创新学生学习评价考核机制。因各种实际问题和现实原因，高校对教育部"04通知"所规定学年考核制的实施流于形式，甚至没有考核，严重冲击了学生学习的主动性和积极性。高校应加强"形势与政策"课学年考核制的实施探索，同时创新多种考核形式。六是尽早建立课程规范化建设及专题化教学改革资金投入保障机制。解决资金问题是解决"形势与政策"课规范化建设及专题化教学改革各种问题的前提基础，高校应加大资金投入力度，每年划拨专项资金专款专用，并建立资金使用的监督检查机制，以防下拨资金滥用或挪作他用。

（三）课程任课教师：深刻理解高校"形势与政策"课专题化教学改革的内涵和本质，努力提升高校"形势与政策"课专题化教学能力和水平

任课教师是高校"形势与政策"课专题教学改革深入推进的主要参与者

和最终实施者，对高校"形势与政策"课专题化教学改革成败与否具有决定性的影响。一支素质高、稳定性强、结构合理的教学队伍是高校顺利开展"形势与政策"课专题化教学改革极为重要的保障。而现实却是当前我国高校"形势与政策"课教学队伍建设堪忧，专职教师缺乏，教师流动性较大，任课教师素质和能力存着诸多与"形势与政策"课专题化教学改革要求不相适应的地方，亟待增强任课教师对高校"形势与政策"课专题化教学内涵和本质的认识，处理专题化教学的教研室作用，专题划分，竞争与合作，科研与学科建设等问题[8]，努力提升专题化教学的水平。

高校"形势与政策"课专题化教学，就是要按照"形势与政策"课政治性、政策性、多元性和实效性强的特点，根据教育部每半年印发的最新《高校形势与政策课教学要点》(简称《教学要点》)的通知要求，从学生的思想实际和社会现实去提取和确立既相对独立又相互联系的系列专题，并围绕着专题设计教学方案和开展教学活动的一种新型教学模式。其本质就是通过引入专题化教学模式，革除传统教学模式弊端，提升教学效果，从而不断增强高校"形势与政策"课的实效性。作为专题化教学改革活动一线践行者的任课教师，应在深刻理解高校"形势与政策"课专题化教学改革内涵和本质的基础上，重点从这4个方面提升自身专题化教学技能和水平。一是精心凝练专题方向，确定专题主题。选题是任课老师实施专题化教学的第一步，任课教师应发挥团队合作精神，广泛调研，反复论证，集体确定授课专题主题，选题尽量围绕时事热点，贴近时代前沿，回应现实关切，突出"新"和"实"的特点。如2017年上半年的专题选题就针对我国民众关注度极高且学生感兴趣的话题设置议题，如南海问题、中美关系、"一带一路"倡议、习近平执政理念，可依次设置如下议题""国际背景下的朝核问题与萨德入韩""特朗普政府执政情形下中美关系新进展及走向""新时期执政新理念——习近平治国理政解读""'一带一路'新进展与中国对外开放新格局"；2017年下半年重点围绕学习宣传贯彻党的十九大精神的要求设置议题。二是科学设计课件内容。依据所确定的专题主题，任课老师根据各自的学科研究领域和专长组成教学小组，各教学小组选择所擅长的专题进行集体备课讨论并完成课件的制作工作[9]。三是创新教学方法和教学手段。创新教学方式方法是提高"形势与政策"课课堂教学吸引力和感染力的关键一招，任课老师要改革传统教学立足于教材体系的"一言堂""满堂灌"的教学方式，注重学生学习主体性作用的发挥，灵活采用专题讲授、专题辩论、专题讨论等多种教学方法，广泛使用以多媒体技术为代表的现代化教育技术手段，增强学生学习的主动性和趣味性。四是丰富知识体系。高校"形势与政策"课是一门学科内容跨度极大的课程，涉及的教学内容跨度极为宽广，包括国防、外交、科技、军事、政治等多方面的模块内容，对任课教师知识的广度和宽度的要求比思想政治教育理论课中的任何一门学科都要高，这就要求任课教师广泛涉猎各种学科知识，不断更新和丰富知识体系。

参考文献

[1]张维维.坚定夯实高校思政工作的政治基石[J].北京教育（高教），2017（3）：17.

[2]新华社.中共中央国务院印发关于《加强和改进新形势下高校思想政治工作的意见》[N].人民日报，2017-02-28.

[3]高蕾.高校思想政治理论课实效性研究[J].思想政治课研究，2014（4）：16.

[4]黄晓波，唐昊，陈岸涛.形势与政策概论[M].北京：北京师范大学出版社，2014.

[5]王文平.增强高校"形势与政策"课教育教学实效性探析[J].山东省青年管理干部学院学报，2009（2）：152.

[6]李克荣，张俊桥.高等学校"形势与政策"课教师队伍规范化建设的思考[J].思想理论教育导刊，2012（9）：37.

[7]王刚."形势与政策"课规范化建设：问题与解决路径[J].思想理论教育，2015（11）：22.

[8]龚德才.思想政治理论课专题式教学探讨[J].教育评论，2013（1）：93-95.

[9]付丽萍.专题式教学在高校思政课教学体系中的应用探析[J].辽宁教育行政学院学报，2016（6）：68.

高职院校人文素质教育存在问题及解决对策

学前教育系　刘佩云

摘　要： 高职院校加强人文素质教育，对于培养适应21世纪高素质人才具有重要的战略意义。近年来，高等职业院校人文素质教育引起了各高校的重视，经过多年努力取得了一定的成绩，但仍然存在对人文素质教育认识不足等问题。要解决这些问题，可以从更新办学理念，提升教师人文素质，开设专门的人文素质课程等方面去提出提升学校的人文素质教育的解决对策。

关键词： 高职院校　人文素质教育　存在问题　解决对策

目前，我国高等职业技术教育已占领我国高等教育的半壁江山，培养了大批生产建设、管理服务第一线的高技术应用人才，为我国经济建设的发展作出了巨大的贡献。在强调"技术是第一生产力"的大环境下，高等职业教育很多只是满足于让学生获得从事某个职业或行业所需要的知识或技能的教育，即仅仅满足于培养学生具备进入劳务市场的能力和资格，而忽略了学生的人文素养的培养。

一、高职院校加强人文素质教育的必要性

我国古代有诗、书、礼、乐、射、御"六艺"，欧洲中世纪有逻辑、语法、修辞、数学、几何、天文、音乐"七艺"，可以说明，不论是中国还是在西方国家，过去都十分重视人文素质的培养。然而，经济高速发展，人们生活水平大大提高的今天，作为国家进步发展的重要力量的大学生，人文素质却

没有大幅提升，反而出现部分下滑的现象。一些大学生理想信念迷失，出现价值取向扭曲，社会责任感缺乏等问题。因此，在高职院校，如何培养出符合社会要求的，具有较高人文素质水平的高素质技术人才成为我们亟须解决的问题。

（一）什么是人文和人文素质教育

《周易》中说："刚柔交错，天文也。文明以止，人文也。观乎天文，以察时变。观乎人文，以化成天下。"意思是观察天道运行规律，以认知时节的变化。注重人事伦理道德，用教化推广于天下。人文在《辞海》中的解释是"人类社会的各种文化现象"。人文的英语解释为"人性和教养"。从广义上讲，人文泛指文化；从狭义上讲，人文专指文学、艺术、历史、哲学，特别是美学范畴。人文素养更强调内化的人格，而一般的素质教育更强调外化的能力。

何谓人文素质教育？张楚廷在所著的《大学人文精神构架》一书中认为："人的素质是在外界的交往中将习得的文化（知识、经验、信息等）通过内化过程所形成的内在之物，其中，即此'物'之中的物质部分实是身体素质，精神部分便是人文素质，所以，人文素质是素质的主要部分。"[1] 总的来说，人文素质包含人文知识、人文思想、人文方法和人文精神4个部分。

作为社会经济发展重要生力军的高职毕业生，如果人文素质低下，就可能出现社会责任感缺失，片面地追求物质享受，唯利是图等现象，不利于社会和谐稳定。

（二）高职院校提升人文素养教育是学生全面发展的基本保证

大量的事实证明，艺术修养较高，形象思维较发达的人，创造力也更加强。目前，我国的中学阶段特别是高中阶段的教育很大程度上是应试教育，学生的学习和学校的教育都具有很强的功利性，导致学生知识面狭窄，很多同学不了解祖国的灿烂历史文化，不了解世界各地的地理人文，不会写作，不懂表达。一个人的人文素质是其内在精神气质和外在精神风貌的综合表现，在审美情趣、理想追求、价值取向、思想感情、思维方式、行为习惯等方面都能体现出来 [2]。良好的人文素养让学生终身受益，使之将来无论处于一个怎样的境遇，都能调整好自己的心态，积极面对挑战。相反，如果高职毕业生人文素质低下，即使他对某项技能掌握得非常熟练而得到企业的录用，但在这个信息技术时代，科学技术一日千里，他也有可能因其人文底蕴不足，缺少发展的后劲而面临被淘汰的威胁。因此，高职学生在缺乏学历优势的情况下，更加需要有良好的人文素养作为支撑，这样才可以在严峻的就业形势中保持自己的优势。

（三）高职院校提升人文素养教育是社会发展的必然要求

高职院校培养的是应用型人才，是工作第一线的技术骨干和管理骨干。目前，职业技术教育注重的是科学知识和专业技术技能教育，强调学生学会"做事"的一面，忽略了教育学生学会"做人"的一面。高职院校忽视道德、心理和艺术等人文素质教育，使学生容易在人生道路上、职业岗位上出现偏差。因此，缺乏人文素养的教育并不是一种全面和健全的教育。当今社会政治多极化、经济全球化、文化多元化、学习社会化、教育终身化，使得整个社会竞争变得日益激烈。同时，随着经济产业结构的升级与调整，用人单位对劳动者的素质要求也不断提高，单纯"技能型"的人才培养模式显然已经不适应现代经济社会的发展要求。

二、当前高等职业教育人文素质教育的存在问题

近年来，随着改革开放的深入和社会主义市场经济的快速发展，受到西方多元文化及一些实用主义、拜金主义等不良思潮的影响，一些高职院校在办学理念上存在功利主义的错误思想，人才培养根据"就业导向"培养单纯的"工具型"技术人员，重技能、轻人文的人才培养模式已不能适应现代化经济的发展需求。

（一）重视技能教育，忽视人文素质教育

受到实用主义思潮的影响，目前我国高等职业教育以就业为导向，多数是按照实际岗位需要设置专业和课程，强调的是适应岗位需要的知识和技能，认为学生只要有扎实的专业知识和技能将来就业就不成问题，忽略了学生的人文素养教育。甚至有的高职院校除了思政课、体育课、外语课外，几乎没有其他人文方面的教育课程。学生过窄的专业教育，过重的功利性和目的性，不仅局限了学生的专业视野，抑制了学生的个性发展，部分学生存在人文知识欠缺，人文能力不足，人文精神滑坡等现象，出现辨别是非能力差，容易走向极端等问题；他们心理脆弱，遇到挫折不知所措；公德意识不强，容易做出一些不文明行为；社交能力低，产生沟通障碍等问题。

事实上良好的人文素质才是学生长远发展与走向成功的关键。一个人的内心世界发生了变化，那么他眼中的世界也会不一样。人与人最主要的区别不是在于职业，而是在于内心的境界、价值观。

（二）把"人文素质教育"等同于"通识教育"

通识教育是面向所有大学生进行的专业以外的有共同内容的教育，包括一些基础知识教育、语言教育，等等。通识教育是以学生的需求为出发点，旨在扩大学生的知识面，而"人文素质教育"则旨在加强学生的道德品质教育。通识教育虽然也重视人文教育，但知识是外在的东西，是材料，是工具，是可以量化的知识；让知识进入人的认知的本体，渗透到他们的生活与行为，这样才能称之为"素养"。

有的高职院校把通识教育等同于人文素质教育，甚至认为人文素质教育是针对文科学生的教育。很多学校开设的一些人文素质教育课程也是侧重于增加学生的基本知识和应用技巧，例如，公文写作、商业洽谈技巧、语言工具应用等，这些更像是针对学生基本的文化基础偏低的应急措施，与培养学生的人格精神和唤醒人性良知的目标相距甚远。

三、高职院校提升人文素养教育的途径

人文素质教育是一个系统工程，也是一种通才教育，包括行为、知识、观念等多个方面和层次，其效果不能立竿见影。我们对学生进行的人文素养教育的核心，就是让学生成为一个全面和谐发展的人。为此，学校首先要更新办学理念，从课程体系、师资队伍体系、校园文化体系等方面去提升学校的人文素质教育。

（一）更新办学理念

高职教育发展得如火如荼的时候，我们应该意识到，高职院校在教授学生职业技能的同时，加强人文素质教育也不能偏废。进行人文素质教育，是培养21世纪科技人才的需要，是世界高等教育发展的普遍趋势。高职院校加强人文素质教育与技术教育相结合，其目的在于完善学生的知识结构，提高学生的综合素养，对促进学生全面、健康发展具有十分重要意义。学校应该认识到，人文教育不是某些专业的事情，而是所有专业的任务。高职院校应该更新理念，加大学校人文素养教育的力度，努力创出一条适合高职学生的

人文素质教育的路子，提高学生人文素养，促进学生全面发展，达到培养健全的、高素质专业技能型人才的目的。

（二）提升教师的人文素质

教师是学校人文素质教育的主要实施者，教师人文素质的丰厚，是学生全面健康发展的重要保证。已故的清华大学校长梅贻琦先生说过："大学者，非大楼之谓也，大师之谓也。"大学里最大的价值并非漂亮的校舍和一流的设施，而是出色的教师。一位名师就是一本鲜活的教科书。教师的世界观、人生观、价值观、道德价值和个人修养等对学生都有直接且持久的影响，学生在受教育过程中的收益很大程度上取决于教师的人格魅力施加的影响。老师的职责不仅仅是传播知识，更重要的是通过自己的人格魅力和品质精神去影响学生。因此，提高教师队伍的人文素养是提高学生人文素养的前提和保证。

（三）人文素质教育贯彻到课堂教学中

1. 开设专门的人文素质课程。人文素质教育课程是实施人文素质教育的重要载体，具有强制学生接受人文素质教育的功能，能保证学校人文化素质教育落到实处，是提升大学生人文素质的重要途径之一。很多高职院因为学生在校时间短，专业课程的内容多，加之学生还要进行实训等，开设的人文素质课程数量极少，并且多为选修课，占学分少，没有引起学生的足够重视，学生在选修这些课程时也往往选取那些学习轻松，容易拿到学分的课程，缺乏自觉培养人文素质的意识和动力。一些学生甚至认为大学不过是一个俗世性的，为文凭而展开的知识训练的场所。

高职院校要重视人文课程的构建，可以增设专门负责人文素质教育课程的机构，专门负责管理和研究全校的人文化素质课程的设置，加强人文素质教育的教材建设，适时更新人文素质教育的教学内容。将人文素质课程列入教学计划，对全校课程的总体结构和各类课程的比例进行规划，增设具有自己学校特色的人文素质课程。邀请校外的专家及社会知名人士来校与学生进行面对面交流，开设人文素质教育讲座，拓展学生的视野。另外，还可以充分利用本校的资源，调动教师讲授通识课程的积极性，鼓励教师研究和开发人文素质教育课程。

2. 将人文素质教育融入课堂教学。职业院校的学制比较短，只有两年至三年，学生在学校还要学习专业课程和接受大量的实践教育，不可能像本科院校那样设立更多的通识教育课程。学校除了尽可能多地开设一些内涵人文教育精神的通识课程外，还可以要求任课老师在专业教育中渗透人文素质教育，培养学生的人文精神。为此，教师除了要熟练掌握本学科的知识外，还要挖掘学科中的人文因素，将课程中所蕴含的科学精神和人文精神整合起来，使专业课程有血有肉，丰满生动，充满人情味。教师要善于引导学生在实际活动中亲身体验人文因素，例如，每个专业学科都有一些表现突出或为该领域作过巨大贡献的人，老师可引导学生用心感悟前人高尚、高雅的情感，激发学生的求知的动力，鼓励学生向前人学习，帮助他们树立良好的科学道德和培养其高尚的情操等。而这种充满人文气息的课堂气氛，可以促使学生更加积极、热情、主动地参与学习。同时，还要大力借助于课堂外的隐性教育实现使学生掌握更多的人文知识，提高其人文素养的目标。

（五）将人文素质教育融入校园文化建设

高等职业院校除了通过课堂教育提升学生的人文素质外，还可以通过健康向上的校园文化提升学生的人文素质。先进的校园文化对大学生人文素质教育有重要的思想导向和行为规范的作用。积极健康的校园文化能让学生丰富人文知识，提高人文思想，掌握人文方法，提升人文精神。

开展丰富多彩的校园文化活动，建设具有浓郁人文氛围的校园文化。利用图书馆、宣传栏、校园网等文化阵地及参与各种校园文化活动来丰富学生的人文知识。如举办名家讲座、读书分享、文化沙龙、书画比赛、体育竞技、社团交流等众多的校园文化活动，也是非常好的载体与平台，可以让学生开阔视野，启迪思维，提升素质。丰富多彩的校园文化活动可以进一步把获取的人文知识通过实践内化为人文素养，汲取其中的人文精神。

注重建设大学生人文社团，充分发挥社团组织的力量。大学社团是高校中具有重大影响力和凝聚力的群体，同学们自己策划、组织各项活动，有利于发展个人兴趣爱好和特长，高校各社团举办的丰富多彩的比赛和社团活动一直受到同学们的青睐，学校要充分利用这些人文社团。目前这些社团各高校都有，但大多处于自发状态，学校关心和扶持的力度还远远不够。学校可以聘请校内外专家担任这些社团的顾问或指导老师，给予他们更加专业和系统的指导，通过社团来大力宣传和开展一系列人文素质教育活动，对学生进行爱国主义、集体主义、社会主义教育，培养他们团结协作、奉献进取及自我完善的人文精神。

总之，人文素质教育包罗万象，贯穿于学校教育的全过程，涉及教育的方方面面。高职院校应树立科学精神与人文精神并重的教育理念，采取行之有效的措施，提升学校的人文素质教育，不仅要教会学生做事，还要教会学生做人，真正实现教育的真谛。

参考文献

[1] 张楚廷.大学人文精神构架 [M].长沙：湖南师范大学出版社，1996.

[2] 聂国山，于大澎.浅谈高职院校人文素质教育的必要性 [J].中国电力教育，2008（9）：65-66.

[3] 王金星.关于《高职学生人文素质教育研究》的报告 [J].四川职业技术学院学报，2007（2）：73-78.

大学生参与社会治理问题研究

——以广东省东莞市为例

学生处　李浩泉

摘　要： 大学生参与社会治理创新对于促进大学生健康成长及增强社会活力具有重要意义。近年来，大学生参与社会治理创新的工作得到很好的推进，但仍存在着总体认知不足，参与能力需要提高，参与形式不够多和长效机制较为欠缺等问题，需要从激发参与动力，创造参与机会，畅通参与渠道，提升参与能力4个方面加以完善，并要注重把大学生朴素的家园情怀转化为其参与社会治理创新的内生动力，把发展中的资源优势转化为推动此项工作的现实支持，把实际工作开展中的具体做法提升为科学的工作理念，以促进整体工作水平的提高。

关键词： 大学生　社会治理　对策

在社会快速转型期，加强和创新社会治理，需要最广泛的公民参与。大学生是社会中的重要群体，近年来随着高等教育的不断发展，其规模也大大增加。如何广泛组织动员大学生依法理性有序参与社会治理创新，是一个颇具现实针对性的命题。本文选取地处改革开放前沿的广东东莞作为研究对象，分析大学生参与社会治理创新的现状，提出相应的对策，以期对各地方开展此项工作有所启示。

一、大学生参与社会治理创新的现实意义

当前，我国正处于深化改革的攻坚期，也是社会矛盾的凸显期，做好社

会治理创新工作，比以往任何时候都更为重要而紧迫。发展好、培育好大学生在社会治理创新中的参与正能量，对于促进大学生健康成长和增强社会活力具有重要意义。

（一）有利于引导大学生全面认知社会现状，引领生活新风尚

当前，互联网上的内容良莠不齐，而大学生受到阅历及能力的限制，对多元化的信息缺乏甄别能力。同时，大学生的生活环境相对简单，社会交往对象、层面比较单一，这些因素都直接导致了大学生缺乏对社会正确、全面、深刻的认识。引导大学生参与社会治理创新，让他们走出校园，走入生动丰富的社会生活，服务改革发展，体察社情民意，将会使其更真切地感受到时代的脉搏，加深同人民群众的血肉联系，增强社会责任意识、国家荣誉感和历史使命感。他们通过自己的社会关系网，把自己的感受和收获与亲朋分享，将能进一步传递社会进步的声音。他们积极投身社会公益和志愿服务等实际行动，也有利于在全社会倡导健康、文明、科学的社会生活新风尚，引导广大居民走出"家"门，迈向"社会广场"的大门，发扬善心、爱心和公益之心，多管社会的"闲"事，多做社会的"公"事，多行社会的"善"事[1]。

（二）有利于增强大学生主人翁意识，提高素质能力

目前不少大学生成长于物质条件相对富足，家庭氛围较为宠溺的环境下。他们较多地依赖父母和老师，缺乏亲力亲为、自强自立的能力。现在引导大学生参与社会治理的项目丰富多彩，有社会调研、志愿服务、支教义教、社区探访，等等。在实践体验中，大学生能够有机会深入基层，亲身接触社会现状，尝试动手解决问题，从中积累生活经验，开阔视野，锻炼独立生活、独立思考的能力。此外，这些项目还需要大学生进行大量的团队合作，从中他们能够获得与他人沟通、交流、协商、合作的机会，进而提升人际交往能力，培养团结合作精神。大学生在社会实践的过程还能认识到自己的优势与缺点，找准未来的努力方向，增强学习的主动性。

（三）有利于加快大学生社会化进程，融入城市发展

到基层参与社会治理创新，与群众交朋友、结对子，感知民情，体验生活。在这一过程中大学生可以了解、体验劳动的艰辛和意义，学会处理人与人之间的关系，树立法规意识、公德意识和社会责任感，认清自己的社会位置，适时有效调整自我发展方向，为担当新的社会角色做好心理准备、思想准备、

业务准备和生活准备，缩小高校教育和社会需求的差距。大学生参与社会治理创新也能实现与社会现实的融合。例如，目前东莞正逐步有序地向社会组织转移职能，扩大购买公共服务规模，为社会组织参与社会管理和公共服务让渡空间，拓宽舞台。而近几年来大学公益类社团发展迅猛，呈现百花齐放的态势。适时推动东莞各类社会组织与高校学生公益社团之间的结对共建，能促进社会组织与高校公益社团之间的资源共享，优势互补，也能让大学生公益社团走向社会，增强组织和执行能力，培养"当下的公益先锋，未来的社团领袖"。

二、大学生参与社会治理创新的现状

为便于研究，将东莞大学生分为入读东莞高校的大学生和到市外求学的东莞籍大学生两类。近年上述两类学生人数稳中略升，目前分别约为10万人和5万人，本次调查分别选取3000名、400名学生进行问卷调查。问卷有效回收率为99.4%，调查涉及不同性别、学历、年级和类型的学生，结果具有一定的代表性和可比性。同时，对东莞的部分职能部门、高校、社会组织和社区进行了走访调研。

调查发现，东莞自2012年推进省市共建全省创新社会管理引领区以来，探索社会治理创新之路的发展步伐明显加快，大学生参与社会管理创新的工作也得到了长足的发展，体现为以下4个特点。

（一）大学生对参与社会治理创新既有热情，也有行动

调查显示，87%调查对象认为东莞社会治理创新与个人发展密切相关，他们更愿意参与家乡的社会建设。82%的大学生认为"我自己的参与"对于社会治理创新很重要。他们不仅参与意愿高，而且积极地付诸行动。在选择"参加过并且体会较为深刻的活动载体"时，志愿服务、社会实践和公益活动最受大学生欢迎，被选比例分别是73%、62%和59%。从实际统计来看，近三年参加社会实践的大学生人数逐年上升，2014年参加人数达到2.6万人，注册的大学生志愿者数稳步增长，现为4.3万人，东莞8所高校的400多个公益社团日趋活跃，参与公益活动成为校园中的新气象。

（二）组织化动员是大学生参与社会治理创新的主渠道，服务民生改善是参与重点

调查发现，大学生主要通过组织化动员的方式参与到社会治理创新当

中。如83%的调查对象表示通过高校和镇街的团组织牵桥搭线参加过公共服务活动，参与较多的是城市文明建设服务、便民利民生活服务、困难群体帮扶服务、在莞务工人员融合服务、青少年成长服务和环保低碳生活服务。又如，76%的大学生曾参与开展社情民意调查，这些调查均由社会实践单位或研究机构组织。其中，以东莞市社会科学院、东莞理工学院社会发展研究院及东莞理工学院城市学院社情研究中心组织的调查居多，类型涉及环境保护、城市管理、社会治安、社区服务等方方面面，很多是老百姓关心的热点问题。大学生的积极参与也为政府及时了解民意提供了坚实的基础。

（三）大学生参与社会治理创新的主体意识不断增强

随着参与程度的加深，越来越多大学生开始主动关心社会治理创新，将其作为锻炼和成长的一个重要契机。以社会实践为例，各镇街大学生以自我推荐，竞争上岗的方式共同选举产生核心队伍，由其引导大家参与实践方案的制订，参与活动的策划、组织、协调等各个环节，初步形成自我教育、自我管理、自我服务的工作机制。又如，东莞理工学院一批素质高、功底好的大学生在专业教师指导下，组成调查队，承接涉及东莞的调查任务。目前，该队已达400多人的规模，近两年独立完成大型调查任务9个。因经验丰富，本土优势显著，此队在东莞2013年"市民评机关"第三方调查机构的公开招标中顺利中标。再如，近年旁听市"两会"的大学生针对议题收集的意见更为广泛，提出的建议更为合理。

（四）校地协同推进大学生参与社会治理创新的途径日益多元

为促进大学生深入有效地参与社会治理创新，东莞的高校和社工机构主动出击，加强校地联动。东莞理工学院创建一批志愿服务基地，定期组织志愿者开展活动，并建立社会实践立项制度，由专业教师指导，深入基层开展社会调查、爱心支教等工作。东莞职业技术学院邀请公益社会组织进校园宣讲，东莞理工学院城市学院安排社工专业学生到寮步社工服务中心实习，承接市公益创投项目的社工机构也进高校招募项目志愿者。这些措施都有效地引导更多的东莞大学生进社区、进学校、进企业，贴近群众需求，为大学生参与社会治理提供切实有效的途径。

三、大学生参与社会治理创新的存在问题分析

东莞在引导大学生参与社会治理创新上做了大量卓有成效的工作，但在发展过程中也面临着亟须着力解决的问题。

（一）大学生对社会治理创新的具体部署和项目安排缺乏清晰的认识

调查表明，大学生对社会治理创新的了解不够充分，理解不够深入，如仅有38%的调查者知道社会组织孵化、公益创投、社会治理创新项目等近年东莞的创新做法，42%的大学生听过但不了解，大多数学生对社会治理和公共服务的知识知之甚少。进一步访谈发现，学生主动关心社会、了解社会、服务社会的意识不够，而且高校也缺少相关的宣传教育，这是大学生对社会治理认知不足的主要原因。

（二）大学生在参与社会治理创新中发挥的作用有一定的局限性

部分学生是因为组织上的要求和学分的规定参加进来，个人动力有所不足，部分组织在安排学生服务岗位时随意性较大，培训不足，指导欠缺，加上学生自身素质的参差以及普遍缺乏做群众工作的经验，导致部分活动服务效果不尽如人意。

（三）组织化动员的灵活性、创新性有所不足

目前大学生参与到社会治理创新的活动较多地依赖于组织的安排，由学生团队主动设计新颖活泼、实用有效的服务项目较少，参与的广度与深度明显不够。大学生在信息的获取的途径上偏重于组织的宣传，而通过微博、微信等互联网新媒体获取政府社会治理创新项目信息和参与公共事务、公共决策的机会仍有所欠缺。

（四）高校之间、学生之间的参与存在不平衡

调查显示，从大学生的参与面、参与频率和参与项目数来看，新建的院校和独立学院以上三个方面都存在明显不足，在大学生参与社会治理创新的校地对接、时间安排、经费保障、教师指导、制度建立等方面，新建的院校和独立学院存在更多困难。学生的参与情况也存在差异，短期参加的多，长期参加的少，节假日参加的多，平时参加的少，社团骨干参加的多，普通同学参加的少，参加一般性服务的多，参与专业性服务的少。

（五）工作的长效机制需要完善

调研中了解到，能让学生长期参加的持久项目开发得较少，部分好的项

目和活动因为骨干流失得不到传承，而且激励机制不完善，部分活动存在行政化、形式化的倾向，这些都在一定程度上影响了大学生长期参与的积极性。

这些在实践探索过程中出现的问题需要引起重视。公众参与的提升，取决于公众的参与能力、参与意愿以及参与的形式[2]。从此次调查看，东莞大学生参与社会治理创新的意愿是比较强的，但对社会治理创新的总体认知不足，参与能力也需要提高，目前受政府信息公开水平、多方联动机制、参与渠道畅通程度、激励的措施与制度等多种因素的影响，便于大学生参与社会治理创新的形式还不够多，渠道还不够通畅。

四、促进大学生扎实有效地参与社会治理创新的对策建议

针对大学生参与社会治理创新的发展状况，笔者认为应注重从激发参与动力，创造参与机会，畅通参与渠道，提升参与能力4个方面积极作为。

（一）加强社会治理理念普及，完善激励和保障制度，激发大学生的参与动力

大学生对社会治理创新认知的不足，激励和保障制度的欠缺，会严重制约其参与积极性与参与实效。因此，要把社会治理知识列入高校党团员和学生干部教育培训计划，将本地在社会治理创新的实践中创造的有益做法和鲜活经验融入形势与政策的课堂教学中，并可通过微信互动、创新项目推介、社会服务点体验和学长分享参与收获等生动方式，及时地把社会治理创新知识和相关的精神传播给大学生。高校也要建立健全大学生社会实践、志愿服务和公益活动的考核、奖励、学分计算制度和指导教师工作量制度，并给予一定专项资金保障，积极协调解决大学生参与时间与课程学习的矛盾，及时表彰先进，进一步激发大学生参与的热情。

（二）加强项目设计，创新参与形式，给大学生提供更多的参与机会

目前各地普遍不缺乏大学生，也不缺乏参与热情，缺乏的是实在的可参与项目和恰当的参与方式。要改变"上级定方案，镇街作发动，社区跟着干"的习惯，鼓励基层的社区、社会组织和扎根一线的社工作为创新主体，探索在社会治理创新的各环节全方面引入公众参与，并有针对性地设计适合不同大学生群体的项目，发挥他们的特长，千方百计地激发他们的创造活力。如针对外出求学的东莞户籍大学生，可以鼓励他们承接回乡调研市情，带回先

进城市经验，网上建言献策，推介东莞好形象等新颖活泼的项目，发挥其智力优势。应寻求各种成本低、效率高，公众满意的参与方式[3]，让大学生方便参与，乐于参与。网络的开放性、及时性和平等表达的特性，有助于公众快速获取政策信息，增强平等、独立参与的意愿[4]。可提前在网站、论坛、微博、微信等传媒预告活动信息，公开接受报名，实时互动交流，集中展示成果，就能很好地发挥网络新媒体高效、开放的优势，让大学生能够及时了解和参加。

（三）巩固大循环，发展微循环，畅通大学生的参与渠道

由于单个公民个体的力量毕竟有限。因此公众只有依托社会组织、社区组织参与社会治理才能更好地发挥作用[5]。提升组织化水平，推动良性循环，是畅通大学生参与社会治理创新渠道的有力举措。这包含两个层面内容：一是要巩固现有的大循环模式。充分发挥枢纽型社会组织的桥梁纽带、发展龙头、服务平台作用，既要善于聚集各部门社会治理创新项目资源，又要善于横向加强与高校的联系，纵向争取更多政府资源，向下发展服务阵地，这样才能更顺畅地引导大学生志愿者深入基层，服务群众。二是要发挥各类社会组织的公益潜力，关注基层群众的需求，发展社会化、自主化的微循环。如可以发动大学生公益社团与公益社会组织合作，倡导在社区创建大学生实践服务基地，推动社工机构在高校设点培养志愿者骨干。这样将能带来更高程度的自主性，开辟大学生参与社会治理创新的新渠道。

（四）做好培训教育，加大专业支持，提升大学生的参与能力

大学生参与社会治理创新时需掌握的政策性知识和专业性技能，他们不一定熟悉，所以提高他们的参与能力尤显重要。要从有利于增强参与实效入手，对社会治理创新中涉及的信息、程序、方式等，通过适当方式对大学生予以指导。如在座谈会、听证会之前，可视需要对参加大学生进行一定的帮助和培训，帮助他们了解相关知识和背景；在公共服务领域，可通过选择典型案例与大学生共同探讨、交流，提升其参与的技巧与能力。要发挥专业队伍的支持作用，可跨校整合社会建设理论研究和社会工作专业教师，对大学生进行有计划、分层次的理论培训；鼓励社工与大学生增进了解，结成朋友，相互合作，多为其提供专业化指导意见；适时邀请专家进行研究评估，在总结经验中拓展思路，提高此项工作的科学性、针对性和实效性。

五、深入推进大学生参与社会治理创新的思考和启示

东莞社会治理创新的各项工作起步早、力度大，其在引导大学生参与社会治理创新的创造性实践中的一些做法和经验可为各地提供有益的参考。

（一）要善于把大学生朴素的家园情怀转化为其参与社会治理创新的内生动力

与高等教育发达的城市相比，东莞高校不多，但入读东莞高校的大学生和到市外求学的东莞籍大学生一样，大部分都打算毕业后在莞发展。东莞大学生普遍关注社会的发展，关心东莞的变化。东莞在引导大学生社会治理创新过程中，注重加深大学生内心的家园情怀，如由关工委发动老干部、老战士、老专家、老教师、老模范组成的大学生社会实践辅导队伍，就很好地把社情、乡情、民情教育有机融入对大学生的指导服务中，切实增强了大学生的责任感和主人翁意识，这也能给社会治理创新注入更多的原生动力和内在活力。

（二）要善于把发展中的资源优势转化为推动此项工作的现实支持

近年，东莞在实施社会治理创新项目过程中，8个省级、101个市级以及大批基层的创新项目，从专题论证、方案编制、规划实施到评估反馈等各环节，都广泛调动各方力量参与，这也为大学生参与社会治理创新提供了广阔的空间和途径。东莞还积极引导在多年实践中培养和集聚起来的社会工作人才，以专业培训、项目指导等方式，帮助大学生提升技能，历练成长，大力推动整体实力已经明显提升的各类社会组织，在承接公共服务项目后把目光投向大学生，主动培育后备力量。这些都打通了大学生深入基层一线，联系社工和社会组织的通道，有效地把发展中的资源优势转化为现实的工作支持，也更好地把大学生的潜在价值转化为现实力量。

（三）要善于把实际工作开展中的具体做法提升为科学的工作理念

越接近基层，实践要求越高。近年来，在引导大学生参与社会治理创新的实践中，东莞各个镇街、部门、高校和社会组织结合自身特点和工作现状，探索出很多好经验、好做法。要推动此项工作科学发展，也需要形成前瞻性、操作性强的工作理念。东莞各基层能够及时加以总结提炼，形成较为科学化的理念，譬如协同方式上要推动单一向多元转变，各方各面都要加强衔接，

实现良性互动；活动覆盖上要全面和有效并重，既要扩大参与面，也要提升参与实效；工作机制上要立足当前，着眼长远，促使自转与联动结合，倡导自主发展的同时，加强各领域的横向交流和纵向联动。这些都有效激发了此项工作的生机与活力，促进了整体工作水平的提高。

参考文献

[1]夏莹.公众参与社会管理创新的路径选择[J].人民论坛：中旬刊，2013（12）：152-153.

[2]尹文嘉，王惠琴.社会治理创新视域下的公众参与：能力、意愿及形式[J].广西师范学院学报（哲学社会科学版），2014，35（2）：117-120.

[3]陈东，刘细发.社会管理的公众参与机制及其路径优化[J].湖南社会科学，2014（3）：6-8.

[4]战建华.公众参与政策制定的路径选择[N].大众日报.2013-09-01.

[5]陈群祥.公众参与社会管理的路径与机制创新思考[J].中共马鞍山市委党校学报，2013（2）：2-10.

高职院校学生心理资本的现状与开发

——以东莞职业技术学院为例

学前教育系 莫欣妍

摘 要： 文章采用问卷调查方法，运用柯江林开发的大学生心理资本量表对东莞职业技术学院450名学生进行测量，使用 SPSS22.0软件对调查数据进行统计分析。结果表明，高职院校学生心理资本总体水平较高；心理资本水平在不同性别、年级等因素上有显著差异。

关键词： 高职院校 心理资本 开发

一、研究背景和意义

随着经济与社会的发展，积极心理学的逐步兴起，工作环境和工作关系都发生了巨大的变化，传统的资源如经济和财务资本、先进的技术和专利信息等已不足以获得长久的竞争优势，而人力资源仍是最有价值、最具潜力的资源。组织中员工的内涵不再是过去仅为谋生而听话照做的螺丝钉，而是兼顾自我实现，获得价值感和幸福感，同时又具备忠诚度、专业化，具有创造性、自主性，为整体利益长远发展贡献的建设者。因此激励员工的机制需要改变，雇佣关系从过去从上至下的模式转而趋于平等互利共赢的合作模式，简单的利益捆绑不再能满足相当部分的员工。在此背景下，美国管理心理学家 Luthans 于2004年提出探索组织长久竞争优势来源的新范式——心理资本，即通过投资、经营、开放和管理心理资本来获得可持续的竞争优势。在构建现代化职业教育体系的背景下，社会对高职院校所培养的人才提出了更高的要求：培养出一批不仅具有基础理论知识和一定专业技术和技能，还具有优秀心理资本的人才。

心理资本（Psychological Capital，简称 PsyCap）的定义为：心理资本是个体在成长和发展过程中表现出来的一种可测量与可开发的积极心理状态[1]。研究表明，心理资本能够促进大学生自身潜能开发，增强竞争优势和幸福感。例如，唐家林等人研究结果发现，大学生心理资本与其主观幸福感呈正相关，前者对后者有显著预测作用[2]。张阔等人对天津市850名大学生进行调查研究表明，大学生心理资本以学习策略为中介对其学业成绩有显著影响[3]。王雁飞等人对广东省473名大学生进行调查研究显示，大学生心理资本对其成就目标定向具有显著影响，并且大学生心理资本以成就目标定向为部分中介对学业成就存在显著影响[4]。励骅、曹杏田对2500名大学生进行的调查研究发现，大学生心理资本与大学生就业能力之间存在显著正相关，前者对后者有很好的正向预测作用[5]。前人从不同的角度证明了大学生心理资本对其学业、就业具有显著的积极影响。因此，对大学生心理资本的开发途径的研究具有重要价值。

要研究大学生心理资本的现状和开发问题，首先要为大学生心理资本的内涵作出界定。由于心理资本的概念源于国外的经济学家和管理学家，对心理资本的测量也大多采用 Luthans 等人开发的心理资本问卷（PCQ–24），主要适用于对员工的测量，因此这套量表是否适用于中国的社会环境以及是否适用于测量大学生都存在问题。幸而，国内学者已开展中国大学生心理资本量表的编制研究（肖雯、李林英，2010）[6]。柯江林等人为心理资本量表本土化以及中国大学生心理资本量表的编制也作了详细的研究[7]。本文根据前人的研究，把大学生心理资本定义为大学生个体在为成长和发展过程中所拥有的一种可测量、可开发和对学业绩效、就业准备有促进作用的积极心理能力，包括自信勇敢、乐观希望、奋发进取、坚韧顽强、包容谦虚、尊敬礼让、谦虚诚稳、感恩奉献。根据柯江林的研究，这8个维度分别定义为以下定义。自信勇敢：相信自己的能力并且勇于在不同场合以各种方式表现。乐观希望：对不确定的、未发生的事情抱乐观态度，期待好的结果出现；对于已发生的不利事件，认为是短暂的和有办法解决的，不易沮丧和绝望。奋发进取：具有很高的个人抱负，追求高目标，喜欢挑战，渴望获得成功，并表现在改进做事方式与能力提升上。坚韧顽强：遇到困难或危机时，沉着冷静，能够适应和忍耐不利条件，不轻易放弃，有恒心毅力，并极力想办法改变不利局面，最终实现预设目标。包容宽恕：能够接纳不同风格、性格和价值观的老师和同学；能够理解并包容他人的不足、过失；能够宽恕他人对自己造成的伤害。尊敬礼让：对他人的年龄、位阶等社会属性给予尊敬；不贬低他人的才能，能照顾他人的面子；重视礼节，能在学习和生活中让他人获得某种合理的优先权。谦虚诚稳：能客观认识自身不足和他人长处；向他人学习不觉得丢面子；为人稳重不轻易承诺，一旦承诺就会信守；对拿不准的事情，会多听他人意见。感恩奉献：能体察、感谢并记住他人对自己的帮助，寻求机会给予回报；乐于奉献，愿意为家人、师长、同学、朋友提供便利，并能为团队利益着想。

二、研究对象与方法

人的心理现象十分复杂，要对人的心理现象进行科学的研究，必须根据实际情况选取正确的研究对象，运用适合的研究方法。

（一）研究对象

被试为东莞职业技术学院的在校生，发放电子问卷，共回收475份问卷，其中有效问卷450份，有效率为94.74%。其中，男生占39.33%，女生占60.67%；大一学生占55.11%，大二学生占16.44%，大三学生占28.44%；独生子女占14.22%，非独生子女占85.78%；城镇学生占31.56%，农村学生占68.44%；困难生占22.67%，非困难生占77.33%。

（二）研究方法

研究采用问卷调查法，对柯江林等人编制的《大学生心理资本量表》进行修订，最终修订为40个题目的《大学生心理资本量表》，采用likert式5点量表评分法，经检测，问卷内部一致性信度达0.951。对问卷效度的分析，得出所有研究项对应的共同度值均高于0.4，说明研究项信息可以被有效提取。因子载荷系数绝对值大于0.4时即说明选项和因子有对应关系。KMO值为0.947，大于0.6，意味着数据具有效度。数据使用SPSS22.0进行统计。

三、结果

根据对研究对象的调查与数据分析，得出以下研究结果。

（一）总体情况

数据结果显示，大学生心理资本总体情况良好，事务型心理资本、人际型心理资本以及心理资本总分皆高于理论均值，而人际型心理资本的得分平均值明显高于事务型心理资本的平均值（见表1）。大学生在心理资本各维度的得分均高于平均值，但在自信勇敢、乐观希望、坚韧顽强3个维度的得分明显低于其他维度（见表2）。

表1　大学生心理资本总体情况描述统计

	数字	最小值（M）	最大值（X）	平均值（E）	标准偏差
事务型心理资本	450	1.38	5.00	3.5275	0.64547
人际型心理资本	450	2.26	5.00	3.9953	0.52499
心理资本	450	2.33	5.00	3.7497	0.55489

表2　大学生心理资本各维度描述统计

	数字	最小值（M）	最大值（X）	平均值（E）	标准偏差
自信勇敢	450	1.0	5.0	3.289	0.8634
乐观希望	450	1.6	5.0	3.590	0.7763
奋发进取	450	1.00	5.00	3.7333	0.73339
坚韧顽强	450	1.0	5.0	3.456	0.7240
包容宽恕	450	1.50	5.00	3.8678	0.73945
尊敬礼让	450	1.00	5.00	4.3472	0.61723
谦虚诚稳	450	2.25	5.00	3.8694	0.57173
感恩奉献	450	2.29	5.00	3.9390	0.62587

（二）性别差异

性别在心理资本有极为显著的差异（p<0.001），性别在事务型心理资本的差异比在人际型心理资本的差异更大。除了在尊敬礼让、谦虚诚稳维度上，性别的差异不显著外，在其他6个维度中，性别的差异都很显著。另外，男性心理资本得分均高于女性（见表3）。

表3 性别—心理资本交互效应

	数字	平均值（E）	标准偏差	显著性		数字	平均值（E）	标准偏差	显著性
自信勇敢	男	3.49	0.9145	0.000	包容宽恕	男	3.9859	3.9859	0.006
	女	3.159	0.8037			女	3.7912	3.7912	
乐观希望	男	3.773	0.7811	0.000	尊敬礼让	男	4.3616	4.3616	0.692
	女	3.471	0.7509			女	4.3379	4.3379	
奋发进取	男	3.85	0.77	0.008	谦虚诚稳	男	3.8884	3.8884	0.571
	女	3.66	0.7			女	3.8571	3.8571	
坚韧顽强	男	3.653	0.7374	0.000	感恩奉献	男	4.03	4.03	0.015
	女	3.329	0.6869			女	3.88	3.88	
事务型心理资本	男	77.67	13.676	0.000	人际型心理资本	男	77.14	10.254	0.035
	女	71.75	12.979			女	75.11	9.726	
心理资本	男	154.81	22.785	0.000					
	女	146.86	21.27						

（三）年级差异

结果显示，不同年级的大学生在人际型心理资本上有显著差异，而在事务型心理资本上没有差异。具体来说，在自信勇敢 [F（2，450）=4.703，p=0.01]、奋发进取 [F（2，450）=3.47，p=0.032]、尊敬礼让 [F（2，450）=7.495，p=0.001]、谦虚诚稳 [F（2，450）=6.528，P=0.002] 这4个子维度上有显著差异。

从图1可以看出，大一和大三的学生心理资本得分较高，大二的学生心理资本最低。

采用LSD法对自信勇敢、奋发进取、尊敬礼让、谦虚诚稳这4个子维度以及人际心理资本进行事后检验，发现（见表4），自信勇敢维度的得分随着年级上升而上升。而在另外的3个维度以及人际心理资本上，大一学生的得分最高，大三居其次，大二则最次。

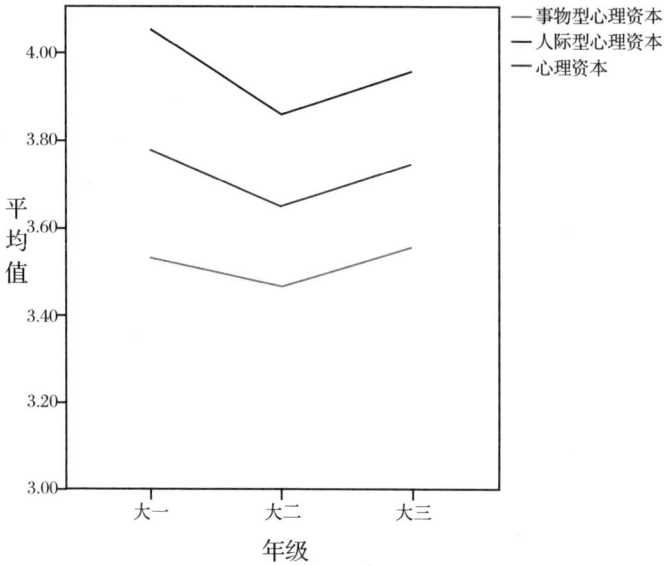

图1　年级与大学生心理资本的关系

表4　年级对影响显著的维度的事后检验

因变量	年级		平均差	标准错误	显著性
自信勇敢	大一	大二	−0.222	0.113	0.051
	大二	大三	−0.041	0.125	0.745
	大三	大一	−.2624*	0.093	0.005
奋发进取	大一	大二	0.210240482417904*	0.097	0.03
	大二	大三	−0.049	0.107	0.647
	大三	大一	−0.161500336021507*	0.079	0.042
尊敬礼让	大一	大二	0.26888*	0.081	0.001
	大二	大三	−0.082	0.089	0.356
	大三	大一	0.18674*	0.066	0.005
谦虚诚稳	大一	大二	0.26586*	0.075	0
	大二	大三	−0.16612*	0.082	0.045
	大三	大一	0.1	0.061	0.105

因变量	年级		平均差	标准错误	显著性
人际型心理资本	大一	大二	3.707*	1.311	0.005
	大二	大三	−1.865	1.446	0.198
	大三	大一	1.841	1.077	0.088

* 均值差的显著性水平为 0.05

（四）是否独生子女的差异

采用独立样本 T 检验研究独生子女的心理资本得分与非独生子女的心理资本得分的差异，得到的显著性（双尾）皆高于 0.05，说明是否独生子女对心理资本没有显著影响。

（五）户籍的差异

采用独立样本 T 检验研究户籍对心理资本得分是否有显著影响，结果显示户籍只对自信勇敢 [$F_{(2,450)}=0.105$，$p=0.746$] 子维度有显著影响，其他维度的显著性皆远高于 0.05。

（六）是否家庭经济困难生的差异

表 5　是否困难生对心理资本子维度独立样本 T 检验

		列文方差相等性检验		平均值相等性的 t 检验						
		F	显著性	t	自由度	显著性（双尾）	平均差	标准误差差值	差值的 95% 置信区间	
									下限	上限
奋发进取	已假设方差齐性	0.992	0.320	2.502	448	0.013	0.20538	0.08210	0.04403	0.36672
	未假设方差齐性			2.460	160.767	0.015	0.20538	0.08350	0.04048	0.37027
坚韧顽强	已假设方差齐性	0.187	0.666	2.637	448	0.009	0.2135	0.0810	0.0544	0.3727
	未假设方差齐性			2.758	176.657	0.006	0.2135	0.0774	0.0607	0.3663

续表

		列文方差相等性检验		平均值相等性的 t 检验						
		F	显著性	t	自由度	显著性（双尾）	平均差	标准误差差值	差值的 95% 置信区间	
									下限	上限
事务型心理资本	已假设方差齐性	0.451	0.502	1.959	448	0.051	2.980	1.521	−0.010	5.970
	未假设方差齐性			1.939	162.390	0.054	2.980	1.537	−0.054	6.014
心理资本	已假设方差齐性	1.656	0.199	1.934	448	0.054	4.819	2.492	−0.077	9.716
	未假设方差齐性			1.856	155.443	0.065	4.819	2.597	−0.310	9.948

采用独立样本 T 检验研究是否家庭经济困难生对心理资本得分是否有显著影响，结果显示，在奋发进取、坚韧顽强子维度上，是否困难生心理资本有显著差异（见表5）。经过对问卷数据描述分析发现，困难生在除乐观希望外的其他7个子维度上的平均得分均比非困难生稍高。在乐观希望子维度上，困难生与非困难生的差异不显著，困难生的平均分为3.569，非困难生的平均分为3.60。

四、分析与思考

根据点差研究的结果与结论，得出以下大学生心理资本现状和差异，对大学生心理健康教育有一定的参考借鉴作用。

（一）大学生心理资本现状分析

大学生心理资本测量结果显示大学生心理资本总体明显高于理论均值，其原因不排除社会期望所带来的影响，因为本问卷由被试自行填写，而且测量的都是积极的品质。

本次测量中，大学生人际型心理资本比事务型心理资本水平高，结合在高职院校心理咨询室的来访者案例分析，其原因主要是社会环境改变，经济条件改善，现代的高职院校学生危机感普遍比之前的学生弱，而更热衷于享乐；高职院校的学生对学业兴趣不高，学习方法效率低，在学业上表现出韧性不足，意志力不强。

（二）大学生心理资本的差异分析

性别对心理资本的影响有显著差异。在心理资本现状调查中，发现男生与女生的心理资本得分差异显著。在心理资本总分、事务型心理资本、人际型心理资本，以及8个子维度中，男生的得分均高于女生。除了在尊敬礼让、谦虚诚稳子维度上男女差异不显著外，其他子维度的男女差异非常显著。这种现象与普遍认为女生比男生成熟、奋发的印象相悖，究其原因，可能有以下几方面。

1. 社会因素。社会环境、原生家庭环境、社会舆论环境变化，导致男女性整体价值观改变。随着经济条件改善，享乐主义、拜金主义、消费主义等风气兴起，家庭教育观念更迭，虽然男女生都受这种风气影响，更加浮躁虚荣而焦虑；但是在学生阶段男女的表现不同，多数女生的心思更多在期望过上经济富足的光鲜生活，多数男生则关注自己如何能够挣到更多钱来满足自己的欲望。

2. 个人因素。男女的个性具有差异，在人际型心理资本中，男性的表现更优异，更具包容心，而且男生相比女生挣钱的动力更强，为了拓宽未来的事业，男生更热衷于拓宽自己的社会关系，表现在更勇敢表达自己，更积极发展自己的潜力，更具有包容心。相对来说，女生则因为在学业自信心不足，意志力较弱，既希望过上美好的生活，又没有足够的能力和动力来达成愿望，这种矛盾的心态影响她们各方面的表现。

3. 年级对心理资本的影响有显著差异。在以东莞职业技术学院在校生为调查对象的心理资本现状调查过程中，发现与其他大学生心理资本调查研究的结果有差异，例如饶从权（2012）在对陕西省四所大学的大学生心理资本现状的调查中发现不同年级的学生在心理资本总分上不存在差异。而在东莞职业技术学院，不同年级的学生心理资本得分差异非常显著，而且令人感到意外的是，除了自信勇敢维度，在其他维度中，大二学生的心理资本得分都是最低的。其原因如下：在大一的时候，学生对大学存在较高的期待和敬畏，由于是新生，对大学的一切不熟悉，因此表现得更乐观希望、尊敬礼让、感恩奉献，同时大一的学生对大学生活充满憧憬，普遍期待自己能够学有所成、有所作为，因此奋发进取、坚韧顽强维度的得分也最高。而大二的学生在经过一年的大学生活后，幻想破灭，有些学生因为学习自己不感兴趣的专业而迷茫苦恼，有些学生因为大学生活不符合期待而产生不良情绪，这些都表现在心理资本及各维度的得分上。大三的学生开始为就业作准备，准备投身于真实的社会当中，经过实习和社会实践，对社会有了更深入的了解，同时更清晰自己的定位，对未来就业有着更高的追求和希望，对人际关系的需求也逐步提高，因此心理资本及各维度的水平处在较高位置。

4.是否独生子女以及户籍对心理资本的影响不显著，在自信勇敢维度上，城镇户口的学生心理资本优于农村户口的学生。其主要原因如下：首先，城镇的经济水平相对农村优越，生长在经济比较宽裕的环境的孩子见识面更广，更敢于表达自我，发展个性；其次，从社交环境的独立性来看，城镇的社交环境更开放，隐私性更强，既可以参与城镇各个不同的社交圈子，又具有相对的独立性，个人生活不会受到左邻右舍、亲友的过多干涉，而在农村，社交群体单一，社交环境的包容性、隐私性较弱，因此，农村成长的孩子不敢表达自我，其言行容易受到环境舆论的打压；再次，城镇家庭的父母受教育水平一般会高于农村家庭，前者更重视孩子的教育与培养，更会鼓励孩子发展潜力和树立自信心。

在奋发进取、坚韧顽强子维度上，困难生心理资本是否有显著差异。在除乐观希望维度的其他7个维度上，困难生的心理资本得分都要比非困难生高。原因有以下方面：困难生更懂得生活的艰辛，因此更奋发进取；困难生生活条件较差，经历过的苦难更多，在艰难困苦中磨炼得更坚韧顽强；互联网发展迅速，信息更对称，社群经济也逐步发展，困难生有机会接触生活以外的其他事物，并加入有兴趣的团体开展活动，更有动力去学习新事物，获取谋生的新手段，例如，不少困难生开始尝试创业，加入无人机社团等。非困难生生活比较安逸，普遍热衷享乐，因此相对而言不如困难生奋发顽强。

（三）结论与思考

高职院校学生心理资本总体高于理论均值，人际型心理资本比事务型心理资本水平高。在大学二年级时，学生心理资本得分相对其他年级最低；心理资本各个维度中，男性心理资本比女性高，困难生心理资本比非困难生高。

以上结论只是提示一种趋势，并不是为各种学生贴标签，所得的结论是相对而言的，并无绝对定论。同时，通过查阅其他文献了解到，不同学历层次、地域、专业等大学生群体所测得的心理资本状况是不一样的；即使同一所院校的学生，在不同时期测量其在校生心理资本的现状也会不一样。因此，对心理资本的认识应该更动态化，同时认识到，心理资本的现状可能随着社会环境变化，集体意识变化，教育水平、模式的不同等因素的改变而发生变化。

五、开发与提升高职院校学生心理资本的途径

从本次心理资本现状调查的分析结果来看，虽然数据显示总体情况良好，但细节反映出的一些问题值得反思，应该予以重视。从高职院校学生就业情况来看，就业率普遍达标，但是就业质量有待提高。因薪酬、能力、个人因素等原因，毕业生离职率非常高，甚至很多学生就业意愿不强。这种情况加剧将造成企业无法招纳足够优秀人才，员工倦怠，青年劳动力供给弱化，从而造成整个社会经济发展减缓。为了增强高校办学水平，提升学生个人素质和促进社会进步，社会各界应重视个人心理资本的开发。从高职院校的角度，可以通过以下3个层次入手开发学生心理资本。

（一）校企合作层次

学校培养的人才最终需要输送到社会各单位，为了培养符合社会需求的人才，必须与企事业单位紧密合作，共同创造机会供在校学生学习和实践。可以通过举办各项比赛，选拔人才，激励学生奋进，营造拼搏向上的校园氛围。开展企业进校培训，让学生近距离感受职业特性，帮助学生提前做好职业选择和规划。开展各种类型的拓展活动，引导学生体验和成长，体验逆境生存和学习抗压技巧，培养韧性。企业方面也需要注意，不要把学生当成廉价劳动力，造成学生对未来职场失去信心，学习倦怠，应树立正确的人才观，营造良性积极的用人环境，为学生提供更多支持和机会，使学生和校企实现三赢。

（二）教学方案层次

1. 教学目标：教学方案的总体设计应把心理资本的提升纳入培养目标，增加心理资本开发的教学项目。

2. 评价指标：目前，高职院校对学生的评价，更多的是关于知识掌握程度的评价，即成绩。但成绩这个指标对于评价一个人的整体来说过于单一，应从心理资本各个维度入手设定多维度的培养和评价指标。

3. 课程设计：应重视心理健康教育的课程安排，由于心理资本的特性，需要采用创新的教学模式，增加课堂的互动性，更注重体验式教学。例如，开展整期的团体辅导课程，通过角色扮演、戏剧、游戏、故事重写、情景模拟等多种常用的心理干预方法来增强学生的个人领悟能力。在课程开始和结束都对学生进行多维度、动态化的评价，以对比心理资本的开发成效，并对课程设计加以改进，也让学生及时反思，切实体验自己参与学习过程中的改变。除了重视心理健康教育的课程设计，还应重视职业指导课程的设计，对学生开展职业指导不应采用传统的"老师讲学生听"的课堂教学模式，职业指导中包含很多心理、职业兴趣、职业能力等方面的测量表，但是如何让学生正确评价自我以及解读各项测量的结果，需要创新课堂形式，增加互动式、体验式教学内容，以学生为主体，让学生经由体验和领悟达到真正的成长。

4. 提高教师的素质，通过激励机制的改善来促进教师保持正确的教学态度，鼓励教师亲近学生，指导学生，鼓励教师敢于采取正当的方式教育学生，而不是为了息事宁人，降低教师教书育人的动力。

（三）学生主体层次

1. 重视大学生朋辈互助：班杜拉的社会学习理论，提出了观察学习是人类间接经验学习的一种重要形式，人们通过观察他人（榜样）的行为获得示范行为的象征性表象。因此，学校应重视榜样的宣传和分享，例如，举办邀请优秀毕业生返校分享，优秀师兄师姐学习、求职经验分享，比赛活动优秀案例分享等活动，通过新媒体、校刊、班会、颁奖会等形式进行榜样宣传。成立学生自律会，构建学生自我管理的体系和制度。

2. 重视学生的个别帮扶：辅导员、班主任等学生直接管理人员应深入学生群体，了解学生的心理动态，及时开展个别访谈与帮扶。增加心理咨询的知识宣传，鼓励学生勇于寻求老师的帮助。

参考文献

[1]LNTHANS F. 心理资本 [M]. 北京：中国轻工业出版社，2008.

[2] 唐家林，李祚山，张小艳. 大学生积极心理资本与主观幸福感的关系 [J]. 中国健康心理学杂志，2012（7）：1105-1108.

[3] 张阔，付立菲，王敬欣. 心理资本、学习策略与大学生学业成绩的关系

[J].心理学探新，2011（1）：47-53.

[4]雁飞，李云健，黄悦新.大学生心理资本、成就目标定向与学业成就关系研究［J］.高教探索，2011（6）：128-136.

[5]励骅，曹杏田.大学生心理资本与就业能力关系研究［J］.中国高教研究，2011（3）：54-56.

[6]李林英，肖雯.大学生心理资本的调查研究［J］.北京理工大学学报（社会科学版），2011（1）：148-152.

[7]柯江林，孙健敏，李永瑞.心理资本：本土量表的开发及中西比较[J].心理学报，2009，41（9）：875-888.

基于项目管理软件的高校学生活动统筹协调机制研究

建筑学院　张焕聪

摘　要： 项目管理软件（Microsoft Project）可以发现和解决高校学生活动之间存在的资源冲突，并对学生活动进度计划的执行进展和变化情况进行跟踪和监控，为高校学生活动的统筹协调提供了一种可操作性强、可视化程度高的思路和方法。

关键词： 项目管理软件（Microsoft Project）　学生活动　统筹协调

为丰富学生的课余生活，提高学生的综合素质，高校的学工部（学生处）、校（院）团委以及各院系等部门都积极开展和组织各类学生活动。丰富多彩的文体活动为学生施展才华，发展个性提供了一个广阔的平台。但由于学工部（学生处）、校（院）团委以及各院系是相对独立地开展和组织学生活动的，学校缺少对学生活动进行统筹协调的方法，因此也逐渐突显出一些问题。

一、高校学生活动缺少统筹协调所导致的问题

本文所指的高校学生活动，主要是各种需要在特定时间和场地举办的学生活动，如文艺表演、文体竞赛、讲座培训等。由于这类学生活动需要占用特定的时间和场地，当学校各个部门独自举办这些活动而缺少统筹协调时，就可能存在人、财、物以及场地等资源冲突的问题，需要在整个校级层面进行统筹协调。高校学生活动缺少统筹协调，首先可能造成活动的时间和场地等资源产生冲突的问题。例如，笔者所在的高校只有一个室内场地有舞台和灯光，为了

使活动有较好的现场效果，学校不同部门举办各类学生活动，如辩论比赛、合唱比赛、演讲比赛、知识竞赛等都需要借用这个场地。如果这些活动缺少有效的统筹协调，就容易造成不同活动在同一时间段使用场地进行活动彩排或者举办活动的冲突问题。其次，学生活动缺少统筹协调可能导致活动过度集中在某个时间段的问题。例如，五四青年节和"5·25"大学生心理健康日都是在5月，因此与青年节和心理健康相关的学生活动通常会安排在5月举办。而如果没有事先对5月的学生活动进行统筹协调，活动都集中安排在其中的一到两周，就会造成该时间段活动过多的问题，甚至会影响正常的教学秩序。最后，学校各个部门在独自举办活动而缺少统筹协调时，由于各个部门不清楚其他部门所举办活动的内容和主题，因此可能会出现活动雷同和重复的问题。

二、使用项目管理软件（Microsoft Project）统筹协调高校学生活动的方法

统筹协调某项工作一般的做法是将各个部门所负责的工作任务汇总在一个表格（工作分解表），然后通过召集各部门有关人员参加工作协调会，以明确和协调各部门的任务分工和工作职责。统筹协调高校的学生活动也可以参考这种做法，但是由于每个学生活动是相对独立的，每个学生活动的开始和结束时间以及举办场地通常也会有所不同。因此，以表格的形式难以直观和及时地发现不同活动之间可能存在的冲突。为此本文提出了使用 Microsoft Project 2010（以下简称 MS Project）这款项目管理软件来统筹协调高校学生活动的方法。

（一）编制高校学生活动的项目日历和进度计划

使用 MS Project 统筹协调高校学生活动，可以把一个年度或者学年所有的学生活动看作是一个"项目"，而每个学生活动则是整个项目分解出来的"任务"。使用 MS Project 统筹协调学生活动，首先要编制项目日历，即设置每周哪几天是工作日和每个工作日的工作时间。对于高校学生活动的项目日历，可根据校历将节假日、寒暑假和周六日设置为非工作日，除此以外每周的周一至周五则设置为工作日。如果有个别学生活动安排在周六日或节假日等非工作日举行，也可以为这些活动和活动所分配的资源编制单独的"任务日历"和"资源日历"[MS Project 中有三种日历：项目日历、任务日历和资源日历[1]。项目日历是所有任务（本文的任务是指学生活动）和资源（包括举办活动所

需的人员、物品和场地等）默认使用的日历。如果某些学生活动或者活动资源的日历与项目日历不一致，可以为其编制和分配单独的"任务日历"或"资源日历"]。而对于每个工作日的工作时间，早中晚3个时间段都有可能举办学生活动，因此可以大致参照学校早中晚的上下课时间段来设置项目日历的工作时间，例如，早上8点半到12点，下午2点半到6点，晚上7点半到9点半。

编制了学生活动的项目日历以后，接下来需要制订学生活动的进度计划，即在MS Project的"甘特图"视图中录入各项学生活动的名称、开始和结束时间，以及设置活动之间的相关性。某些学生活动（如文艺表演类活动）举办的时间只是在某天的晚上，但实际上需要提前数天到活动现场进行彩排和演练。活动彩排也需要占用人员、物品和场地等资源。因此，活动的开始时间从活动彩排时开始计算更有利于科学合理地统筹协调学生活动。在录入学生活动的开始时间和结束时间后，MS Project会自动计算该项活动的工期，即活动从开始到结束一共需要多少个工作日。对于活动之间的相关性 [MS Project中任务的相关性分为四种：完成—开始（FS）、开始—开始（SS）、完成—完成（FF）、开始—完成（SF）。如果某些学生活动存在这种相关性，可以进行相应的设置]，由于大部分学生活动是相对独立的，一般不存在某项学生活动结束后才能举办另外一项活动，或者某几项学生活动需要同时开始（或者结束）这样的关系，因此通常不需要设置活动之间的相关性。此外，在逐行输入学生活动的进度计划时，需要将同一个部门负责举办的活动排列在一起，然后为这些活动增加一个上一级的摘要任务（可以命名为"某某部门的学生活动"），以便后续汇总该部门所举办各项学生活动的总成本。

（二）编制高校学生活动的资源计划

学生活动需要人、财、物以及场地等资源相互配合才能顺利举办，因此在确定学生活动的进度计划后，接下来需要编制学生活动的资源计划，即建立和分配各项学生活动所需要的资源。由于是在整个学校层面对学生活动进行统筹协调，如果在MS Project建立和分配各项学生活动所有需要的人、财、物以及场地等资源，会过于复杂和烦琐，不利于发现和关注那些可能存在冲突的资源。因此，仅在MS Project为学生活动建立和分配那些关键重要的或者容易存在冲突的资源。

在为学生活动分配所需资源之前，先要在MS Project "资源工作表"视图中建立各种资源。对于学生活动中"人"这类资源，一般包括负责该项学生活动的指导老师和主要的学生干部（一般为部长或以上级别）等人员，资源类型为工时资源（MS Project 中资源分为三类：工时资源、材料资源和成本资源[2]），最大单位为100%。由于老师和学生干部在筹备和举办学生活动的过程中，一般并不按照工作时间来计算工资，因此不需要设置工时资源的成本费率。同时资源日历可以直接使用项目日历。如某些人员被安排在周六、日或节假日等非工作日举办活动，可以为这些人员编制专用的资源日历。

对于学生活动中"物"和"场地"这两类资源，"物"一般指学生活动中需要向其他部门借用的较为贵重的物品，如灯光、音响、投影仪、摄像机等。这些物品在学生活动中的作用较为重要，并且由于物品较为贵重，并不是每个部门都具有这些物品，因此需要向其他部门借用。当几个部门同时需要借用这些物品时，就会产生资源的冲突，需要在 MS Project 中统筹协调。而活动所需的其他次要和零散物品，由于一般不存在资源冲突，因此不在 MS Project 中建立和分配。"场地"指学生活动举办的场地，如活动中心、体育馆、报告厅、剧场等。一个场地通常不能同时举办不同的学生活动，因此也容易发生资源冲突。在 MS Project 建立"物"和"场地"这两类资源时，同样设置资源类型为工时资源，最大单位为100%。由于借用的物品和学校的场地一般不会按照时间来收费，因此也不需要设置工时资源的成本费率。对于"物"和"场地"这两类资源的日历，由于物品和场地不像人员那样，在工作日的一天中需要有间歇的休息时间，因此可以根据物品的可借用时间和场地开放时间，新建专用的资源日历。

建立了人员、物品和场地这三类资源后，接下来可以在"甘特图"视图中的"资源名称"这一列为各项活动分配这些资源。对于人员这类资源，一般认为每位活动指导老师或学生干部同时负责的活动数量不宜超过3个。因此，各项活动在分配人员资源时，需要占用每位人员的"单位"为33.33%（占用每位人员33.33%的工作时间）。当一位人员同时负责3项活动时，单位就累计达到99.99%（接近100%）。对于物品和场地这两类资源，由于活动物品和场地不能同时被不同活动使用，因此每项活动都是以100%的单位占用所需的物品和场地资源。

学生活动除了需要"人""物"和"场地"这三类资源，还需要"财"的资源。"财"是指举办活动所需的成本和费用。尽管 MS Project 能够根据各项学生活动所有资源的成本和费用，自动计算出学生活动的总成本。但由于在学校层面统筹协调学生活动时，在 MS Project 仅为学生活动建立和分配那些关键重要的或者容易存在冲突的资源，忽略了次要的和零散的资源。因此不能使用 MS Project 根据资源成本和费用自动计算活动总成本的功能，而是在"甘特图"或"任务工作表"视图增加"成本"这一列，然后直接将每项活动在策划方案的预算金额作为该项活动所需的经费输入到"成本"列。当某个部门所举办的各项学生活动的预算金额都输入"成本"列，MS Project 能够在这些活动上一级的摘要任务汇总该部门学生活动的预算总成本。

（三）发现和解决活动之间存在的资源冲突

为各项学生活动建立和分配了"人""财""物"以及"场地"等资源后，可以通过 MS Project 发现活动之间存在的资源冲突，找出过度分配和使用的资源。对于"人""物"和"场地"这三类资源，在"资源使用状况"视图中，当资源存在过度分配和使用时，资源名称前面会出现一个感叹号，并且在资源过度分配和使用的时间段会以红色字体提示。出现资源过度分配和使用的情况，对于人员资源来说，一般是因为活动指导老师或学生干部在某些时间段需要同时负责3个以上的活动；对于物品和场地这两类资源，一般是由于不同活动在某些时间段需要同时使用相同的物品或场地。这些情况都会导致资源使用单位大于100%，从而产生资源过度分配和使用的提示。对于"财"这类资源的冲突，可以通过将本部门实际可支配学生活动经费总额跟 MS Project 中本部门学生活动摘要任务汇总出来的活动预算总成本进行比较。如果本部门实际可支配活动经费总额小于 MS Project 汇总的活动预算总成本，说明存在活动经费不足的问题，需要对经费资源进行调整。

要解决活动之间人员、物品和场地这三类资源的冲突，首先可以考虑在 MS Project 的"甘特图"视图修改活动的开始和结束时间，或者以直观的方式拖动视图右边条形图区域中学生活动对应的任务条，从而提前或推迟举办某些活动。这样能减少活动在时间上的重叠，避免活动过于集中在某些时间段，进而避免资源过度分配和使用的情况。其次，对于某些不能提前或推迟举办的活动，如五四青年节和"5·25"大学生心理健康日相关的活动必须安排在5月，这时可以考虑用其他资源替换活动中过度分配和使用的资源，也就是将存在资源冲突的活动分配给其他老师或学生干部负责，或者是更换活动场地。

在 MS Project 的"工作组规划器"视图中，过度分配和使用的资源名称会以红色字体显示，同时会用红色边框标记资源具体在哪些时间段存在过度分配和使用的情况。通过将活动对应的任务条拖动到其他资源对应的行，就能便捷地实现活动资源的替换和调配。再次，对于活动之间物品和场地资源的冲突，在分配每项活动所需物品和场地时是以100%的单位使用物品和场地，即活动在举办的时间段内占用相应物品和场地一整天的时间。但实际上大部分活动只在一天时间内的半天或数个小时使用物品和场地。因此，可以提前通过协调会的方式，协商不同活动在一天内分别需要在哪些时间段使用相应的物品和场地。协商方案确定后可以在 MS Project 修改这些活动所占用物品和场地的单位百分比。例如，经协商后某两项活动分别在同一个场地同一天的下午和晚上举办。这时可以将这两项活动对该场地资源的占用单位分别修改为50%，这样就能消除该场地资源过度分配和使用的提示，实现资源使用率的最大化。此外，还可以考虑将某些主题和内容雷同的活动取消，以减少人员、物品和场地资源的使用，解决资源过度分配和使用的问题。

对于活动经费资源不足和冲突的问题，可以分别采用开源和节流两种解决方法。开源即想办法增加活动经费，如向上级申请增加活动经费，或者寻找商家赞助活动等；节流就是减少某些活动的经费支出，特别对于那些预算金额较大的活动，可以考虑是否能在某些方面节省支出。对于某些次要的活动也可以考虑取消以腾出经费资源。

（四）跟踪监控活动进度计划的执行进展和变化情况

在 MS Project 完成学生活动的进度计划和资源计划的编制，并且消除和解决活动之间的资源冲突后，各部门便可以开始执行计划和开展活动。在这个过程中可以使用 MS Project 动态跟踪和监控学生活动的进展情况，了解各项学生活动目前是否按照计划的进度去执行和落实。在 MS Project 的"甘特图"视图中新增"完成百分比"这一列，然后综合分析和评估当前各项学生活动的执行进度，输入一个合适的完成百分比。接着在"甘特图"视图右边的条形图区域插入"进度线"，进度线的日期可以自主选择，也可以按照周期性间隔在多个日期插入进度线。在相应日期插入进度线后，进度线左偏的地方说明该项学生活动的完成百分比没有达到计划的要求。进度线左偏越明显的地方，说明落后于计划的进度越多，需要加快执行和落实才能按照计划进度完成任务。

在实际工作中，随着学生活动进度计划的推进，一些难以预见的因素可能会导致活动需要提前或推迟举办，这时就要对原来的活动进度计划和资源计划进行修改和调整。通过 MS Project 可以将修改后的活动进度计划（不包含资源计划）跟原来的进度计划进行对比，了解和掌控修改后的当前计划跟原计划的偏差。在 MS Project 中选择"设置比较基准"的功能，可以把当前的进度计划（原计划）保存为一个比较基准。切换到"跟踪甘特图"视图后，对于同一个学生活动在视图右边的条形图区域会显示上下2个任务条，下面的任务条代表的是比较基准（原计划）的该项学生活动，上面的任务条代表的是当前计划的该项学生活动。当根据活动提前或推迟举办的情况修改原计划后，上面的活动任务条会跟下面比较基准（原计划）的任务条产生一些差异，从而表明该项活动的进度计划进行了修改和调整。而要知道活动的开始、结束时间和工期具体相差了多少天，可以在"跟踪甘特图"视图左边增加"比较基准开始时间""开始时间差异""比较基准完成时间""完成时间差异""比较基准工期""工期差异"这6列。开始时间差异是修改后当前该项活动进度计划的开始时间减去比较基准（原计划）开始时间得出的，完成时间差异和工期差异也是如此计算。这样通过"跟踪甘特图"视图中直观的图形任务条结合详细的差异数据，能很好地跟踪和监控学生活动进度计划的变化情况。

三、结语

将 MS Project 这款项目管理软件应用于高校学生活动的统筹协调，可以及时发现活动之间存在的资源冲突，通过对活动资源进行替换和调配，解决活动资源过度分配和使用的问题。同时也能对学生活动进度计划的执行进展和变化情况进行动态跟踪和监控，为高校学生活动的统筹协调提供了一种可操作性强、可视化程度高的思路和方法，但仍需要在学生活动的工作实践中进一步检验和完善。

参考文献

[1] 张会斌 .Project 2010企业项目管理实践 [M]. 北京：人民邮电出版社，2011.

[2] 鲁道夫·安布里什，约翰·怀特 . Microsoft Project 2010（专业版）实用指南 [M]. 北京：电子工业出版社，2013.

"双创"背景下高职学生就业指导课程教学模式创新研究

财经系　钟银贞

摘　要： 高职学生就业指导课程需要进行创新才能适应高职学生的就业教育需要。以"双创"作为研究背景，就双创背景下时代对高职人才的要求，"大学生职业发展与就业指导"课程的教学问题及"大学生职业发展与就业指导"课程教学改革的创新措施进行阐述，以期提高"大学生职业发展与就业指导"课程的教学效果，提升大学生与时俱进的创新创业能力和适应社会的就业能力。

关键词： 高职教育　创新创业　就业指导　课程模式

一、双创背景下时代对高职人才的要求

"大众创业，万众创新"的时代背景对高职学生提出了新的、更高的要求，主要体现在以下两个方面。

（一）符合时代发展潮流的实践能力

实践能力是大学生进入社会的一个基础能力，理论知识掌握得再多，如果无法有效地将它们运用到指导日常的实践中，知识价值就无法很好地被挖掘出来，在双创时代下更是如此。时下鼓励的"大众创业"，鼓励大学生大胆创业，但创业不是头脑发热，空有一个想法，一腔热情就可以实现，还需要掌握创业过程中的各种具体操作技能，比如如何去找投资人，如何去办理相关的手续，如何去租赁办公地点，如何去营销自己的产品或服务等，这些知识，虽然在"大学生职业发展与就业指导"课程里会有所涉及，但仍然需要学生能够真正地将知识运用起来，由此才能将自己的想法变成现实，进而成功创业，因此，学生必须拥有符合时代发展潮流的实践能力[1]。

（二）符合时代发展趋势的创新能力

创新能力是大学生进入社会的一种永动能力，特别是在"万众创新"的时代号召下，大学生的创新能力显得尤为重要。现在我们正处于"互联网＋"的时代，整个社会的消费习惯与消费行为都与以往有了很大的差别，由此也催生了多种多样的消费需求，这些亟须被满足的需求正是市场竞争的空白之处，而要捕捉到这种空白的市场，缺乏创新能力是无法实现的。以我国的游戏市场为例，今年上半年，我国游戏市场总收入达到787.5亿元，同比增长30.1%，在这一高速增长的背后，却是国内游戏产业面临产品低端化与内容同质化的困境，而这就需要有源源不断的创新流来改变这一困境。因此，双创背景下，学生必须拥有符合时代发展趋势的创新能力。

二、"大学生职业发展与就业指导"课程的教学问题

双创背景显然对大学生的职业能力有了更高的要求，但是反观高校目前开展的《大学生职业发展与就业指导》课程在教学内容、教学资源和教学形式上也存在着一定的问题。

（一）教学要求的切入准确性较弱

时代发展的步伐越来越快，这意味着知识更新换代的频率也变得越来越高，而写进书本教材的知识一般都是经过实践反复检验或者短期前瞻性的，这不可避免地会导致知识与社会的发展存在一定的距离，表现在课程教学上就是教学要求的切入准确性较弱。如课程里面关于了解某种职业的相关内容与对人才的要求，教材上讲的内容还比较抽象和大范围，无法完全贴合具体的职业工种。如在文化产业里很火热的IP孵化，其火爆程度带动了整个产业链的人才需求。从大学生就业的角度来看，IP孵化链上的各个岗位，具体到文学、影视、动漫等不同类型的公司时，也各不相同，但高校在开展"大学生职业发展与就业指导"课程时涉及得比较少，这就是教学要求的切入准确性较弱。

（二）课时编排的有效衔接性较差

"大学生职业发展与就业指导"作为一门必修课，学生在大学一年级时就会学习，这意味着该门课程在设计与编排时就要考虑到贯穿于学生整个大学生涯，但是从具体的课时编排上看，各学年、各学期之间的衔接性并不是很明显和强烈，这给学生的感觉就像是独立的、割裂的，但学生职业能力并不是一朝一夕

形成的，而是一个长期积累的过程，它需要高校借助"大学生职业发展与就业指导"将职业这个话题的相关内容一点一点地渗透到学生的言谈举止之中，然则从目前的教学安排上看，整个大学里面的"大学生职业发展与就业指导"课程并不是呈现逐级深化的特点，这就使课时编排的有效衔接性较差 [2]。

（三）课程安排的内容不够丰富

纵观目前在各大高校开展的"大学生职业发展与就业指导"课程，在具体内容的安排上，通常容易局限在教材内容本身，缺乏一些实际的实践活动。比如在讲到职场的礼仪，面试的技巧，如何给自己制订一个职业规划等很实际的问题时，教师比较多的是情景模拟（如模拟面试）或者微课教学，但这无法很好地满足学生的学习体验感。学生渴望且需要在一个真实的环境中去观察、去演练，比如邀请知名企业的招聘人员给学生分享下用人单位在面试时如何鉴别与筛选人才 [3]。比如去企业中观察企业一天的运作流程和各个岗位的人员作业情况等，这些对学生来讲是非常亟须的，但目前这种形式的课程内容比较少。

三、双创背景下高职"大学生职业发展与就业指导"课程教学改革的创新措施

高校在明确了双创背景下时代对高职人才的要求以及发现并正视"大学生职业发展与就业指导"课程的教学问题之后，就应当以时代对人才的要求为培养导向，以课程教学问题为反思对照，从以下几个方面入手去进行课程教学改革的创新举措。

（一）树立整体意识，设计串联递进式教学课程

大学生职业能力的培养绝非一朝一夕，而是一个逐步影响和渗透的长期过程，因此，高校在进行课程改革时，应当树立整体意识，设计串联递进式的教学课程。比如，在大一时，重点普及关于职业发展的相关概念，让学生对就业这件事情有清晰的基本认知。大二时，重点普及关于职业发展的各种能力要求，让学生能够从大一的概念认知进入到职业 / 岗位对照认知的学习中来，大三时，重点涉及关于职业发展的实际案例，在可能情况下，多举办与职业，特别是创新创业有关的活动。从高职教育的角度来讲，这种教育模式非常强调学生的实用技能，因此，在就业指导课程的设计上，也应当考虑到

学生实用技能的实际学习与掌握过程。除此以外，在过程中，也应当融入时代社会的发展概念，比如"大众创新，万众创业"这个概念，李克强总理最早在2014年的夏季达沃斯论坛开幕式上提到"大众创业""草根创业""万众创新""人人创新"等概念，随后李克强总理多次对创新创业作出了重要指示才逐渐形成了现在的双创背景，这也反映出了时代发展的要求是逐步深化和具体的这一永恒规律。

（二）树立创新意识，培养学生多角度思维能力

在双创背景下，社会对于学生的创新意识有较高的要求，而创新意识作为一个抽象的意识层面，它唯有在学生涉猎得更多，了解得更多，并且思考得更多的前提下，才有可能在量变到质变的过程中碰撞出思维的火花。为此，就业指导课程应当重视培养学生多角度的思维能力。从操作层面来讲，要从学生的学习方式入手。比如，在"互联网＋时代"下，"移动学习"就是一种体现时代特征的新型学习模式，学生可以借助手机，通过APP来完成课程学习。以《大学生职业发展与就业指导》为例，可以把课程知识性的内容碎片化，把一个个案例模块化，制作成一个个微视频，通过慕课平台，实行翻转教学。对于碎片知识，可以线上学习，课上总结分享；对于案例微视频，可以线上分享，课上讨论交流等。"中国大学慕课""学堂在线"等知名慕课平台都可以实现PC机和手机的移动网络学习环境。与此同时，这种通过移动端来学习的方式，也是学生锻炼思维灵活性的表现。

（三）树立创业意识，鼓励学生实干型自主创业

在国家和各级政府都鼓励大学生创业的时代背景下，大学生创业的门槛正在逐渐降低，也吸引了越来越多的大学生投入创业之中，但这并不代表着创业成功率就一定呈现上升趋势。因此，在双创背景下，《大学生职业发展与就业指导》课程应当培养学生树立正确的创业意识，鼓励大学生实干型自主创业。比如，随着Uber、Airbnb知名度的提高，"共享经济"这个概念也备受追捧，越来越多的国内企业开始朝着这个思路去开发新业务。但是大学生在创业时，懂得"共享经济"这一思路还不够，还需要有合适的商业模式，靠谱的盈利模式，具体的经营方式，完整的运营计划等，只有这样，才能够吸引到投资人来投资，或者获得国家和政府的支持。因此，就业指导课程应当鼓励学生在自主创业时重视创业的实干性。

（四）培养敏锐触觉，提醒学生多关注实时资讯

在创新创业这股浪潮中，很多行业都发生了改变，与此同时，又有很多行业诞生，这给学生的职业发展带来了很多的机会，但前提是学生能够捕捉到时代发展的契机并抓住空白的需求，因此，"大学生职业发展与就业指导"课程教学改革应当重视培养学生敏锐的触觉。时下非常火热的 VR（Virtual reality）技术和应用，索尼推出的 PlayStation VR，Facebook 买下的 Oculus，CES 展览上的 VR 电影等，除了知名技术公司都纷纷摩拳擦掌之外，很多创业公司也纷纷投身到这个领域里来。只要稍微留意就不难发现，有一些咖啡厅、休闲水吧等，都开始提供 VR 体验的服务，其中有不少都是大学生创业。不难想象，提供 VR 体验服务的场所，对比单纯提供饮品的场所来讲，对客户的吸引力会更大，而这就需要创业者有敏锐的触觉能捕捉到这一微小的商机。因此，在高职"大学生职业发展与就业指导"课程教学中，应当重视对学生这一触觉的培养，有利于培养学生的创新创业思维与能力。

（五）依托信息时代，拓宽学生信息接收渠道

在"互联网＋时代"下，信息不仅呈现海量爆炸式增长，而且其传输渠道也越来越丰富，因此，"大学生职业发展与就业指导"课程应当依托这一信息时代，尽可能地拓宽学生接收信息的渠道。可以推荐学生关注一些与职业发展、就业政策等内容有关的微信公众号，让学生可以定期地查阅并及时地知道更多与就业创业有关的信息，特别是关于国家和地方政府对学生创业的政策扶持，等等。学生只有在充分了解政策的基础上，才能够在政策的帮助下更好地受益。除此以外，还可以提醒学生关注心仪企业或者心仪行业的微信公众号，这对学生的未来就业非常有帮助。因为一个企业的微信公众号是企业与消费者沟通交流的纽带和桥梁，同时也是企业发展动态的一个展示窗口，对求职者来讲，如果在求职面试的过程中，能够对求职的企业有充分的了解，对求职的准备和入职初期的职业规划都非常有益。

（六）激活联动效应，帮助学生凝聚多样化资源

在"大众创新，万众创业"的时代背景下，其实每一个人都是参与者，只是参与方式不一样，而每一个人就是一种资源。因此，要提高创新的可转化性以及创业的可实现性，就业指导课程还应当尝试激活联动效应，帮助大学生凝聚更多的资源，前文分析到的目前"大学生职业发展与就业指导"课

程安排的内容不够丰富的问题，某种意义上就是学生接触到的资源比较少。为了改变这一现状，除了传统的开展校企联合，以及邀请知名企业到高校开展校园宣讲等方式之外，学生在读期间还可以与校企合作企业尝试"内部孵化"等项目。比如，当学生有某一个创新想法时，可以先行在"内部孵化"项目里面尝试，学校和企业提供一定的支持，包括后期的市场调研等，这样，一方面可以充分利用学校和企业的智力、政策和物质资源；另一方面可以检测创新想法的可落地的概率有多大，降低了创业的风险。无论怎样，如果学生可以通过就业指导课接触到更多的资源，对学生本人来讲，无疑有助于提高学生的创新能力和创业的自信心。

四、结语

当下，我国的经济发展正处于结构持续优化升级的过程，这使得创新变得不仅重要而且迫切。"大众创业，万众创新"已经成为我国经济社会发展转型的重要驱动力，高校毕业生作为国家发展的重要人才资源，除了充分享受良好的就业大环境外，自身还要不断地提高各项能力。而在帮助学生从高校过渡到社会的过程中，"大学生职业发展与就业指导"就是一门"桥梁"课程，它既提前给学生"预热"了关于就业的各种信息与话题，同时也会教育学生如何更好地规划职业发展。实际上，不论是就业还是创业，如果缺乏了对自身清晰合理的发展规划，则很容易会"走弯路"。为了更好地发挥就业指导课程的价值，高校应当站在双创背景的肩膀上，以培养符合时代要求的人才为目标，有的放矢地改进目前教学中存在的各种问题，并对症下药地去推行教学改革的创新举措，以帮助学生在学习该门课程后，稳步扎实地提高自己的职业能力与素养，为进入社会做好积极充分的准备。

参考文献

[1] 朱国奉，吴加权. 高职院校学生创业实践与评价体系建设初探 [J]. 中国职业技术教育，2015（32）：51-55.

[2] 李丽萍. 大学生创新创业教育路径的优化策略 [J]. 学校党建与思想教育，2016（8）：84-86.

[3] 袁曦. 大学生职业发展与就业指导课程体系建设研究 [J]. 当代教育理论与实践，2016（2）：25-27.

学业生涯发展规律视角下高职院校实践育人探讨

计算机工程系　刘伊

摘　要： 实践育人是高职院校人才培养的重要路径。当前高职院校的实践育人存在着未真正做到以学生为中心，覆盖面和受益面有待扩展，整体设计和过程管理不健全等主要问题，导致育人实效性不强。根据高职学生学业生涯发展规律，建构由学业提升、专业能力训练、社会实践三大平台和学分化驱动、网络化管理两大保障体系组成的实践育人体系，能够有效提高育人效果。

关键词： 学业生涯发展规律　高职院校　实践育人

随着国家对高等职业教育的重视与大力扶持，高职学生数量已占据我国高等教育的半壁江山。如何提高人才培养质量，培养出适应经济社会发展的高素质、技术技能型人才，成为高职院校的办学目标的重要内容之一。实践育人是提高高职院校人才培养质量的重要环节，围绕高职学生特点和学业生涯发展规律来构建实践育人体系，是提升高职院校人才培养质量的重要途径。

一、高职学生学业生涯发展规律的主要内容

学业生涯是高职学生大学生活的重要组成部分，在学业生涯中储备足够的科学文化知识和专业理论知识，掌握过硬的专业技能，培养必备的职业素质，是高职学生拥有成功职业生涯的前提。在入学伊始，高职学生可塑性强，学业转换成本低，如果此时能指导学生科学规划学业生涯，严格实施学业规划，非常有利于他们的成长成才。

近年来，高职学生生源呈现多样化趋势，一部分学生来自普通高中，还有相当一部分学生来自中职学校。这些学生有着不同于本科生的鲜明特点，如理论功底较为薄弱，对理论学习兴趣不高等，但思维活跃，动手操作能力强，对实践课程的学习兴趣明显高于理论课程等。因此，根据高职学生的思维、行为、学习特点，高职人才培养目标及其学制、学业任务安排等，可以归纳出高职学生学业生涯发展的四个阶段（见表1），即适应认知期（一年级第一学期）、储备提升期（一年级第二学期、二年级）、发展定位期（三年级第一学期）和冲刺转型期（三年级第二学期）。

表1　高职学生学业生涯阶段定位及任务表

阶段	阶段定位	阶段任务	重要程度
一年级第一学期	适应认知期	适应大学生活；大学生自我认知	☆☆☆
一年级第二学期、二年级	储备提升期	设计、实施学业整体目标与计划；基础课学习，专业知识与技能储备	☆☆☆☆☆
三年级第一学期	发展定位期	做好职业生涯规划，基本确定职业去向目标	☆☆☆☆
三年级第二学期	冲刺转型期	检验学业发展目标，为职业生涯目标作准备	☆☆☆

从高职学生学业生涯发展脉络看，一年级第一学期是适应认知期，主要任务是适应大学生活，具体包括适应独立生活、集体生活和自主学习，做好自我认知，初步了解自己所学的专业和行业发展概况及未来发展趋势；一年级第二学期、二年级是储备提升期，这一时期是学业生涯发展的最重要时期，主要任务是设计、实施学业规划，学好专业基础课、专业核心课，储备足够的专业知识，通过实训、技能竞赛不断提升专业技能；大三第一学期是发展定位期，主要任务是进一步夯实专业技能，基本确定发展去向，是专升本、就业还是创业；大三第二学期是冲刺转型期，主要任务是顶岗实习，适应职场，为毕业后参加工作做好准备。这4个阶段逐一递进，前一个阶段的发展程度对后一个阶段的发展产生重要影响。在这4个阶段，学生需要战胜角色适应危机、自我管理危机、生涯抉择危机和职场适应危机，才能为职业发展奠定坚实基础。

二、学业生涯发展规律视角下高职院校实践育人问题分析

实践育人是相对于课堂理论教学而言的，是指以学生获得的理论知识、间接经验、操作技能和实践能力为基础，开展与学生的健康成长成才密切相关的各种应用性、综合性、导向性的实践活动，加强对学生的思想政治教育并促进他们形成高尚品格、祖国观念、人民观念、创新精神、实践能力、团队精神、合作能力的新型育人方式[1]。实践育人在学生成人成才中发挥着课堂教学无法替代的重要作用，是培养学生学习兴趣，发现学生专业特长，有效提高学生能力水平和综合素质的必由之路和根本途径。虽然高职院校越来越重视实践育人环节，但在实际工作中还存在未按照学业生涯发展规律而开展的一些问题，影响了实践育人成效。

（一）实践育人未真正做到以学生为中心

从当前各招聘单位普遍的用人标准来看，更加强调工作能力，如专业技能、组织管理能力、应变能力、解决问题的能力等，这更加凸显了以学生为中心的实践育人理念的重要性。但是，大部分高职院校的实践育人并未真正做到以学生为中心。在实践教育教学过程中，更多的是以学校为中心，以教师为中心，以知识传授为中心，采取模块化教育的方式，缺乏从学生主体的角度出发构建利于学生独立思考、自由探索、勇于创新的良好环境[2]。例如，在教学过程中，教师很少进行调研，了解学生所需所想，有的甚至连学生对所讲课程内容感兴趣程度和反馈效果都不闻不问。再比如，组织开展学生活动多是由指导老师构思、策划，再由学生实施，也不管学生感不感兴趣，能不能起到实际的教育效果。这就不难理解为什么学生对教学内容不感兴趣，上课玩手机、睡觉，课余时间不爱参加学生活动了。

（二）实践育人覆盖面和受益面有待扩展

虽然我国高等教育已基本实现大众化，但精英化教育思想的惯性作用和影响仍然存在，这在高职院校实践育人过程中也有体现。例如，各级专业技能竞赛是实践育人的重要平台，但院校和专业教师为了取得好成绩，组织班级中专业课成绩优秀的学生参加很多比赛，这使得技能竞赛变成了"好学生"的专属，未能普及到大多数学生，技能竞赛变成了学校之间创新实力和科研成果的比拼，参赛学生变成了创新成果的简单复述者和操作者，并未从中获

益。在这种情况下，本来就十分有限的实践育人资源无法实现人才培养效益的最大化。

（三）实践育人整体设计和过程管理不健全

高职院校实践育人模式应紧密结合自身人才培养方案，按照"培养兴趣—实践历练—素质提升—能力提高"的顺序来设计规划。但高职院校普遍缺乏这种顶层设计，没有人才培养的高度科学规划、建构创新精神和实践能力培养机制，实践教育活动安排灵活性有余，系统性不足，形式多样，但内容缺乏较强的教育意义，导致实践育人实效性不强。

高职院校的实践育人形式多是组织学生开展校园文化活动、专业技能竞赛"三下乡"社会实践、志愿公益活动等，由于组织管理上的问题，学生骨干是活动主体，致使非学生骨干缺乏锻炼，这导致了高职院校实践育人效果未能最大化。树立实践育人课程化、学分化的过程管理理念，借助现代信息技术手段，通过学工队伍和教学队伍的协作，构建科学、高效的实践育人过程管理体系，是高职院校亟须攻克的难题。高职学生学业生涯有着特定的发展规律，遵循这一规律，围绕这一规律进行实践育人，才能解决实践育人遇到的困难和问题。

三、学业生涯发展规律视角下高职院校实践育人体系构建

高职院校实践育人应围绕高职学生学业生涯发展的四个阶段，以提升学生社会实践能力和创新创业能力为目标，以学业提升、专业训练、社会实践为平台，以学分化驱动、网络化管理为保障，设计出高职院校实践育人体系（见图1）。

（一）学业提升平台

根据高职学生学业生涯发展规律，第一、二阶段的主要任务，构建高职学生"专业认知—专业储备—能力提升—步入职场"的学业提升平台。"专业认知"主要通过课堂讲授，企业精英讲座，参观访问企业等方式来让学生了解所学专业，了解本行业的发展现状和未来发展趋势；"专业储备"引导学生努力学习专业课程，掌握足够的专业知识；"能力提升"主要通过实训课、职业技能培训和资格鉴定等方式使学生加强实操练习，不断提升自身专业技能；"步入职场"让学生通过顶岗实习来检验自己的所学所思，适应职业环境，提升工作能力。学业提升平台是高职实践育人模式的最基础平台，能够为高职

学生成长成才打下坚实基础。

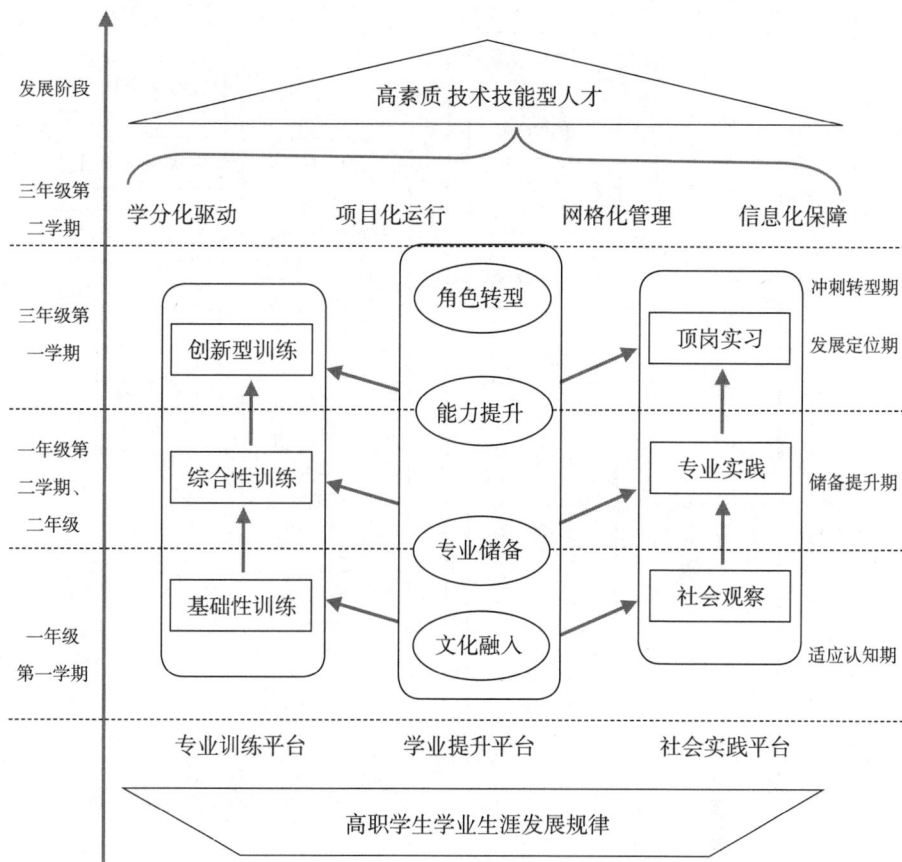

图1　高职院校创新实践育人模式设计图

（二）专业训练平台

高职学生的专业训练由专业素质训练（一年级）、专业能力训练（二年级）和创新意识训练（三年级）三个部分组成。"专业素质训练"主要通过专业认知教育使学生了解行业企业发展历史和未来趋势，通过带领学生参与校（院）级或以上课题研究来培养学生的专业兴趣和专业素质，夯实其专业基础；"专业能力训练"主要通过组织开展职业资格培训与考证，指导学生参加专业技能竞赛，提高学生的专业能力；"创新能力训练"主要通过指导学生参加诸如"彩虹人生""攀登计划""挑战杯"等创新创业大赛，为对创新创业感兴趣或者已经付诸实践的学生提供展示和交流的平台，提高学生的创新思维能力。

（三）社会实践平台

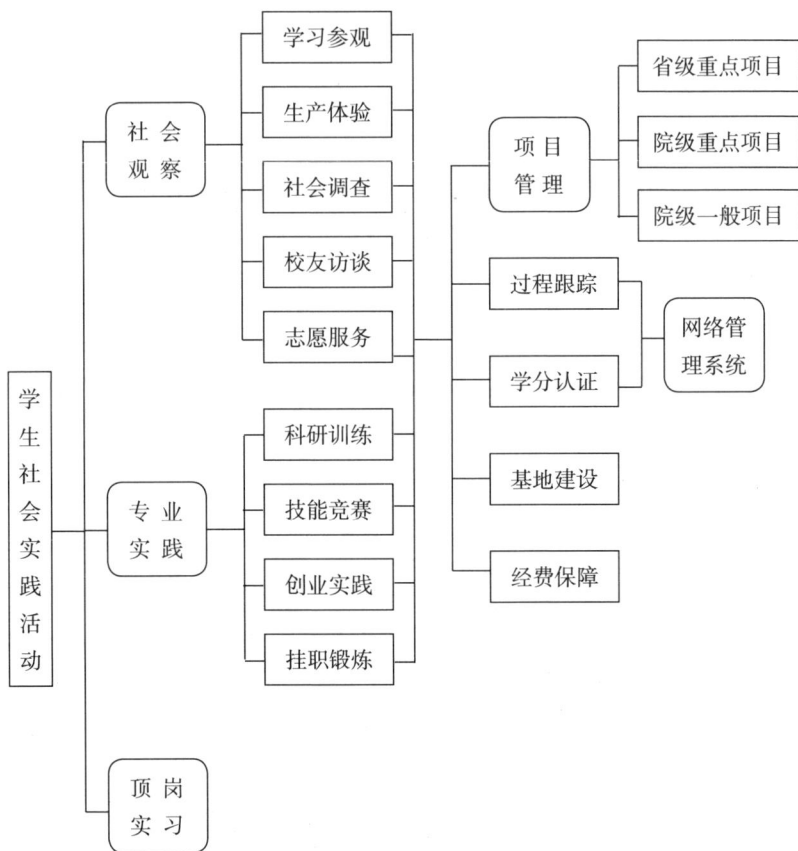

图2 高职学生社会活动实践平台设计图

社会实践平台由社会观察、专业实践和顶岗实习三部分组成（见图2）。"社会观察"具体包括到企业学习参观，体验企业生产，开展社会调查，邀请校友分享成长经历，参加公益活动和志愿服务等，在活动中树立社会实践意识，提高社会实践能力。"专业实践"具体包括专业训练、校园创业等，在这一过程中让学生开展与所学专业有关的研究和实践。"顶岗实习"是高职学生在基本上完成校内教学实训，学完大部分基础课、专业课之后，到对口或相关专业的企业直接参与生产过程，综合运用本专业所学的知识和技能，完成一定的生产任务，进一步获得感性认识和理性认识，掌握操作技能，学习企业管理经验，养成正确工作态度的一种实践性教学形式。具体方式有集中实习、分散实习等。社会实践过程中要推进社会实践活动项目化管理。确定校、院系两级重点实践项目，结合项目内容及活动实施效果确定资助额度；加强活动过程监督，实时报道相关实践内容；拓展社会实践领域，加强校企合作，建立实践基地；利用网络信息管理系统发布活动信息，考评学生实践效果，给定学分和成绩。

学分化驱动、网络化管理保障体系，学业提升平台、专业能力训练平台和社会实践平台的有效运作需要学分化驱动和网络化管理作为"保障学分化驱动"，实践育人体系要将三大平台上的各子项目纳入学分考核。当前，大多数高职院校人才培养方案中的学分设置不完善，主要以各门课程学分为主，实践教育学分较少，只包含了顶岗实习、志愿服务等实践课程学分，可以尝试设置、普及第二课堂学分并将其与入党、评奖评优挂钩，将参加、参与学术讲座、各级技能竞赛、科研项目、在校期间自主创业等纳入学分，还可以与相对应课程进行学分置换，以提高学生参与创新实践教育的主动性和积极性。"网络化管理"是指运用网络系统管理创新实践育人各平台、项目的运行，例如，可以充分利用"到梦空间""易班"等系统进行创新实践教育，或者高职院校根据自身实际自主开发实践育人管理系统，为创新实践育人提供信息化保障。

参考文献

[1]康明已.高职院校实践育人模式构建途径浅探[J].学校党建与思想教育，2007（12）：70-71.

[2]周志强，袁泉.全程累进式创新实践育人模式的理念与设计[J].高校辅导员，2013（2）：18-20.

[3]孙莹贤.高校实践育人工作模式研究[D].沈阳：沈阳航空航天大学，2018.

高校辅导员的自媒体角色思考

计算机工程系　曹译方

摘　要： 自媒体的快速发展催生了高校思想政治工作的新形态。作为高校辅导员，必须积极顺应自媒体快速发展的新态势，全面认清自身角色面临的全新挑战和机遇，积极扮演好大学生学习生活的导航者，新型思政教育的实践者，新型师生关系的协调者和大学校园网络文明的引领者等多重角色，积极做好高校辅导员的自媒体角色转换及工作。

关键词： 自媒体　高校辅导员　角色　学生工作

根据2018年第42次《中国互联网络发展状况统计报告》显示：截至2018年6月，我国网民规模为8.02亿，上半年新增网民2968万人，较2017年年末增加3.8%，互联网普及率达57.7%。其中，手机网民规模达7.88亿，上半年新增手机网民3509万人，较2017年年末增加4.7%。网民中使用手机上网人群的占比由2017年的97.5%提升至98.3%，网民手机上网比例继续攀升[1]。数据显示，使用网络的人数逐年递增，人们交流沟通与网络联系愈加紧密，"自媒体"一说被提出。2003年谢因·波曼（Shayne Bowman）与克里斯·威利斯（Chris Willis）对自媒体定义：We Media 是一个普通市民经过数字科技与全球知识体系相连，提供并分享他们真实看法、自身新闻的途径[2]。目前，大学生已经成为网络世界的生力军，微信、抖音、荔枝等自媒体已迅速成为大学生发布自我情感与生活、学习状况等重要平台。他们不但通过自媒体参与校园中与自身权益相关的事宜，而且对重大时事问题也随时零散感性地评论和传播，通过分享、推荐、收藏、跟帖来实现意见的二次传播[3]。自媒体的发展催生了高校辅导员工作的新形态，高校辅导员工作迎来了全新的机遇和挑战。在自媒体语境下，具备教师与管理者双重身份的广大高校辅导员如何面对和把握自媒体发展带来的新挑战、新机遇，如何对自身的角色进行合理的定位，是一项刻不容缓的重要课题。

一、自媒体对高校辅导员的角色冲击

自媒体的发展及其特殊性，改变了辅导员的工作环境，不可避免地对辅导员的工作角色造成冲击。

（一）自媒体去严肃化的特点对传统工作模式造成冲击

教育部〔2014〕2号印发的规定《高等学校辅导员职业能力标准（暂行）》对辅导员的职业定义是：辅导员是高等学校教师队伍和管理队伍的重要组成部分，具有教师和干部的双重身份。辅导员是开展大学生思想政治教育的骨干力量，是高校学生日常思想政治教育和管理工作的组织者、实施者和指导者。辅导员在教育管理学生上责任重大。传统的高校辅导员工作模式具有操作性强，成效性大，政治教育比重大等特点，但也因为过于循规蹈矩，"说教味"太浓，信息滞后等特点而显得创新乏力，吸引力不足。在以微信、微博、QQ、论坛等为代表的自媒体语境下，大学生人人都是麦克风，都有自己的"地盘"和话语权，不仅可以随时随地发布个人的学习生活信息，同时也不经意地参与到各类重大时事的传播与评论之中。自媒体语境下的高校辅导员工作模式受到冲击，充分利用电子类通讯工具及时发布各类信息成为主流，辅导员工作传统的"我讲你听，我说你做"居高临下的单向式、灌输式，被快速切换成为"我与你交流，我们商量着办"的双向式、平等式，辅导员工作模式日趋多样化、多元化和复杂化。

（二）自媒体去规范化的特点对传统工作内涵构成挑战

高校辅导员的工作内涵随着社会的发展变化也在逐步变化更新，不再是单纯地扮演思想政治教育者，工作内容更贴近与学生个体切实相关的事物，例如，心理健康、职业规划、就业指导、贫困资助等逐渐被纳入工作范畴，高校辅导员专业化、职业化已成为不可阻挡的趋势。自媒体语境下，"手机控""微博控""微信控"成为大学生日常生活的常态，大学生可以通过微信、微博，各种论坛，各种直播 APP 随时随地自由发帖，表达观点。在自媒体的语境下学生的表达意识得到了前所未有的解放，促使辅导员对学生工作的主体、客体、内容、原则、方法等都必须作出全方位的调整与改变，以使工作内容更加贴近学生学习生活实际，具有更强的指导性。

（三）自媒体去集体化的特点对传统关系秩序形成解构

科技的不发达造成传统高校辅导员的工作尤其是思想教育基本外化为"灌输式""填充式"的集中学习，各类会议、各种安排不断，不但增加了辅导员的工作量，也侵占、扰乱了学生特别是学生干部大量的学习生活时间。自媒体具备的灵活性、便捷性、虚拟性等特点，消除了学生工作的地域差别、隶属制约，也没有年龄大小、职务高低之分，消除了师生鸿沟，拉近师生距离，具有无可比拟的优势。高校辅导员可以用自己拥有的高新的技术，广博的知识以及良好的思想品质，方方面面地去影响而不是"说服"学生。

（四）自媒体去现实化的特点对高校辅导员学习能力提出新要求

自媒体是基于科技产品的衍生品，伴随着科技与生活的发展而不断更新。高校辅导员工作任务繁重，工作复杂琐碎，分散了不少精力，同时由于当前部分高校缺乏对教师自媒体基本技能的针对性培养，没有设置很好的学习平台让老师去不断学习接受这些新兴事物，导致部分高校辅导员在掌握自媒体工具上重视不足，兴趣不浓，"缺课"较多，对这些"新鲜玩意"玩不开，没时间，有的甚至对自媒体产生反感情绪，把新兴媒体视为洪水猛兽。在自媒体时代，这妨碍了辅导员有效地与学生进行交流沟通。

二、自媒体带给高校辅导员的角色机遇

任何事物都有它的双面性，自媒体给高校辅导员带来角色冲击的同时，也给高校辅导员的角色带来新的机遇。

（一）自媒体提供了新的信息传播平台，扩张了高校辅导员工作的合力

自媒体交互性、即时性、便捷性等特点，使其具有可利用教育资源丰富，不受时地限制的优势。自媒体语境下，高校校园的各个角落，大到校园时事政治、管理等公共领域，小到班级、宿舍领域都会有网络舆情存在的空间。高校辅导员借助自媒体这个平台，可以随时随地了解大学生的思想动态，把握大学生的心理特点，对大学生进行主流思想的宣传宣讲，先进思想文化

和科学民主精神的传播引导，为其思想教育工作提供更加广阔的平台，使高校辅导员工作"合力影响"得以扩张。比如，本人所在学院的学生就会善于利用微信平台定期发布贴近学生生活实际的各类文章，诸如女生如何成为天然美女，男生如何让自己更具成熟魅力，如何拥有自己的空间等学生关心的话题，同时还建立了建议投诉信箱以及发起晨跑锻炼、义工服务等各类活动，深受学生喜爱与好评。

（二）自媒体推动了教育方式的丰富多元，增强了高校辅导员工作的魅力

随着科技的发展，生活水平的提高，手机、电脑等高科技产品已经成为现在大学生的必备通信工具。学生所接受的信息在发生变化，具备快捷、多样、新潮和视觉冲击等特点的通信工具成为主流。为了有效地推动学生思想教育，及时发布各类信息，高校辅导员必须改变以往死板、信息滞后的状态。以图、文、声、像等多样化的形式表达教育内容，及时发布信息，丰富了教育表达途径，增加了贴近学生实际需求的信息含量，特别是网络语言如"亲"等的使用拉近了与学生的距离，更易让学生接受与喜爱，使事与理，情与法，形与神等有机融合在一起。当前，包括笔者所在的院校在内的诸多高校都已将自媒体广泛应用于综合素质测评结果、评奖评优、贫困资助、就业指导等各项工作中，及时将各类信息公布在自媒体平台，在带来意想不到的便捷效果同时，也让学生工作更加公平、公开、透明。

（三）自媒体促进了师生关系的互动和谐，提升了高校思政工作的张力

自媒体突出了学生的主体地位的同时，更加尊重学生表达、张扬个性的权利，使学生能够更自由、真实、诚恳地表达意见，抒发情感，拉近了高校辅导员与学生的心理距离，加强了交流沟通的力度和针对性，从而有效地提高了辅导员工作的效率与质量。自媒体并非单一渠道的自我表达，而是实现了信息生产者和受众之间的平等参与及角色互换，提高了受众参与者的积极性、自觉性和自主性。自媒体时代的高校辅导员必须要有自己的"媒体"，利用自媒体进行适度的"自我暴露"，把自己的人生经历，对社会问题的认识等等通过博客、播客、个人主页等渠道与学生分享，通过媒体架起与学生平等沟通的桥梁。

三、自媒体语境下高校辅导员的角色定位

角色的改变引起工作内容与工作方式的改变。基于自媒体语境下的高校辅导员为了更好、更高效地开展学生工作，需要依据新的工作环境重新对辅导员的角色进行定位。

（一）在变化中坚守，做学生学习生活的导航者

当前，随着教育现代化的快速发展，辅导员地位得到加强，作用得到重视，但无论外界条件怎么变，高校辅导员工作以思想教育、就业、心理健康教育、就业指导、资助等为主的立足点都不会变。从另外一个层面讲，思想政治教育工作也绝不能仅仅局限于远大理想、信念、政治觉悟等较为抽象的宏大方面，而应该真真切切关注到学生生活和情感的每一个细节。广大高校辅导员要充分认识到对于大学生生活、学习和思想没有发自内心的关注和关心，没有与他们真诚地沟通和交流，空谈思想政治工作是毫无意义的，还要充分认识到自媒体在辅导员工作中发挥的重要作用，坚定做学生学习、生活、工作的导航者。因此，在实际工作中，每一位辅导员都要加大对自媒体信息平台的监管，格外关注博客、微信等大学生真实地表达自我的虚拟平台，细心、耐心地关注每一位同学的家庭、心理、人际关系等的情况和变化，及时发现问题，提供必要的帮助和引导，让同学们切实感受到教师的真心，从而心悦诚服地认可和接受思想政治教育。

（二）在传承中创新，做新型思想教育的实践者

自媒体凭借超强的传播速度和新颖的交互性能，大大拓展了高校辅导员工作的渠道，基本实现了师生之间的全方位互动。在实际工作中，笔者深深体会到，在高校尤其是高职院校特有的办学模式下，由于学生群体数量庞大，大部分学生与辅导员见面的机会依然比较少，交流沟通明显不足，传统的思想教育手段欠缺灵活与吸引力不足的缺点得到放大。自媒体的出现，恰到好处地为辅导员思想教育工作提供了一个开阔的平台，辅导员可以通过QQ、微信、论坛发帖等方式了解、深入学生群体，提供分析、帮助与思想价值体系的导向，并且借助自媒体手段提升信息量和传播速度，打造出一个全新的、涵盖面广泛的教育空间，实现思想教育的内容动态化、开放化、多样化、亲民化。比如，笔者在给入党积极分子作培养辅导时，及时引入具有动画效应，

简单、清晰的视频短片《国家领导人是怎么炼成的》《中国共产党与你一起在路上》，并结合党的十九大和十九届三中全会的最新精神，向学生生动讲解我国国家领导人产生的过程和中国共产党走过的光辉历程，收到了前所未有的良好效果。

（三）在发展中转型，做新型师生关系的协调者

教师要由单纯的文化知识传播者转化为兼潜能开发者、发展伴随者、学习促进者、文化传播者、教育探究者于一身的教育家与人际关系艺术家学[4]。随着自媒体的快速发展，传统"一对一""一对多""师尊生卑"的师生关系逐步解构淡化，学生获取信息的渠道不再单一，学生的诉求有更多的表达空间与渠道，这对同时具备管理者身份的高校辅导员工作提出的要求越来越高。辅导员的工作范围被拓宽，一方面既要做学生思想的领航者；另一方面又要做学生的服务者、帮助者。在这种困境中，自媒体为高校辅导员工作提供了比较好的解决渠道。在自媒体语境下，高校辅导员要充分占领好网络高地，密切关注每一位同学的家庭、心理、人际关系等的情况和变化，及时发现问题，提供必要的帮助和引导。同时，也要保持一种和谐包容的心态，让自媒体成为师生沟通的良好媒介，适当鼓励和允许各种"亚文化"的声音，给学生进行合理表达自我甚至适当宣泄倾诉的空间，让自媒体成为学生个人言论自由的平台，施展自我性情的舞台，使自媒体真正成了解学生思想动态，发现学生问题，帮助学生解决思想和实际问题的载体。比如，传统的纸质通知方式让学生对奖贷补助评定结果不够知情，存在诸多质疑，造成部分学生对辅导员严重不满的状况。现在就可充分运用如网页、微信等自媒体平台，及时将整个甄选标准、甄选过程公开化、透明化，及时消除学生的疑问，让更多的学生拥有知情权、参与权，较好地缓和因信息不对称而造成的师生关系紧张局面。

（四）在被动中主动，做大学校园网络文明的引领者

信息传播大师尼葛洛庞蒂说道："在这信息社会，最大的鸿沟是在两代人之间，当孩子们占领了全球信息资源时，需要不断努力学习的是成年人。对于教育者来说，更是这样。"[5]自媒体作为一把双刃剑，运用得好固然可以为辅导员减轻工作，提质提效，运用不当也会带来极大的破坏力。自媒人信息传播速度之快，迫使高校辅导员要高瞻远瞩，先行一步，主动致力于提高驾

驭自媒体技术的能力与素质，主动开设微信、个人微博、人人网等大学生常用的自媒体，主动关心时事政治、社会热点，尤其对敏感信息更是要嗅觉灵敏，及时释疑，力争因势利导在自媒体上与大学生"打成一片"。要努力充当好大学生网络世界"意见领袖"的角色，充分发挥学生骨干力量，深入大学生群体常去的论坛、网页，及时掌握大学生的舆论关注点，积极在这些自媒体平台中发声引导，最大限度激发集聚大学生健康成长的"好声音"和"正能量"。比如，2018年9月发生的具有极大破坏力的台风"山竹"，当时引起了全国人民对广东省安全问题关注。当时刚到校的新生，尚未适应学校生活，第一次面对如此恶劣天气境况，缺乏必要的应急措施。虽然有辅导员提前通知储备水粮，但依然有部分同学来不及储备干粮。在食堂不能开放，没有食物的情况下，为防止新生恐慌，辅导员及时通过微信、QQ、电话等媒体工具，实时发布台风最新情况，并及时安抚学生。学校全方位行动，老师巡查，后勤部门准备食品，保卫部门随时待命。在此次事件当中，由于提前布置，及时疏导、处理，并没有造成学生骚乱，学生物件损失极少。

参考文献

[1] 中国互联网络信息中心2018年第42次中国互联网络发展状况统计报告[R/OL].中国互联网络信息中心，2018-08-20.

[2] 邓新民.自媒体：新媒体发展的最新阶段及其特点[J].探索,2006（2）:134-138.

[3] 魏巍，杨一丹.自媒体时代研究生思政宣导初探：以研究生校园媒体为例[J].中国研究生，2012（12）:52-55.

[4] 刘铁芳，曹婧.师生在德育过程中的主体地位及其相互关系[J].当代教育论坛，2013,（2）: 1-6.

[5] 尼葛洛庞蒂.数字化生存[M].胡泳，译.海口：海南出版社，1997.

大数据时代高职学生学业指导优化研究

学生处 李浩泉

摘 要：大数据正深刻改变着高职学生的学习模式，极大丰富了学业相关的基础数据，其快速发展的数据挖掘和分析技术更为学业指导的个性化、精细化提供了广阔的发展空间。主动运用大数据技术，优化学业监测、需求分析、供需对接等学业指导关键环节，充分发挥大数据优势，探索主动式、交互式、动态发展式的学业指导新模式，有助于了解学生真实的学业状况，相对准确地预测学生的学业需求，及时解决好学生的学业问题，从而增强高职学生学业指导工作的针对性和有效性。

关键词：大数据 高职教育 学业指导

随着现代职业教育的加快推进，大学生学业指导作为促进学生全面发展、提高人才培养质量的一种有效途径，正受到越来越多高职院校的关注和重视。当下迅猛发展的大数据信息技术，在为大学生获取和交流学习信息提供了极大便利的同时，也为我们了解学生学习的真正状态，促进个性化、精细化的学业指导提供了可能。如何利用大数据的技术与思维，进一步深化高职学生学业指导工作是高职学生工作者亟须探索的新方向。

一、大数据下增强学业指导有效性的新要求

目前，大数据正渗入高等职业教育的全过程，深刻影响着高职学生学习生活的方方面面。要进一步增强学业指导工作的针对性和有效性，必须深入研究大数据时代高职学生学习的新特点，发展基于大数据学习分析的个性化

学业指导。

（一）针对学生学习模式的改变，目标指向上要更为注重学生自主意识和批判能力的培养

伴随网络时代成长起来的"90后"高职学生，早已习惯于随时随地从网络上获取学习资料。大数据的到来，加速改变着他们的信息认知风格和学习模式。在丰富的知识海洋中，他们可以根据自己的兴趣和需要来选择学习的内容，为自己量身定做学习计划，灵活选择学习方式和学习同伴，尽情享受个性化学习的乐趣。但受其自身阅历及能力的限制，遇到纷繁复杂的信息时，怎样才能筛选出有价值的信息？面对多元化的观点，怎样做出正确的价值判断？这是摆在高职学生面前的现实难题。因此，在大数据时代，对高职学生的学业指导既要增强其自主意识，学会利用网络这一便捷快速、经济有效的途径来主动学习，又要提高其批判能力，学会在海量信息中筛选信息，鉴别真伪。

（二）顺应学生学业数据的快速增长趋势，工作方法上要学会利用数据挖掘与分析以发挥其价值

在传统的学业指导工作中，因诸多限制，从学生的学业状态的了解，到学习需求的收集，再到学业指导的资源对接和成效评估，更多地依赖于一线学生工作者在工作中的发现与整理，这使得学业指导工作的全面性、精准性和时效性明显不足。现在，大数据技术已逐渐被运用到高职院校的管理与教学的各个领域。我们可以更加方便、快捷、动态地获得学生学习与生活的各项数据。这样全面了解学生的学习状态、科学预判学习需求和实时评估指导成效也成为可能。但由于各种主客观的原因，目前这些数据很多仍处于休眠状态。数据只有被我们使用，才会变成有用的信息。我们应利用专业的技术力量和成果，提高数据挖掘分析能力，通过对这些数据进行集中整合和有效分析，促进学业指导工作的改进，从而使这些数据有效"增值"。

（三）适应样本思维到总体思维的转变，工作体系上要实现学业指导的全覆盖和精细化

在大数据时代，我们可以获得与分析学业指导相关的更多数据，而不再依赖于采样，从而可以带来更全面的认识。适应从样本思维到总体思维的转变，需要用大数据的思维和技术优化现有工作，逐步构建精细化的学业指导体系。要推动学业评估从单一向多元转变，既关注学习结果，实时掌握每一

个学生的学业发展水平、学业负担状况，又关注学习过程和效益，多方了解其身心发展以及学习习惯、兴趣特长的养成。要实现工作目标全面和有效并重，既要促进全体学生学业进步，又要重点做好学业困难生的帮扶；既要关心学生的理论学习，又要考虑高职教育特点，更为重视学生实践技能的培养。在工作推进上力求把握动态，预判需求，要利用数据分析实时评估学生学习效果，又要通过数据挖掘对学生学习行为进行预测。在工作方式上善于线上与线下紧密结合，探索微传播手段配送个性化学习信息的同时，线下也要同步做好学习指导。

二、大数据优化高职学生学业指导关键环节的方法

大数据为学习和教育的变革提供了个性化定制、精准化概率预测和优质化反馈，应用到高职学生学业指导中，能够优化学业监测、需求分析、供需对接等关键环节，从而较真实地了解学生的学业状况，相对准确地预测学生的学业需求，及时解决学业问题。

（一）尽可能收集数据来掌握学生真实的学业状况

只有了解学生真实的学业状况，才能实现精细化的学业指导。在高职院校由数字化校园向智慧校园转型过程中，学生的每一步学习和成长轨迹都能如实地被存储。这样我们就可以在学生不知情的情况下，对体现学业状况、影响学生学业发展的包括学习成绩、个人志向、兴趣爱好、经历与特长、行为习惯等各种数据进行全面采集，有效地避免了问卷调查等传统形式采集信息时可能出现的刻意性、掩饰性。采集的这些数据越全面，分析的结果就越接近于真实。我们的研究也不再只是经验式的，而是通过深入挖掘和深度分析，洞察到每个学生的真实学习状况。当然，目前还没有成熟的学生学习模型将高职学生在校园学习与生活的所有信息数据化，实际工作中要具体整合哪些数据，需要尊重高职学生的特点，综合运用教育学、心理学、认知学、社会学、计算机科学等多个领域的知识进行现实考量。

（二）通过数据分析来预判学生的学业需求

"大数据的核心就是预测。"[1]它把数学计算运用到海量数据上来预测事情发生的可能性。在学业指导的需求评估环节，利用大数据技术对高职学生学业相关数据进行挖掘和分析后，我们可以了解到某类学生特定时期的学习

需求，预测到某些学生可能发生的学业危机[2]。例如，分析不同专业学生在图书馆借阅哪一类的书籍特别多，就能了解他们各自关心什么，进而有针对性地进行辅导；实时统计上课时间和尚未通过宿舍门禁系统走出宿舍的学生情况，就能查出哪些学生旷课，需要及时进行教育。更进一步，要实现学习指导覆盖面和受益面的最大化，就不能按传统的做法寄希望于学生主动寻求帮助，而应该更多地通过数据挖掘和分析深入了解学生的学业需求，掌握其学习风格、思维模式、知识基础，以便更好地根据不同类别学生的不同需求做出有效指导。

（三）进行资源整合和反馈优化促进学业指导的供需对接

传统学业指导的供需对接以及指导效果的反馈依赖于事后调查评估方法，匹配性和及时性有所欠缺。引入大数据技术，一方面可以统筹资源配置，提供实时可供选择的包括专业教师、辅导员、学生志愿者、校友导师等资源库；另一方面也能够及时把学情诊断的结果定向反馈到基层院系，有利于以基层院系为主导，充分调动其自身的力量，促进学业指导的供需匹配。有了大数据的技术保障，我们可以根据学生差异，采取一对一咨询、多对一会诊、一对多辅导、多对多座谈等不同形式，让指导方式更合理；针对学生的具体问题，选择学习动力提升、学习习惯优化、学习方法辅导、学习经验交流、学习问题答疑等不同主题，让指导内容更贴心。此外，通过大数据，我们也能够近乎实时地得到较为详尽而且具有跟踪性的反馈数据，为学业指导阶段性的调整优化提供最新的参考依据。

三、基于大数据的高职学生学业指导的模式创新

在传统数据时代，数据是在周期性、阶段性的评估中获得，学生学业指导相应更多是事后重点群体面对面的辅导。在大数据时代，教育数据的产生完全是过程性的，可实时反映了每一个个体学生的学习变化。通过对教育大数据的采集、处理和分析，探索主动式、交互式、动态发展式等学业指导新型模式，有助于掌握工作主动权，促进师生有效互动，提高学业指导的针对性和时效性。

（一）主动式学业指导模式：实施学业预警并建立学习共同圈

大数据实现过程性评估，通过观察学生学习时间精力投入情况和日常测

试情况，捕捉学生在课堂中的点滴微观行为，我们可以发现学生学习的常态，能够预测学生将遇到的学业问题。此时，化被动适应为主动出击，及时采取学业预警或建立学习共同圈等有效措施[3]，能促进学生学业问题由"事后处理型"向"事前、事中预防型"转变。学业预警重可对在学习中出现的不良行为的学生分类引导、及时干预，并采取部门联动、家校互动和关注学业困难学生心理问题等针对性的防范措施，这样才能收到更好的效果。而建立学习共同圈主要考虑到环境对于个体的成长很重要。因此，把从大数据的实时监测中发现的有同一目标的学生组织在一起，建立共同学习圈。这既有利于指导，又能让有共同困难或者志趣相同的学生通过相互交流、鼓励，提高学习效率，及时解决学习过程中出现的问题。

（二）交互式学业指导模式：搭建师生实时互动网络平台

大数据时代，学生获取信息渠道的多样化和信息传播的扁平化，使得传统面对面的学业指导受到较大挑战。发挥大数据"实时交互"的优势，与时俱进地搭建起学业指导师生互动网络平台，能将大数据时代的网络传播工具变为我们工作的利器。譬如，在网站上开辟"有问必答"栏目，建立"教师在线指导咨询""朋辈学业志愿者研讨室"等QQ服务群，开通具有提问互动功能的微信公众号，将大大方便学生在线学习、交流和探讨，解答学业中的疑惑。又如，在微博、微信盛行的当下，把热心学业指导的老师的微博、微信向学生公开，这样学生就可以通过留言、跟帖等便捷的方式与老师探讨问题。在实际工作中，学生习惯而且乐意用这种方式寻求帮助，而负责的老师在为学生答疑解惑的同时，也能快捷梳理、随时更新学生常问的学习问题，从而提高工作效率。

（三）动态发展式学业指导模式：开发个性化学习服务系统

学业指导不只是阶段性集中式地对学生进行专业化地指导和咨询，而应是动态的包含学生在大学学习生活的全程[4]。大数据让我们更加了解学生学习的轨迹，更详实地记录对其进行学业指导的具体过程。在这个基础上，开发个性化学习服务系统很有必要。这一系统需具备两大功能：一是能跟踪学生学业，全面记录学生学习水平与变化情况，从而帮助学生更好地了解自己的优势和不足，分析原因，找出问题，寻找改进措施，明确发展目标；二是具有对学业指导进行研判的智能思维，能够对跟踪监测的数据进行评估，动态显示学生的发展状况，归纳提炼不同类别学生学业需求的侧重，分析当前学业指导的效果，以利于我们通过信息反馈不断调整和改进指导方式和指导内容，关注现代职业教育的新动向，探索科学的指导策略，从而更好地为学生提供指导和服务，推动人才培养质量的提高。

参考文献

[1] 维克托·迈克－舍恩伯格，肯尼斯·库克耶.大数据时代 [M].盛海燕，周涛，译.杭州：浙江人民出版社，2013：4.

[2] 张欣泉.大数据背景下高校学生学业支持路径探析 [J].山东高等教育，2016（7）：61-66.

[3] 徐翀，吴昊峥.高校开展学业指导工作的探讨 [J].管理观察，2012（7）：109-110.

[4] 周静慧.高校大学生学业指导研究 [D].石家庄：河北科技大学，2014.

信息化背景下高职院校学生管理工作创新研究

学生处 陈柏林

摘 要： 随着信息技术的快速发展，高职院校的学生管理工作也将面临全新的变化和挑战，学生管理也逐渐朝着信息化的方向不断前进。为了促进高职院校学生管理创新，建议提高思想认识、完善信息化体系、提高管理人员素质、完善信息化管理。

关键词： 高职院校 学生管理信息化 问题 建议

高职院校在教育管理方面也开始融入信息化的元素，很多高校开始实行"数字化"方式。在教学、科研、管理和信息公布等环节中，融入了教育信息化的元素。学生管理工作在高职院校管理中处于重要的地位，有效促进高职院校学生管理信息化的构建，已成为目前各个高校亟须推进的项目之一。

一、高职院校学生信息化构建的意义

现代信息技术发展十分迅猛，信息化生活已经覆盖人们生活的方方面面，人们的生活模式、思维形式、工作模式和教育管理模式随之改变。信息化是现在社会发展的主要方向，是促进国家社会发展的核心力量，信息化的强弱关系到国家综合实力的发展。在社会这个大环境中，教育管理是其中的重要环节，因此也需要融合社会信息化的元素，所以推动高校信息化构建已经发展成为各个高校发展的基本准则。高校学生管理工作在高校管理工作中具有举足轻重作用，在一定程度上影响高校的综合能力和学生的综合水平。学生管理的信息化构建也就显得更加重要。使用多媒体、计算机和网络技术来进行现代化和信息化的管理模式，可以有效地提升高校学生管理工作质量，推动高校管理工作又好又快地开展[1]。

二、高职院校学生管理信息化构建过程中存在的不足

随着教育制度的不断变革，过去的学生管理模式、管理制度也在发生改变，依靠人力完成信息的收集、整理、传达的学生管理方式，不但过程繁杂、效率不高、时间耗损较长，而且不能发挥学生的主体价值，形式比较单调，管理比较单一。

（一）对学生管理信息化的认识存在误区，不够重视

虽然现在很多高校都已经把信息化纳入教育的各个环节，但受传统教育思想的影响，很多高校管理人员对学生管理信息化的认识存在误区，对信息化管理认识不到位。例如，认为高校学生管理部门认为学生上网就是所谓的学生管理信息化，认为学生管理部门应该是自动化和"无纸化"管理，还有的学生管理人员对信息化管理认识不到位，采取无所谓的态度，在信息技术学习方面过于懒散，不够积极主动，还有的管理人员对信息化的公开性和及时性认识不到位，学生管理部门对学生管理信息化不够关注，各部门之间的沟通、资源共享效果不够理想，以上存在的问题如果不加以解决，学生管理信息化的实现只能是纸上谈兵。

（二）学生管理信息化体系有待完善，没有形成系统的规划

目前，学生管理信息化体系的实际状况不容乐观。主要体现在以下几个方面。首先，个别高职院校学生信息化构建的目的和计划不够明确，学生管理部门对学生管理信息化没有进行系统的规划和安排，学生的信息管理系统比较单一，内容也不全面。个别院校的各个部门各司其职，利用或是开发适用于自身业务的学生管理体系，系统的种类比较繁多，在管理和使用中给学生造成了极大的困扰。例如登陆招生系统、就业系统、公寓管理、评先评优、团学工作、心理健康档案等管理系统，学生必须运用不同的账号和密码，过程比较复杂。再者，各个部门之间的系统不能相互对接，不能融合，资源也无法实现共享。学生的信息资料不能共享使用，各个职能部门需要多次收集学生的信息资料，导致在人力、物力和财力方面造成了损耗，例如教务系统

和学工系统的资料不能共享；心理档案管理系统和学工系统资料不能共享等；还有的系统软件在开发时，没有进行长远的考虑，使用过程出现速度缓慢、无法自动升级、资料不能共享，系统存在漏洞、系统的效率性较差和使用价值受到影响等问题。

（三）学生管理信息化的管理质量较差，团队综合能力不强

在学生管理信息化过程中，必须融入人性化的因素。学生管理信息化的使用和管理都是依靠人力来完成的，多种技术、软件和硬件都需要管理人员发挥自身的才能来实现。这就要求学生管理人员具备较高的技术和能力。推动学生管理信息化，不但要学生管理人员具备相应的管理能力，还要掌握相关的信息技术才能实现。针对实际情况，个别高职院校的管理人员信息化应用能力不强，在管理方面认识不到位、管理工作效率较低。很多管理人员只是从事简单的文字操作和资料处理，对于信息的收集、处理、整合和公布，还停留在过去的信息处理模式，信息化构建没有实质性的突破。并且，有的学生管理部门所使用的信息管理人员，并不都是计算机管理专业人员或是专业的学生管理人员，他们没有经过专业的培训，日常工作中也没有进行系统的学习，导致学生管理信息化工作效率低，工作效果不明显。

（四）学生管理信息化构建的操作和管理不够全面

现在，虽然很多高职院校都开始推行学生信息化管理，但是在实际操作和管理的过程中，还存在很多的不足。首先，数据的操作过程不合理，数据模式、操作过程比较单调，没有形成系统的标准化制度；再者，管理制度不完善，学生信息化管理的权限层次比较模糊，流程时间比较长，效果不明显，效率比较低。通常情况下，高校学生管理包含了3个层面的内容。高层管理，推动战略管理，也就是对高校学生管理工作和信息资源进行全面的把控，其中有组织构成、资源安排和战略方针等。中层管理，推动高校学生管理工作的顺利展开，其中有实际的设计、组织沟通等内容。最后就是基层管理，实现学生工作管理的全过程，体现在微观管理，各个管理层面的权限和责任划分到位[2]。但现在高职院校学生管理信息化的层次划分不够清楚，因为目标群体的目的性不强，对于学生中的管理在信息化方面不够关注，也就不能形成系统化的管理信息系统，从而对学生管理的质量造成了影响。

三、强化高职院校学生管理信息化构建的相关建议

随着科学技术的飞速发展，高校学生管理也开始融入信息化的因素，学生信息管理工作在高校发展过程中发挥着至关重要的作用。为更好地推动高职院校的信息化构建，强化管理人员的素养显得尤为必要。

（一）改变学生管理人员的意识，提升学生管理信息化构建的水平

学生管理人员首先要意识到学生管理信息化构建的重要性和价值，学校领导人员要注重学生管理信息化的构建，强化信息化构建的认知性，对计算机信息技术知识的宣传进行进一步的强化，有效强化管理人员对信息化在社会经济发展中重要价值的认识。学生管理人员要改变意识，不断改进过去的工作模式，积极学习相关的计算机信息技术，顺应信息技术的发展，并且在平时的管理工作中合理地运用，促进学生管理工作信息化广泛运用，提高工作效率。

（二）学生管理信息化构建需要系统安排，构建健全的系统

学生管理信息体系需要学校领导加以顶层设计和统筹安排，根据学生管理的实际状况，对各个管理机构的信息化构建进行统一化的安排和建设，强化部门之间信息的共享和沟通，减少不同部门之间使用不同平台的情况，加强部门之间的信息交流。还有，要保证学生工作信息系统研究的合理性。开发系统时，需要根据相关的标准来进行，要充分认识到各个软件系统之间的融合性和共享性，保证结构体系的先进性、实效性和稳定性，数据构造的完善性和拓展性。并且，还要不断强化学生管理体系，研究适合学生管理的详细系统和模式，保证系统信息内容的多元化，确保全方位覆盖，数据实现共享。还要根据学生管理的有关管理特点，研究一些具有独特性的模块，保证学生管理工作运行资料更加准确、全面和高效。

（三）强化学生管理信息化团队的构建

在信息化的状态下，学生的管理系统不论多先进，如果学生工作人员的计算机技术不过关，不会利用或是使用学生管理信息体系，学生的管理信息构建都将会是空中楼阁。所以，首先要强化学生管理信息化人才的引进和引导。可以通过多种教育培训、学术交流的方式，更好地实现学生管理人员技术的强化。不断增强信息化观念，对信息化进行明确的责任分工，提升他们使用计算机的能力，强化人才培养的综合素养[3]。而且还要强化人才的资金

投入和服务投入，改善工作环境，构建全方位的激励制度，不断强化学生管理的信息化，激发员工的工作积极性，提升信息管理的水平和质量。

（四）完善学生工作信息化的管理制度，使得信息化管理更加合理化

学生管理信息化构建在管理的过程中，要明确责任，分清界限，进行分层管理，对各级用户的权限和功能进行详细划分。例如高校高级管理层面可以查阅全校学生的信息；部门管理层面可以管理该部门的学生信息；院系辅导员，只可以管理本人权限内的学生信息；学生方面只能查询到自身的信息。各个部门管理层面要合理安排权限分配的问题，要合理运用权限管理，使得学院自然而然成为学生管理的主导者，学生成为自主学习的主体[4]。同时还要发挥其监督的作用，比如学生处要对全校学生的基本信息进行修订，工作通知、各类评奖评优的终审、处分管理等内容进行管理和管控；各院系要收集学生的基本资料、评奖评优的初审、奖学金情况的上报等；学生只需要在网上输入个人信息、各类评奖资料、申请勤工助学岗位等工作。还有，在管理层面上，可以使用分段操作的形式，对于需要多个部门共同配合完成的工作，可以使用流水线式分时段模式，构建各个阶段的操作时间，人们只需要在特定的时间进行相关的操作就可以了。各个阶段的工作在系统中都会有反映，要划分其责任，提升学生的积极性，强化院系和相关工作部门的责任观念。

最后，要构建完善的管理队伍评价系统，其中有工作职责评价和学生整体评价，保证管理团队在实际工作的过程中有所依靠。不但在工作职责、工作安排方面有标准，而且在工作人员数量、工作质量方面也有标准，不断改进该健全工作模式，构建高效的沟通、交流、应用的平台。

参考文献

[1]顾永惠.信息化环境下高职院校人文素质教育研究[J].无锡职业技术学院学报，2017，16（05）：17-21.

[2]曲杉，余航.浅析信息化环境下的高职院校学生管理工作[J].信息系统工程，2016（02）：147.

[3]吴冬.信息化环境与企业合作培养高职院校学生职业核心能力研究[J].中国市场，2015（07）：53-54.

[4]胡珊.信息化环境下的高职院校学生管理工作[J].求知导刊，2015（02）：116.

新媒体时代大学生消极行为纠正探究

计算机工程系　王　伟

继续教育学院　郑继海

摘　要：新媒体时代大学生消极行为的滋长蔓延不仅不利于大学生自身的健康成长，对高校教育教学的改革和人才培养质量的提升也带来了冲击和挑战。如何有效地纠正新媒体时代大学生的消极行为就成了当前高校不得不面对和解决的问题。本文在论述新媒体时代内涵、新媒体时代大学生消极行为的主要表现及其危害的基础上，从学校、教师、学生3个层面提出了相应的治理对策。

关键词：新媒体时代　大学生　消极行为　引导

随着互联网和移动通讯技术的快速发展，青年大学生在不知不觉中就进入了新媒体时代。各种新兴媒体的出现让人应接不暇，网络、智能手机、iPad、博客、QQ、微博、微信等媒体形式和媒体工具（统称为"新媒体"）的出现，极大地改变了高校大学生的学习、生活、娱乐和社交的方式。新媒体在给大学生社会交往和学习生活带来极大便利的同时，也催生了许多对大学生健康成长不利的消极行为：上课玩手机、打游戏、熬夜看视频、沉迷于网络等。若对此放之任之，必将会影响高校良好学风班风的形成和人才培养质量的提升。因此，纠正和防范新媒体时代衍生出来的大学生消极行为就成为当前高校不得不面对和解决的问题。

一、新媒体时代的内涵

新媒体的概念是相对于传统媒体而言的，通常是指采纳新的技术手段、借助新的传播方式、通过新的终端平台和包含新的应用手段的媒体形态[1]。相对于电视、报纸、广播、杂志这四大传统媒体，新媒体被形象地称为"第五媒体"，主要包括网络、智能手机、iPad、博客、QQ、微博、微信等媒体形式或媒体工具。新媒体时代则是指人们的学习、生活、娱乐和社交方式无不受新媒体影响或冲击的某个特定阶段，主要表现为"一个主线""两个载体"和"多个工具"。"一个主线"就是指网络，新媒体时代网络是主线，是核心，离开了网络任何新媒体都无法运转；"两个载体"是指电脑（含手提电脑、台式电脑和iPad）和智能手机等终端设备。任何媒体必须通过一定的载体才能呈现出来，也只有通过载体，网络才能找到它的停靠和出入口，新媒体软件工具的功能才能呈现在用户面前；"多个工具"是指QQ、博客、微博、微信、陌陌等新媒体软件工具，人们就是通过这些软件工具尽情地享受新媒体时代的便利和价值。正是由于新媒体快捷、便利、开放、交互式的特点，新媒体时代传播主体大众化、传播信息多样化、传播用途扩大化、传播速度即时化的特征才真正得以充分的利用[2]。

二、新媒体时代大学生消极行为的主要表现及危害

消极行为是指人们受外部诸多不良因素影响，产生消极思想、懈怠情绪，从而表现出对外在事物诸多不满的、带有负面色彩的行为。新媒体时代，大学生在尽情地享受新媒体带来便利的同时，也衍生出了诸多依附于新媒体时代的消极行为。这些消极行为主要发生在大学生课堂、宿舍、食堂、校园等场所，其造成的危害已经严重影响大学生的学习效率和身心健康以及高校的教学质量，对校园安全也产生了危害。

（一）消极行为的课堂表现及危害

大学生课堂消极行为是指在课堂教学过程中学生最易出现的、处于浅层次的显性消极行为。如上课时间摆弄手机，刷微信、接听电话、玩游戏、看视频、上网聊天、听音乐等[3]。任课老师对此类学生的如此消极行为熟视无睹，放之任之，或者只管学生的出勤率，而忽视学生的课堂行为，任课老师只沉醉于自己的授课过程而无视课堂学生的反应，必然会导致此类消极行为的蔓延和泛滥。不仅影响任课教师的正常教学秩序，影响任课教师的授课质量，最终也会导致学校教学风气败坏。

（二）消极行为的宿舍表现及危害

宿舍是大学生在大学校园出入最频繁，生活时间最长的一个场所。宿舍不仅是大学生休息的地方，还是大学生学习、娱乐的重要场所。自从智能手机、手提电脑、iPad 等新媒体问世后，各种聊天交际软件的创新更是层出不穷。从 QQ、博客、微博到如今风靡神州大地的微信，新媒体工具无不以巨大的魅力吸引着大学生的眼球，甚至让大学生不能自抑或难以自拔。联网通宵打游戏、上网熬夜看电影、躺在床铺上玩手机、刷微信等行为在宿舍极为常见。这不但影响了大学生自身或室友的正常休息，而且长久盯着电脑和手机也会对其视觉神经系统和颈椎腰椎造成严重伤害。身体上的长期疲劳、精神不振、四肢乏力等问题也容易导致抑郁症、忧虑症、臆想症等心理健康疾病的出现，给大学生的学习和管理带来了极大的困扰。

（三）消极行为的食堂表现及危害

新媒体时代，智能手机普及的速度也令人难以置信，大学生每人都有一部智能手机，而且机不离身，课堂上看，宿舍里看，就连打饭排队也低头看手机，一边吃饭一边低头玩手机的景象随处可见。饭菜的味道不再品尝，同学间的交流不再延续。这种极不健康的行为方式不仅有损大学生的身心健康，也不利于同学间的情感交流。表情的木讷，行为的迟缓不说，也使得食堂的用餐效率大大下降。

（四）消极行为的校园表现及危害

校园本是放松身心，舒缓学习紧张的场所。但是，由于新媒体工具的吸引，校园中大学生一边走路，一边低头双眼紧盯手机，刷微博、看微信、发短信、玩游戏的现象极为常见。虽然高校相关管理规章和制度文件对此类行为无法予以明文规范和禁止，但是相应的提示或警示标语也少之又少。事实上，这种行为是一种非常危险的行为，它不仅降低大学生对周围环境的关注度，增加事故的发生率，给和谐平安校园的建设带来较大的安全隐患，也助长了大学生的自我存在感。既损害身体健康，又难以彰显校园生机。孤独、冷漠，缺乏沟通的氛围充斥校园，这对校园文化建设极为不利。

三、新媒体时代大学生消极行为的纠正对策

新媒体时代，大学生消极行为滋长、蔓延，既有损大学生身心健康，又

对学校发展和人才培养极为不利。如何有效纠正新媒体时代大学生的消极行为，使学校、学生回归正常的生活和学习方式，就成为高校必须关注和研究的重大课题。基于行为模式理论的研究和内外因关系理论，作者认为纠正新媒体时代大学生消极行为需要学校、教师、学生三方共同参与，上下联动，协同推进。

1. 学校层面：狠下决心，多措并举，做大学生消极行为治理工作的推动者。新媒体时代大学生消极行为的纠正离不开学校管理层的高度重视和大力推动。学校要从长远发展和人才培养的高度来认清大学生消极行为的危害，以体制机制建设和校园文化发展来杜绝消极行为。

第一，全面开展治理宣传教育活动。纠正工作出成效，宣传教育走在前。为此，高校应大力开展大学生告别新媒体时代消极行为的宣传教育，为进一步防范和杜绝消极行为的顺利推进统一思想、凝聚共识。广泛开展各种形式的，以"远离新媒体时代大学生消极行为"为主题的活动，如研讨会、师生座谈会、演讲比赛、辩论赛、班会等。让全校师生认识到新媒体时代大学生消极行为的严重程度和危害性，进而形成纠正大学生消极行为的共同意识。

第二，制定学生课堂使用手机规范。"手机控"已经成为高校校园中不可忽视的现象，特别是学生在课堂上玩手机，严重影响了教学秩序和教学质量。要解决这一难题，光靠禁止是行不通的，需要进行有效的疏通。最简便的做法就是制定学生课堂使用手机规范，如用手机查阅相关资料，用手机记笔记，进行手机签到，用手机上交作业，建立课程微信或 QQ 群，进行相关问题的讨论，等等，帮助学生正确使用手机辅助课堂学习。另外，也可在教室相关位置设置手机袋，以便让那些自我控制力较弱的学生在上课时不需要使用手机时存放手机。

第三，实行夜间网络限时使用。为了更好地保证大学生夜间休息时间，身心得到缓解，体力得到恢复，高校可实行夜间限时使用网络制度。如晚上23：00 至次日 6：00 停止网络使用，以使学生安心睡眠。既可保障学生的睡眠时长和睡眠质量，又有利于室友间的沟通和了解，促进宿舍内部的和谐。

第四，建立手机使用督导巡查机制。如果制定课堂手机使用规范，正确引导学生使用手机以辅助课程学习以及形成夜间限时使用网络能够有效提升课堂教学效果和保证学生身心健康可以有效预防和杜绝新媒体时代大学生消极行为，那么，该类制度的长期有效实施就需要有一个监督机制。否则，再好的制度也会形同虚设。为此，必须强化督导检查，形成有效的督导巡查机制，实行课堂巡查、校园巡查、宿舍巡查、饭堂巡查。发现问题，及时予以提醒或警告，防患于未然。同时也可以将此类大学生消极行为与学生评优评先结合起来，围堵和疏通相结合，使此种消极行为没有产生的土壤和空间。

2. 教师层面：改进方法，强化能力，做大学生远离消极行为的引导者。教师与学生朝夕相处，对他们最为了解，因此是新媒体时代大学生消极行为纠正的重要参与方。

第一，改进教学方法，增加课堂教学吸引力。新媒体时代，高校课堂大学生消极行为肆意泛滥，除了大学生自制力较弱，难以抵制新媒体诱惑的因素，另外还有一个重要的原因就是教师课堂教学水平不高、教学方式不当，难以吸引学生全身心地投入课堂学习。长此以往，学生就容易将注意力转移到消极行为上来。因此，教师要与时俱进，运用先进教学理念，提高教学水平，改进教学方法，增强课堂教学的趣味性和吸引力，让学生沉醉于课堂教学情景而无法顾及其他，以此杜绝课堂消极行为的产生和蔓延，形成良好的教学和学风。

第二，严格要求自己，加强课堂组织管理。在课堂上，教师要严格要求自己，率先垂范，除了辅助教学外，严禁使用手机，更不能在课堂上玩手机或接听电话。同时，教师除了"传道、授业、解惑"这一天然职责外，对大学生的课堂行为也有组织管理的责任。组织教学也是课堂教学的有效手段，不仅要检查学生的出勤率，对授课过程中大学生的一举一动也要了然于胸，不能一味地沉醉于自己的授课行为当中。既要与学生有知识的疏导，又要与学生进行视觉、听觉的交流，时刻观察学生的状态，提高课堂教学效果。

第三，提升自身修养，发挥榜样示范效应。教师既是学生知识的榜样、道德的楷模，也是学生行为的示范。教师的一言一行、一举一动都会对学生产生示范效应。因此，高校老师要时刻注意自己使用手机的行为，正确使用手机，做好学生的示范和表率。不仅在课堂上，在校园的每一个角落都要率先垂范。不能"乌鸦落到猪身上"，光看到学生的问题而不自知。教师要时刻谨记自己的职责，正人正己，做防范和杜绝新媒体时代大学生消极行为的践行者和示范者。

3.学生层面：提高认识，加强修养，做大学生消极行为的抵制者。辩证唯物主义认为，内因是根据，外因是条件。要想防范和杜绝新媒体时代大学生消极行为，学校和教师的规范和引导毕竟是外因，是条件，要想根治新媒体时代大学生消极行为最终的落脚点必须是大学生。因此提高大学生对新媒体时代产生的消极行为的认识，加强大学生自身修养就是关键中的关键，它直接关系到消极行为的纠正成效。

第一，理性看待，正确使用新媒体。唯物辩证法告诉我们：世界上的任何事物都具有两面性。新媒体也一样，一方面新媒体给大学生学习生活带来极大的便利，另一方面又催生了诸多对大学生健康成长不利的消极行为。大学生对此要有清醒的认识，既要看到新媒体对大学生健康成长"有利"的一面，又要看待新媒体对大学生健康成长"不利"的一面，要用辩证的思维来理性看到新媒体。不能因噎废食，要扬长避短，充分发挥新媒体带来的便利和积极作用，辅助学习，便利沟通。

第二，提升自我修养，努力形成健康文明的生活方式。当前高校"宅男""宅女"现象比较严重。产生这一现象的原因，除了如今大学生大部分为"独生子女"，其成长过程中形成的不愿意与人沟通或难以与人沟通的因素外，另外一个最重要的原因就是科技发展给他们带来的新媒体便利。新媒体时代的到来让他们可以足不出户就可购物、娱乐、学习和交际，以至于大学生的很多行为都可以依赖于新媒体予以实现。再加上市场经济中不良因素的影响和教育制度的失范，"知之为知之，不知百度知"，网络中碎片化的知识获取，使得他们错误地以为可以通过新媒体获取一切他们所需要的知识，业余时间还可以浏览海量信息，玩网络游戏以娱乐等，久而久之，大学生就成为彻头彻尾的"低头族"。要改变这些不良行为方式，必须加强自身内涵建设，提升自我修养，多看一些名人传记，保持高尚道德情操。多参加学校社团活动，积极参与各种知识竞赛、兴趣沙龙，追求健康文明的生活方式。多做"抬头族"，少做"低头族"，真正做新媒体时代大学生消极行为的自觉抵制者。

第三，加强合作意识，自觉遵守学校管理规定[3]。大学生在高校学习生活，不仅仅是为了增长知识，同时也是为了锻炼才干。而才干的养成，除了知识储备外，还要充分利用课余时间积极参加各种社团活动，在活动中锻炼成长。要充分理解学校制定相关制度的初衷和目的，自觉遵守学校的各项规章制度。在制度规范与自由之间找到合适的平衡点，把自己培养成为具有良好品德的"守法人"和具有良好合作意识的"自由人"。

总之，高校要正视对新媒体时代大学生消极行为的滋生蔓延，从战略高度予以关注和警惕，加强防范和纠正大学生消极行为的制度建设和执行力度。以"一万年太久，只争朝夕"的精神，改变从今天开始。协同学校、教师、学生三方主体，注重方法，讲究策略，有效防范和纠正新媒体时代大学生的消极行为，全面实现高校人才培养战略，提高人才培养质量。

参考文献

[1]蔡火风.新媒体时代高校学生突发事件的危机管理研究[D].南昌：江西农业大学，2014.

[2]季海菊.新媒体时代高校思想政治教育研究[D].南京：南京师范大学，2013.

[3]张田，李子运，汪晴晴.大学课堂学生消极行为的成因与对策[J].江苏师范大学学报（教育科学版），2013（3）：59-62.

自媒体环境下高校思想政治教育亲和性研究

媒体传播系 赵韵姬

摘 要：随着自媒体技术的迅速发展，高校思想政治教育面临的机遇与挑战并存，从而导致高校思想政治教育工作受到了前所未有的冲击。高校辅导员作为高校思想政治教育工作的骨干力量，必须充分认识自媒体的价值，提升媒介素养，加强渠道建设，积极利用自媒体的资源平台，加强对学生的媒介素养教育，拓展教育途径，以提高其育人的有效性和思想政治教育的亲和性。

关键词：自媒体 高校辅导员 思想政治教育

在2016年12月7日至8日北京召开的全国高校思想政治工作会议中，习近平总书记指出："思想政治工作从根本上说是做人的工作，必须围绕学生、关照学生、服务学生，不断提高学生思想水平、政治觉悟、道德品质、文化素养，让学生成为德才兼备、全面发展的人才。""做好高校思想政治工作，要因事而化、因时而进、因势而新。要运用新媒体新技术使工作活起来，推动思想政治工作传统优势同信息技术高度融合，增强时代感和吸引力。"[1] 近年来，QQ、微信、微博、MSN 等自媒体已经在现代大学生当中高度普及，自媒体时代给大学生思想政治教育创新带来了新的机遇，但与此同时我们也能看到它带来的严峻挑战。在新视阈下构建大学生自媒体思想政治教育平台，抢占自媒体这一新的传播阵地，掌握自媒体思想政治教育的主动权，成为新时期大学生思想政治教育又一新途径。

一、自媒体的内涵

"自媒体"概念是硅谷著名的 IT 专栏作家丹·吉尔默在2002年提出的。他认为新闻媒体第一代是指传统媒体或旧媒体，第二代是指新媒体或者叫跨媒体，而第三代就是以博客、微博为代表的自媒体。2004年7月，丹·吉尔默对"自媒体"概念做了深入的阐述。他认为，自媒体是伴随着互联网新技术不断发展而产生的一种交互式媒体报道方式，这种新报道形式的提供者不再是原来的一个人或几个人，而是综合了不同层次、不同经历的共同思想成果，其传播方式也实现了由"点到面"向"点到点"的转变[2]。结合近几年的发展可见，"自媒体"就是用以博客为代表的网络新技术（还包括 Wike、SMS、可摄像手机、在线广播、P2P、RSS 等）进行自主信息发布的那些个体传播主体。

二、自媒体给高校辅导员思政工作带来的挑战

自媒体是一把"双刃剑"，给高校辅导员工作带来便利的同时，也带来了挑战。

（一）自媒体多元化的特点增加辅导员思政工作的难度

自媒体与大学生的亲密接触，正在日益改变着他们的价值观念和思维方式。自媒体的特点注定不同意识形态的信息、虚假信息、具有蛊惑性质的等不良信息便充斥在各种自媒体间，对于认知和视野都有限的大学生而言，辨别、区分这些信息并非易事。如果不能加以正确的教育和引导，很有可能会造成部分青年学生价值观念的迷失，政治信仰的淡化，直接导致其价值观念的多元化，影响其身心成长。在社会加大力度规范自媒体使用行为的背景下，在高校教育中如何教育和引导大学生确立健康的人格和伦理道德，是自媒体背景下大学生思想政治教育的又一重要课题。

（二）自媒体交互性的特点弱化辅导员思政工作的主渠道功能

在以往的大学生思想政治教育过程中，高校通过课堂教学将信息传递给学生，他们作为传播的主体，控制着信息传播的主导权，传播途径相对单一，课堂是学生获取重要信息的主要渠道之一，学生对老师的信任度极高。而自媒体的出现打破了高校等思想政治教育主体的信息垄断，任何人都是麦克风，

都有自己的地盘和话语权，不仅可以随时发布信息，还可以参与到各类重大时事和评论当中。传统的"你讲我听""事后治理""居高临下"的高校思想政治工作方式，不仅不易被学生接受，甚至还可能使之产生逆反心理，辅导员开展思想政治教育工作方式改革势在必行，在教育工作亲和力上还需下很大功夫。

（三）自媒体信息化的特点降低辅导员的信息主导地位

高校辅导员所使用的传统思想政治教育话语，大多因为信息滞后、说教味太浓等特点显得创新乏力、吸引力不足。自媒体时代下，学生可以通过手机、电脑等终端随时随地了解社会资讯，选择学习自己感兴趣的内容，实现了与辅导员老师同步掌握信息，使辅导员失去了其话语来源的知识优先权。受教育者的自我判断力、自主性和独立性增强了，他们不再迷信教育者的说教，而是通过与教育者的平等对话表达自己的意志。这意味着在自媒体时代，大学生可能先于教育者获取了更全面的信息，高校辅导员因丧失了以往的信息优势、技术优势而导致其信息主导者的地位全面降低。

三、自媒体给高校辅导员思政工作带来的机遇

自媒体给高校辅导员思想政治教育工作带来的机遇包括以下2个方面。

（一）自媒体提供了新的有效载体，扩展了辅导员思政工作的合力

自媒体信息传播平台，具有传统媒体所不具备的交互性和新颖性，发挥自媒体技术资源丰富、传输便捷不受时间和空间限制的优势，可以随时随地开展思想政治工作，使思想工作摆脱时间、空间的限制，为大学生思想政治工作提供崭新的、更加广阔的平台，提高思想政治教育的质量和效率。例如自媒体如微信中功能群聊、文件共享、订阅公众号、朋友圈等为师生通过这一新式交流平台可以完成传达思想政治教育话语和日常交流的工作，既能及时的传递信息，形成潜移默化的教育，又可以实现无障碍交流，形成良好互动。这不仅创新了思想政治教育话语的交流模式，改善了主客体间的关系，又大大增强了学生的广泛参与性，使辅导员思政工作合力影响得以扩张。

（二）自媒体提供了更轻松的互动平台，提升了辅导员思政工作的张力

自媒体的一个重要特点就是交流的隐秘性和针对性，大学生通常愿意在微信上开展各种活动，诸如交际、阅读、体悟、发泄等，但却也正是高校思

想政治教育的盲区，辅导员可以向他们发送特定的教育信息，一对一地对学生进行答疑，增强工作的有效性和针对性。自媒体并非单一渠道的自我表达，而是实现了信息生产中和受众之间的平等参与及角色互换，提高受众的积极性和自主性。自媒体时代的高校辅导员必须要有自己的"媒体"，通过微博、微信、博客阐述个人经历及对社会问题的认识，同时使用语音信息、表情信息、图片信息等新型话语方式，向学生传递出更立体、更鲜活、更真切的信息，增加思想政治教育话语的趣味性和吸引力。

四、自媒体环境下高校辅导员开展思想政治教育的路径

自媒体已成为社会发展的主要特征之一，高校辅导员要主动顺势而为，充分利用其优势开展思想政治教育工作，采取有效措施规避其风险，提高思想政治教育实效性。

（一）提升媒介素养，增强教育时代性

党的十八大报告中指出："全面贯彻党的教育方针，坚持教育为社会主义现代化建设服务、为人民服务，把立德树人作为教育的根本任务，培养德智体美全面发展的社会主义建设者和接班人。"而要实现"教育为社会主义现代化建设服务、为人民服务"，首先教育应该是现代的，教育现代化的前提必然是教育理念的现代化。新时期高校辅导员作为思想政治教育的骨干力量，要想准确把握大学生的思想动态，首先需要了解这一新的媒介属性、时代特点和信息传播的规律，要通过学习和培训不断提升自己驾驭新媒体技术的能力，并将其熟练运用到日常的思想政治教育工作中去。如在日常事务管理中，辅导员可以利用QQ、微信文件传达、信息公布、重要通告及紧急事件处理的工作等，既能使信息准确及时地传递给学生，又能节约各方用于开会的时间。其次，辅导员要密切关注网络文化发展动态，将书本内容与社会热点、学生的实际生活相结合，并通过自媒体加强与学生的沟通与交流，及时了解学生对于教学过程中存在的问题和疑惑，增强思想政治教育课堂的针对性、趣味性和互动性。再次，辅导员要努力成为学生的"领航员""引路人"。鉴于以微信平台为代表的新媒介的迅速推广和应用，每个人都成为信息的传播者，都会对信息辐射范围内的其他人带来或正向或负向的影响。因此，辅导员不止要做信息的发布者，传播正能量。最后，针对网络谣言泛滥的情形，辅导

员也应该充当好大学生网络行为的"守门人"。时刻警惕学生网络失范现象的发生，同时培养大学生"意见领袖"，以学生党员、学生干部、社团干部等学生骨干为依托，选拔与培养一批在大学生中思想先进、学习优秀、道德高尚、态度端正的在各自领域内有影响力、号召力的骨干分子，建立各自的自媒体信息平台，发挥他们在现实生活与网络环境中的模范带头作用，成为学生中的"意见领袖"。

（二）尊重个性化发展，提高教育针对性

在自媒体时代下，每个个体都能成为话语的主体，他们鲜明的性格和个性特征使他们在各自的朋友圈内占据独特的位置。同样，在高校思想政治教育实践中，对于高校辅导员来讲每个大学生因其家庭背景、社会环境或儿时经历等因素的不同，都或多或少地有着区别于其他个体的特点。因此，在实际工作中，辅导员要真正走进大学生的内心，必须加大对自媒体信息平台的监管，密切关注QQ、微博、微信等大学生真实地表达自我的虚拟平台，善于观察每个学生的家庭、心理、人际关系等情况，及时发现问题，因材施教，让学生切实感受到老师的真切关系，心悦诚服地认可和接受思想政治教育。

（三）建立自媒体平台，增加教育实效性

自媒体凭借时效性极强，覆盖面广的特点，成为众多高校选择宣传的载体。例如，我院官方微信公众号，包括"微校园""微服务""微社区"该微信公众账号所发布的内容几乎覆盖了全院学生的学习生活的方方面面，包括校园资讯、学生服务、成绩查询、招聘信息等。该订阅号也在根据学生的实际需要和反馈不断地调整中。学生可以随时随地了解到学校的最新活动计划，与学校沟通，反映问题。学校也可以借此平台了解学生中所存在的问题，及时沟通解决，防患于未然。作为高校辅导员，应与高校官方自媒体协同发挥作用，应密切关注微信文化的发展动态并据此更新话语讲授方式，主动把握教育的"微时机"，搭建教育"微平台"和构建教育"微讲堂"等，把讲台搬进微信，打开自媒体的沟通与交流渠道，形成持续的影响力。例如，本人所在院系的微信公众号善于定期发布贴近学生实际的各类文章，及时更新院系活动动态，发起线上活动如"想对老师说的话"，每期一个或几个老师的师生寄语，深受学生喜爱与好评。

（四）整合沟通途径，实现线上、线下联动教育

传统的高校辅导员开展思想政治教育主要通过开班会、个别谈心等面对面的线下方式进行传递的，而QQ、微信等自媒体的出现为高校思想政治教育工作提供了一个新平台，使辅导员的思想政治教育工作突破了时空界限，可以随时随地开展群体教育和个体教育，为新时期网上思想政治教育的开展提供了机遇。但无论是线下还是线上教育，其最终目标都是为了促进学生的成长成才，其出发点和落脚点是统一的，线下教育是线上教育的基础，而线上教育是线下教育的延伸和补充。例如笔者在新生入学教育时，采取了体验式教学模式，将传统的基本目标分解为六大模块：（1）专业认知（2）入馆教育（3）挫折教育（4）人际关系教育（5）安全意识培养（6）熟悉校园环境。体验式新生入学教育的基本过程为以下3个环节：（1）学生分组亲身体验（2）小组老师引导分享（3）学生思考总结。使新生在直接体验中得出相应的结论，对于弥补学生理性认知疲惫，提高认知效果具有十分重要的作用。此外，辅导员进行思想政治教育时，应当鼓励和引导学生积极参与大学的各种体验，包括课堂讨论、宿舍生活、课外活动、校外兼职等，通过体验式学习，增强自我发展意识[3]。因此，高校辅导员应抓住机遇主动适应并改变，整合沟通方式与学生建立起广泛、有效的沟通，实现线上教育与线下教育的有机融合，使思想政治教育更灵活有效，更具亲和力。

参考文献

[1] 习近平. 把思想政治工作贯穿教育教学全过程 [N]. 新华社，2016-12-08.

[2] 张美玲，罗忆. 以微博为代表的自媒体传播特点和优势分析 [J]. 湖北职业技术学院学报，2011-14（1）：45-49.

[3] 王鹏，陈岸涛. 美国高校学生事务管理文献研究及启示 [M]. 北京：高等教育出版社，2014.9.

第二篇　实践探索

调研报告

　　"没有调查，没有发言权"，"要有正确的措施，就要做调查研究工作"，调查研究是我们党长期坚持的工作传统和优良作风。调查研究也是高校开展德育工作的重要手段和途径。学校教师、学工人员、学生等通过开展大学生思想动态、学情、养成教育现状等方面的调查研究，为学生管理部门开展工作、制定决策提供现实依据，为学校德育工作夯实基础。本书选择了5篇近年来我校学工队伍开展的优秀调查研究报告，从人文素质、志愿服务、勤工助学、精神家园、学习投入度等方面进行了较为全面的调查和统计分析，为我校德育工作和学生教育管理工作提供了详实的状态数据和合理化建议。

东莞职业技术学院学生参与志愿服务的调查分析

计算机工程系 刘 伊

志愿服务是大学生在实践中体验公民道德、培养公民责任的良好渠道。为更好地将我校志愿服务与教书育人有机结合，根据东莞市2016年哲学社会科学规划立项资助课题《东莞志愿者服务发展状况及机制优化调查》的调研，对我校志愿组织和志愿者的调查问卷进行了整理和分析，提出以下观点和建议。

一、调查对象与方法

此调研报告的数据抽取自东莞市2016年哲学社会科学规划立项资助课题《东莞志愿者服务发展状况及机制优化调查》的调研数据。该调研的调查对象为东莞市各镇街志愿服务组织、各高校中的志愿者，参与调查的高校志愿者为东莞市七所高校的769名学生，其中东莞职业技术学院151人，涉及10个二级院系，报告正是基于这151人的调查数据分析撰写而成。

二、我校学生参与志愿服务的主要特点

近年，我校志愿服务工作得到长足发展。目前，我校学生在东莞志愿者网注册的志愿者累计达8777人，志愿组织19个，服务时长18432小时，组织或参与志愿服务项目达272个。我校志愿服务主要有以下几个特点。

（一）志愿者总体参与度较高，部分志愿者参加活动有阻力

随着志愿服务的普及，参与志愿服务活动逐渐成为东职校园新风尚。调查显示，15.23%的调查对象从事志愿服务2年以上，1—2年的达31.79%；参

加志愿服务活动的频率达每周一次或双周一次的比例为30.46%，每月一次或双月一次的比例为17.22%；每次参加志愿服务的时间达4—8小时或以上的占9.27%，2—4小时的占57.62%；84.11%的调查对象愿意在未来5—10年内继续参加志愿服务活动。

同时，37.09%的调查对象认为服务中有阻力，而其中，89.29%为时间因素，即志愿服务的时间与个人生活或工作学习相冲突；其次为组织因素——"缺乏强有力的组织，没有很好的培训"的达23.21%；认为是制度因素——"对志愿者权益的保障比较欠缺"的达16.07%。此外，也有志愿者把"参加志愿服务还要花钱"（8.93%）作为阻力因素，这值得我们重视（见表1）。

表1 我校志愿者参加志愿服务存在的主要阻碍因素（N=56，多选题）

阻碍因素	频数	有效百分比
时间因素，与个人生活或工作学习相冲突	50	89.29%
经济因素，参加志愿服务还要花钱	5	8.93%
家庭因素，家人不支持	3	5.36%
朋友因素，朋友们不理解	1	1.79%
社会因素，多数人对志愿者有偏见，志愿者不被别人尊重	1	1.79%
法律因素，志愿服务中涉及的双方的权责不明确	1	1.79%
制度因素，对志愿者权益的保障比较欠缺	9	16.07%
组织因素，缺乏强有力的组织，没有很好的培训	13	23.21%
认识因素，某些志愿服务仅流于形式	3	5.36%
其他	1	1.79%

（二）志愿服务活动领域较为广泛

近年来，我校大学生志愿服务活动领域在不断拓展，主要包括：弱势群体服务（如老年人、残疾人、儿童等）、大型活动或赛会服务、科普宣传、环境保护等（见表2）。

表2 我校各志愿组织从事的志愿服务领域（N=18，多选题）

志愿组织的服务领域	频数	有效百分比
弱势群体服务（如老年人、残疾人、儿童等）	11	61.11%
社区服务	5	27.78%
大型活动或赛会	13	72.22%
环境保护	8	44.44%
灾害救援	4	22.22%
心理咨询	8	44.44%
科普宣传	9	50.00%

（三）绝大部分志愿者以积极心态参与志愿服务，在服务中收获快乐

在参加志愿服务的动机方面（见表3），83.44%的受访者选择"出于社会责任和履行公民义务"，49.01%的受访者选择"令生活更加充实增加社会见识"，22.52%的受访者选择"有助于找工作拓展人际交往"，可见学生参加志愿服务活动的主要动机是追求服务社会以及自身发展。而且对志愿服务的认知度和参与热情都很高，普遍是自己"主动"寻找参与机会。

表3 我校志愿者参与志愿服务的动机（N=151，多选题）

参与志愿服务的动机	频数	有效百分比
帮助有需要的人出于社会责任、履行公民义务	126	83.44%
消磨空闲时间	27	17.88%
令生活更加充实增加社会见识	74	49.01%
有助于找工作拓展人际交往	34	22.52%
培养组织及领导才能	11	7.28%
发挥自己的潜能	8	5.3%
能使自己有成功感和满足感	13	8.61%
单位组织的，不得不参加	4	2.65%
受亲友影响参加的	5	3.31%

被问及"支撑您做好志愿服务的最大动力是什么"这个问题时，回答"在帮助他人的同时，扩大交际圈，丰富生活体验"和"能够获得社会大众的认同与赞扬"的最多，各占28.48%。这说明志愿者不仅需要社会激励，还需要形成自我激励。他们最关注的社会激励因素是得到社会认可和尊重，最重视的自我激励因素是自身成长和快乐。

实际上，52.98%的受访者表示在参加志愿服务的过程中总是感觉很快乐；40.4%的受访者表示大部分时间都是快乐的；3.97%的受访者表示参加志愿服务时感受复杂，说不清是什么心情；1.98%的受访者表示在参加志愿服务的过程中经常感到不快乐或非常不快乐。这也进一步表明志愿者越来越注重参与志愿服务过程中的心理感受，更多的是追求一种快乐感和幸福感（见图4）。

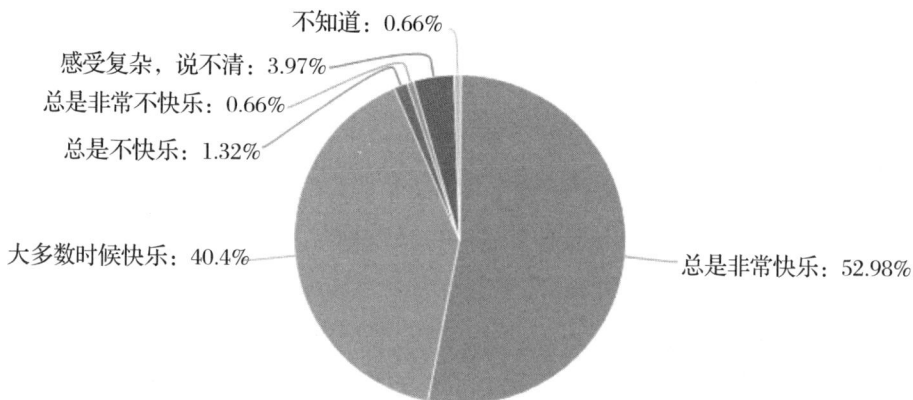

不知道：0.66%
感受复杂，说不清：3.97%
总是非常不快乐：0.66%
总是不快乐：1.32%
大多数时候快乐：40.4%
总是非常快乐：52.98%

图4　我校志愿者参与志愿服务的心理感受

三、我校志愿服务工作存在的主要问题

调研发现，我校志愿服务工作在取得可喜成绩的同时，也存在如下主要问题。

（一）志愿者数量大，但是活跃的不多

志愿者人数持续攀升，在东莞志愿者网注册的志愿者累计达8000多人，但是能够经常参加活动的却较少，仍局限于志愿组织的干部和干事，很多学生参加志愿服务取得了相应的时数和分数就退出志愿队伍。所以，志愿服务激发学生热情、扩大学生视野、锻炼学生能力、提升学生素质的积极作用无法充分体现。

（二）志愿队伍缺乏代际传递

志愿者在毕业后与在校生志愿者基本没有联系，没有再参与过学校的志愿服务，也没有回学校与师弟师妹交流，传授志愿服务经验，"传帮带"的局面尚未形成。

（三）创新性服务较为缺乏

很多基层志愿组织满足于有活动、有服务、有形式的状态，缺乏细致的前期调查，没有深入社区、农村了解群众的切实需求，没有询问和关注学生参与服务的动机。目前的项目还是上级布置多、移植项目多，缺少志愿者参与策划和设计的新颖项目，很需要加强专业指导，从理念传播、知识普及、技能发展、体验成长的多角度，为学生提供支持。

（四）组织形式不够灵活

目前我校志愿组织的形式仍然较为单一化，即在志愿服务中心下面依托系、班建立服务队，缺少师生自主建立、灵活多样的组织类型。按社会治理发展的要求，学生更需要在自主自由、灵活新颖的组织中激发才能、锻炼能力。

（五）志愿服务激励机制需要完善

调查显示，我校各志愿组织在招募志愿者时遇到的最大困难是"志愿者积极性不高"（66.67%），在组织志愿活动时遇到的主要困难是"志愿者难招募"（83.33%），92.06%的受访志愿者认为建立和完善志愿者激励机制"很有必要或有必要"。这些数据反映出建立和完善志愿者激励机制的必要性和紧迫性。

四、加强和改善我校志愿服务工作的对策与建议

根据我校志愿服务工作的调研数据与分析，借鉴其他高校志愿服务的好经验、好做法，提出以下改进对策。

（一）鼓励成立各类专门志愿服务学生社团，开展特色志愿服务

鼓励学生根据各自兴趣爱好、专业特长，成立青少年服务、社区服务、扶老助残、科技普及、文化宣传、环境保护、支教助学、网络文明等专门志愿服务组织。指导志愿组织主动对接社会实践基地和志愿服务项目，开发适合学生参与、匹配学生兴趣的校外志愿服务项目。

（二）立足学校、社区就近就便开展志愿服务

围绕文明校园建设、依托学校公共服务场所设立志愿服务岗，鼓励学生

积极参与提升校园文化、美化校园环境等志愿服务。鼓励学生立足困难学生迫切需求，主动为其提供学业辅导、亲情陪伴等校内互助志愿服务。鼓励学生志愿组织依托纪念馆、博物馆、图书馆、文化馆等群众文化活动场所以及家庭综合服务中心、康园工疗站等社区服务阵地，通过"结对＋接力"方式常态开展志愿服务。

（三）完善激励制度，保障长效发展

学生志愿者参与服务的同时，对于激励的需求也越来越明显，应该借鉴其他高校的成功经验，设计科学合理的激励制度，通过嘉奖、激励、优惠、回馈等多样化的形式，吸引广大学生持久参加志愿服务。

（四）加强学生志愿服务理论研究

科学的理论能够有效地指导实践。我校需加强学生志愿服务工作研究，建立由相关教师和学生相结合的志愿服务研究团队，开展工作交流，推进信息和资源共享，为开展学生志愿服务活动提供理论指导和实践指南。

附：东莞志愿者服务与发展状况调查问卷（高校版）

请选择您所在的高校：

A、您的个人基本信息

1. 您的性别是：

[1] 男　　　　　　　　[2] 女

2. 您的年龄段：

[1]18 岁以下　　　　　[2]18—25 岁　　　　[3]26—30 岁　　　　[4]31—40 岁

[5]41—50 岁　　　　　[6]51—60 岁　　　　[7]60 岁以上

3. 您的户籍所在地：

[1] 东莞市　　　　　　[2] 广东省内东莞市以外　　　　[3] 其他省市

[4] 港澳台　　　　　　[5] 其他国籍

4. 您的政治面貌是：

[1] 中共党员　　　　　[2] 共青团员　　　　[3] 群众　　　　[4] 民主党派

5. 您的受教育程度是：

[1] 初中及以下　　　　[2] 高中　　　　[3] 大专

[4] 本科 [5] 硕士及以上

6. 您在东莞居住年限：

[1] 1年及以下 [2] 2—3年 [3] 4—5年

[4] 6—9年 [5] 10年及以上

B. 您的志愿服务经历

7. 您参加的志愿服务主要是有哪些机构组织：（可多选）

[1] 政府系统

[2] 共青团系统

[3] 工会、妇联等其他群团系统

[4] 志愿者联合会、志愿者协会等民政局登记注册的志愿者组织

[5] 非政府组织（NGO）、非营利组织（NPO）等民间团体组织

[6] 自发的志愿者团体组织

[7] 个人行为

[8] 其他（请注明）：

8. 您从事志愿服务的时间：

[1]2年以上 [2] 1—2年

[3]1年内，10次以上 [4]1年内，10次以下

9. 您主要是通过什么渠道获得志愿服务的信息的：（可多选）

[1] 工作（学习）单位相关部门（如文明办、团委、妇联等）的信息公告

[2] 志愿服务组织（协会、NGO 组织等）的现场招募

[3] 同辈群体（朋友、同学）及其他志愿者转告

[4] 所在社区的宣传

[5] 报纸、电台、电视等媒体

[6] 网络

[7] 其他（请注明）：

10. 您会选择在什么时间参加志愿活动：（可多选）

[1] 工作（学习）闲暇时（工余或课余时间）

[2] 节假日（包括寒暑假）

[3] 重要节日或赛会

[4] 只要需要、什么时间都可以

[5] 不一定

[6] 其他（请注明）：

11. 您参与志愿服务频率是：

[1] 每周一次或双周一次　　　　[2] 每月一次或每两月一次

[3] 一年一次　　　　　　　　　[4] 只在特定时间或节日

[5] 只有单位组织时才参加　　　[6] 经常参加

[7] 偶尔　　　　[8] 从不　　　[9] 其他

12. 您一般每次参与志愿服务的服务时间是：

[1]2 小时及以下　　　[2]2—4 小时　　　[3]4—8 小时

[4]8 小时以上　　　　[5] 不固定

13. 您参加过的志愿服务主要有以下哪些内容：（可多选）

[1] 帮助低收入阶层、贫困阶层的生活服务

[2] 帮助外来务工人员的服务

[3] 大型会展、大型活动服务

[4] 社会突发事件的服务

[5] 青少年教育与心理咨询服务

[6] 妇女、儿童权益保护服务

[7] 艾滋病、吸毒等特定人员的服务

[8] 环境保护与美化服务

[9] 社区治安、纠纷调解等社会安全服务

[10] 帮助孤、寡、残疾人的服务

[11] 文明劝导服务

[12] 其他（请注明）：

14. 请问您为什么要参加志愿服务？最主要的两个原因是什么：（请选 2 个）

[1] 帮助有需要的人　　　　[2] 出于社会责任、履行公民义务

[3] 消磨空闲时间　　　　　[4] 因为宗教信仰

[5] 令生活更加充实　　　　[6] 增加社会见识

[7] 有助于找工作　　　　　[8] 拓展人际交往

[9] 培养组织及领导才能　　[10] 发挥自己的潜能

[11] 能使自己有成功感和满足感

[12] 单位组织的，不得不参加

[13] 受亲友影响参加的

[14] 其他（请注明）：

15. 参加志愿服务活动后，您认为您加入志愿组织的最初想法

[1] 已经得到实现　　　　　　[2] 尚未实现，但相信将来一定会实现

[3] 实现不了，已经改变了最初想法

[4] 实现了部分　　　　　　　[5] 不清楚，没想过

16. 支撑您做好志愿服务的最大动力是：

[1] 能够获得社会大众的认同与赞扬

[2] 能够获得荣誉感和成就感，实现自我价值

[3] 要充分发挥党员的先锋模范作用

[4] "好人有好报""行善积德"的朴素观念

[5] 在帮助他人的同时，扩大交际圈，丰富生活体验

[6] 其他（请注明）：

17. 您对您所参加的志愿服务活动的评价是：

[1] 十分有意义，收获很多

[2] 工作量大，透支个人精力

[3] 工作难度大，超出能力范围

[4] 与预期的效果相差甚远

[5] 形式大于内容，实质性不强

[6] 双方（服务方）都不满意

18. 在参与志愿服务的过程中，您的心理感受是：

[1] 总是非常快乐　　　　[2] 大多数时候快乐

[3] 总是不快乐　　　　　[4] 总是非常不快乐

[5] 感受复杂，说不清　　[6] 不知道

19. 在服务过程中，您是否经常与其他志愿者交流或互助？

[1] 经常交流　　　　　[2] 有交流　　　　　[3] 参加活动时交流

[4] 很少交流　　　　　[5] 不交流

20. 您对目前所接触的志愿者的总体印象是：

[1] 服务热情周到，切实做了很多实事

[2] 服务流于形式，有困难时却找不到志愿者

[3] 不清楚

[4] 其他（请注明）：

21. 您参加志愿活动是否有阻力？

[1] 有　　　　[2] 没有（选此项请跳过第24题）

22. 如果有，主要的阻碍因素有哪些？（ ）[多选题]

A. 时间因素，与个人生活或工作学习相冲突

B. 经济因素，参加志愿服务还要花钱

C. 家庭因素，家人不支持

D. 朋友因素，朋友们不理解

E. 社会因素，多数人对志愿者有偏见，志愿者不被别人尊重

F. 法律因素，志愿服务中涉及的双方的权责不明确

G. 制度因素，对志愿者权益的保障比较欠缺

H. 组织因素，缺乏强有力的组织，没有很好的培训

I. 认识因素，某些志愿服务仅流于形式

J. 其他（请注明）

23. 在未来一个较长时期（5—10年），您是否愿意继续参加志愿服务活动？

[1] 愿意　　　　[2] 不愿意　　　　[3] 不确定，看具体情况

24. 如果让您选择志愿服务项目，您最看重哪个方面？

[1] 符合自己的兴趣

[2] 需要具备一定程度专业性

[3] 服务项目受关注

[4] 能发挥自身特长

[5] 能实实在在地帮助人

[6] 没有什么要求，服从安排

25. 提供志愿服务时，您看重的是：

[1] 服务质量　　　[2] 服务环境　　　[3] 服务态度

[4] 服务内容　　　[5] 服务地点　　　[6] 服务次数

[7] 其他（请注明）：

26. 在您参加的志愿服务中，下列的保障是否提供过？（请在相应的格内打√）

	每次都有	大多数服务有	部分服务有	未有过
与机构签订相关协议，明确志愿者责任与相关权利				
对志愿者进行管理、监督、指导				
为志愿者提供相关培训				
对志愿者的服务提供评估和奖励				
提供正式的志愿服务证明				
为志愿者提供基本补贴（如交通补贴等）				
为志愿者提供相应装备（如志愿者衣服等）				
为志愿者提供人身保险				
服务出现问题时的应急制度				

27. 你认为志愿活动前的培训重要吗？

[1] 非常重要　　　[2] 比较重要　　　[3] 重要

[4] 一般　　　　　[5] 不重要　　　　[6] 不知道

28. 您最希望得到的培训：[最多选择3项]

[1] 志愿服务理念　　[2] 服务项目开发　　　[3] 相关政策法规

[4] 服务专业技能　　[5] 资金筹集　　　　　[6] 团队意识

[7] 安全健康知识　　[8] 其他（请注明）：

29. 参与志愿服务时，个人要承担部分费用，您认为：

[1] 应该完全奉献

[2] 可以承担少部分，大部分由组织负责

[3] 应该全报销，出力不出钱

[4] 自己要花费用就不参与

30. 对于志愿服务期间的补贴，您同意下列哪种看法：

[1] 不需要任何补偿

[2] 只报销与志愿行为相关的开支

[3] 报销的基础上，有适当的奖励

[4] 报销费用、有适当奖励，且在个人经济困难或支出较大时有一定的报酬

[5] 说不清

31. 您认为是否有必要建立和完善志愿者激励机制？

[1] 很有必要　　　[2] 一般有必要　　　[3] 没有必要　　　[4] 没有思考过

32. 您希望用什么样的方式激励您的出色表现？（可多选）

[1] 物质奖励

[2] 口头或书面认可，得到荣誉，被树为榜样

[3] 能力被信任，更多锻炼机会

[4] 晋升志愿者职务的机会，参与服务队管理

[5] 所在团队获得团队荣誉

[6] 其他（请注明）：

33. 您对近五年东莞市志愿服务工作的总体评价是：

[1] 成效很大　　　　　[2] 成效比较大　　　　　[3] 成效一般

[4] 成效很小或没有成效

34. 您对今后志愿服务工作有何期待：（可多选）

[1] 希望志愿者组织可以发掘志愿者的才能、特长，安排与其兴趣、才能相匹配的岗位

[2] 希望志愿者组织可以多进行基本理念服务知识与技能培训

[3] 希望志愿者组织可以更多地明确志愿者应承担的责任并充分保障志愿者所享有的权益

[4] 希望志愿者组织可以更多地举办分享交流会、联谊会等活动

[5] 希望志愿者组织可以更多地对志愿者进行心理调适

[6] 完善对志愿者的激励机制，加强对志愿者的表彰与奖励

[7] 其他（请注明）：

东莞市志愿服务组织发展现状调查问卷（高校版）

1. 您所在的高校是　　。

2. 贵组织所属类别为：

A. 志愿者协会　　　B. 志愿服务中心　　　C. 志愿服务总队

D. 志愿服务队　　　E. 志愿服务站

3. 贵组织从事的志愿服务领域有哪些：[多选题]

A. 弱势群体服务（如老年人、残疾人、儿童等）　　B. 社区服务

C. 大型活动或赛会　　　D. 环境保护　　　E. 灾害救援

F. 心理咨询　　　G. 科普宣传　　　H. 其他（请注明）

4. 贵组织最近一年的志愿者人数：

A.50人以下　　　B.50—100人

C.100人以上　　　D. 其他（请注明）

5. 贵组织志愿者招募程序：

A. 较为规范　　　B. 一般

C. 不太规范　　　D. 其他（请注明）

6. 贵组织志愿者的招募途径包括：[多选题]

A. 发书面通知　　　B. 制作海报宣传

C. 开会动员　　　D. 社交网络平台（包括论坛、微信等）

E. 其他（请注明）

7. 贵组织志愿者招募是否需要经过选拔？

A. 不需要，报名即可　　　B. 需要选拔，但不严格

C. 需要严格选拔

8. 贵组织按项目招募志愿者时遇到的困难有哪些：[多选题]

A. 志愿者积极性不高

B. 缺乏必要的资金和物质保障

C. 志愿者招募宣传力度不够与正常工作时间冲突

D. 其他（请注明）

9. 贵组织中是否有专职的志愿者管理人员及相关管理制度：

A. 有，比较完善　　　B. 有，但不完善

C. 基本没有　　　　D. 其他（请注明）

10. 贵组织是否对志愿者进行过培训：

A. 有简单培训　　　　B. 进行过简单说明

C. 没有培训　　　　D. 其他（请注明）

11. 贵组织在志愿服务活动开展之前对志愿者进行培训吗？

A. 每次都会有培训

B. 大多数活动会有培训

C. 无培训

12. 贵组织在志愿服务活动中的培训内容包括哪些：[多选题]

A. 志愿服务的基本信念

B. 志愿服务基本知识

C. 志愿服务所需的专业能力

D. 明确志愿者的责任与相关权利

E. 培养志愿者的应急处理能力

F. 其他（请注明）

13. 贵组织一般利用什么时间开展志愿者活动：

A. 工余、课余时间　　　　B. 节假日、双休

C. 根据需要随时参加　　　　D. 其他（请注明）

14. 贵组织开展志愿者活动的周期形式：

A. 集中一段时间参加　　　　B. 时间分散但比较连续性

C. 两种都有　　　　D. 其他（请注明）

15. 贵组织每周开展志愿者活动时长：

A.2 小时以下　　　　B.2—4 小时

C.4—8 小时　　　　D. 其他（请注明）

16. 志愿者在贵组织中主要负责哪些工作：[多选题]

A. 向服务对象提供服务

B. 协助专职人员从事内勤管理

C. 帮助组织对外宣传

D. 其他（请注明）

17. 贵组织开展志愿者活动中主要服务的对象：[多选题]

A. 个人 B. 组织

C. 自然环境　　　D. 其他（请注明）

18. 贵组织是否有比较固定的志愿服务基地

A. 无　　　　　　B. 有（请注明）

19. 贵组织在组织志愿服务活动时遇到的主要困难有哪些？（可多选，请按顺序排列）

A. 志愿者难招募

B. 缺少经费保障

C. 志愿服务时间难以协调

D. 缺乏志愿服务基地

E. 合适的志愿服务项目较少

F. 缺乏必要的培训和指导

G. 其他（请注明）

20. 贵组织为参加志愿服务者提供哪些激励措施：[多选题]

A. 物质激励　　　　　　B. 精神激励

C. 纳入考核机制　　　　D. 无激励

21. 贵组织为志愿者提供过哪些保障：[多选题]

A. 与服务机构签订相关协议，明确志愿者责任与相关权利

B. 提供基本补贴

C. 提供必要的医疗卫生保障

D. 提供服务过程中的应急保障

E. 提供志愿者人身安全保险

F. 其他（请注明）

22. 志愿者在活动中遭受人身、财产损失的，具体谁来负责：

A. 志愿者服务组织　　　　B. 志愿者自己负担

C. 意外保险承保　　　　　D. 志愿服务组织和志愿者分担

E. 其他（请注明）

23. 在志愿活动中如果服务对象受到损害的，具体谁来承担：

A. 志愿服务组织

B. 如果是志愿者造成的，由志愿者承担

C. 服务对象自己承担

D. 志愿服务组织承担后，向志愿者追偿

E. 其他（请注明）

24. 贵组织是否有稳定的经济来源？

A. 有，稳定的服务收费　　　　　B. 有，稳定的捐赠收入

C. 有，持续的项目资助　　　　　D. 没有，申请到项目才有经费

E. 其他（请注明）

25. 贵组织认为志愿服务管理部门应当为志愿服务提供哪些服务保障：
[多选题]

A. 制订鼓励志愿服务的具体政策

B. 适当的经费支持

C. 提供多样化的服务项目

D. 提供必要的专业培训

E. 其他（请注明）

26. 对于更好地推进公众参与志愿服务活动，贵组织有何建议？

东莞职业技术学院学生人文素质情况调查

学生处　陈萃韧

人文素质是大学生成才的必备素质，人文素质教育对于高职学生综合素质的培养和提高具有重要作用。为了解我院学生人文素质以及教育的现状，现对我校学生从对人文素质认知情况、人文素质教育现状以及学生所期待什么样的人文素质教育方式3个方面进行调研。本次调查所界定的学生人文素质教育内容主要包括学生的思想道德修养方面、学生对中华优秀传统文化的认知程度、学生的心灵、情感和人格，还有对相关人文书刊的阅读范围。此次调查共回收了有效问卷5604份，其中男生2428人，女生3176人；大一2654人，大二2048人，大三902人。调查问卷结果显示如下。

一、我校学生人文素质教育调查结果

（一）对人文素质认知情况的调查

总体来看，学生对于人文素质及其重要性有一定的认识。在被调查的学生中，有41.35%的学生认为人文是指人的心灵、情感、人格等"成人"方面的内容；26.75%的学生认为是指人的思想道德方面的修养；22.04%的学生认为是指文、史、哲、礼、艺这几门课程；5.6%的学生则认为是中国优秀的文化传统或者其他。由此可见，我院学生对人文素质有一定认识。此外在"您认为一个人的成功与他们自身的人文素养的关系"的子项上来看，有82.21%的学生认为一个人的成功与他们自身的人文素质有密切的关系，且人文素质对他们的成功帮助很大。可见大部分同学都认为良好的人文素质对个人是有重要意义的。

86.08%的学生认为大学生应具备良好的人文行为和人文修养这一人文素质。在被问及"您认为大学生应具备什么人文素质？"，绝大多数的学生认为大学生应具备的人文素质是指具备良好的人文行为和人文修养，10.56%的学生认为是人文精神，极少数同学表示不清楚。

七成学生对自己的人文素质水平满意。当被问及"您对自己的人文素质水平满意吗？"绝大部分学生觉得满意，比例高达71.68%，还有15.6%的学生对自己的人文素质水平非常满意。6%和6.73%的学生分别表示不满意和不清楚，可见我院学生对自己的人文素质水平表示认可。其中，体育系（学前教育系）23.57%的学生对自己人文素质水平非常满意，居此项最高；在不满意自身人文素质水平这一选项中，计算机工程系学生占比最高，达7.76%。

有关人文的书刊整体阅读量少。虽然大家都愿意参加人文素质的教育活动，但却很少去阅读与之相关的书籍。50.73%的学生不经常阅读人文书刊，只有12.88%的学生是经常阅读的。加强自己的人文素质不单单是参加日常的实践活动，理论知识也很重要。阅读也是不断取得进步、提高人文素质的有效途径（如图1）。

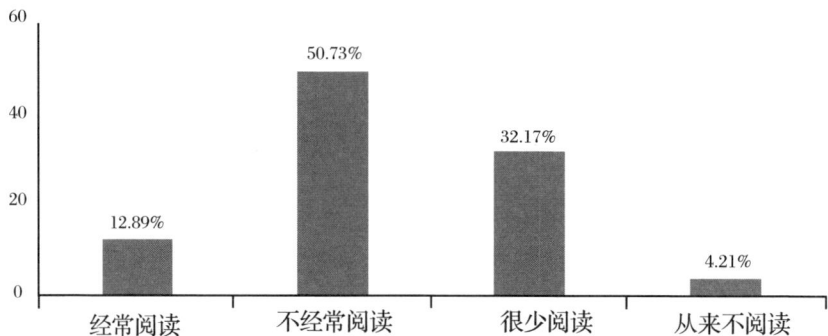

图1 您经常阅读人文书刊吗（如文史哲理艺等书刊）

男生比女生更经常阅读人文书刊（如文史哲理艺等书刊）。通过性别与"是否经常阅读人文书刊"的交叉分析来看，男生（15.82%）比女生（10.64%）更经常阅读人文书刊，但从不阅读的人群中，男生中又比女生多，总体来看，男生较女生更经常阅读人文书刊。

（二）对我院人文素质教育现状调查及原因分析调查

我院人文素质教育在学生看来不容乐观，1/4的学生认为我院人文素质教育活动一般，效果不大。在对我院人文氛围的调查中，72.72%的学生认为我院人文氛围一般，仅有15.54%的学生认为我院人文氛围很好，8.24%和3.5%的学生认为氛围为较差和很差。在"您觉得我院重视人文素质教育"子项中，仅42.29%的学生认为重视，12.92%的学生认为非常重视，39.69%的学生认为一般重视。在"您认为我院人文素质教育活动开展情况"的子项上来看，认为活动一般，效果不大的学生占比25.14%。

学生认为我院人文活动存在活动少、内涵浅、枯燥等问题。通过调查发现，覆盖到学生的人文素质教育活动最广泛的是人文讲座，其次为人文知识课程和人文主题活动，较少的是竞赛活动。在这些活动当中，学生认为主要存在的问题有：内涵不深刻，参加后感觉没什么收获（56.37%），活动少且覆盖领域狭窄（55.96%），枯燥乏味、缺乏创新不具吸引（55.39%），宣传欠佳，影响力不够，活动本身挺有意义（49.13%）。

对于选择人文课程的目的，大部分同学持积极态度，仍有7.55%的学生是为了拿学分。谈起选人文课程的目的，有20.93%的学生是想要学一些使用技巧；64.33%的学生想提高自己的人文素质；7.19%的学生是对人文感兴趣；只有仅仅7.55%的学生是为了拿学分，可见我院大部分学生重视自己的人文素质。

学生多有意愿参加人文素质教育活动，普遍认同加强实践可以将人文素质结合到现实中，并影响对事物的认识。大部分学生（64.76%）愿意参加人文素质教育活动，8.1%的学生认为学院让参加就参加，此外仍有5.37%的少数学生不愿意参加。其中体育系（学前教育系）对人文素质教育活动参与意愿最强，很愿意参加的人群共占33.12%，在"你认为实践活动和人文素质的关系"子项上来看，55.82%的学生认为加强实践可以将人文素质结合到现实中，36.31%的学生认为实践活动有可能会影响我们对原本事物的认识，仅有3.43%的学生认为是两码事，关系不大。

对于以上人文素质教育现状，进行的原因调查如下。

传统的教育评价体系导致人文教育淡化。在选人文课程的目的中，仍有35.67%的学生并不是真正为了想提升自己的人文素质，而是为了学会一些使用的技巧或者拿学分等目的。处于应试教育的体制下，长期以来，教育都是以知识传授和考试为中心，人文素质高低的考核无从体现，致使学生本人也一心死读书、死背书，读书变得有功利性，而忽略文科中所蕴含的人文关怀，实用主义盛行，致使人文教育淡化。此外，我校在课程编排中为提升人文素质的作用不明显。50.48%的学生认为学院在课程编排中，为着重提升学生人文素质所做出的变化不明显，偶尔有体会。12.58%的学生没有感觉到这方面有变化，36.94%的学生认为学生课程编排这方面有变化。目前，学校对一些实用性的专业开设较多，文史哲类人文科学基础课程开设面逐渐变得狭窄，加上开设时间也短，使得人文素质课堂培养受到较大的限制。可见，在课程编排中有效融入人文素质教育的相关内容是学生提升人文素质的主渠道。

二、改进我院学生人文素质教育对策

激发学生自我提升人文素质的热情。在影响人文素质的因素调查上来看，主观对提高自己人文素质认识不足及主观努力学习不够的因子分分别为6.47分和5.87分，社会环境占5.82分，入学时基础素质高低综合得分4.86。此外，在"是否积极参加各类有关人文教育活动"的子项上来看，仍有24.2%的学生表示不愿意参加。在"您认为制约大学生人文素养提高的主要因素"的子项上来看，12.83%的学生表示个人兴趣不大，不想在上面花费时间和精力。高职院校相对本科院校的学生，或许入校分数低，基础较差，对人文知识多数不感兴趣，而对人文学科和课程不重视。但是学生个人也应该把人文素质教育放在重要位置，摒弃功利性观念，深刻认识人文素质教育的重要性，静下心来接受人文知识教育。

合理构建人文素质课程体系。高职院校应转变"重技能轻人文"的固有观念，将人文素质教育纳入人才培养目标，完善课程体系，合理安排人文类课程比例。在"您希望获得哪些方面的人文素质教育"的子项上来看，学生最希望获得艺术方面的人文素质教育，其次为实用操作技能课程、文学、思想政治课程。并有49.96%的学生渴望通过课堂学习获得人文知识，在对开设人文素质教育必修课的意见上来看，39.24%的学生认为很有必要，38.35%的学生认为一般，22.41%的学生认为必修制度太约束人。通过以上数据，学院可以打破现有的课程界限分明、自成一体的状况，将几类课程（如思想政治素质课程、职业素质课程、人文素质课程、身心素质课程和实训实操课程）重新整合，做到自然贯穿、融合。课程类型建议必修课与选修课互补，小班教学与大班教学穿插进行（如图2）。

必修制度太约束人：22.41%

很有必要：39.24%

一般：38.35%

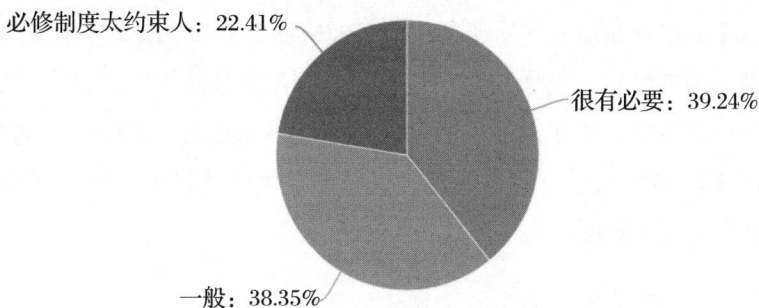

图2 如果我院建立人文素质教育必修课，您的意见是

　　多种方式拓展人文素质教育的空间。我院人文素质教育不能仅仅依靠人文类课程的教学，还应在学校这个大环境中积极努力地营造丰富的人文情境。在"您认为提高人文素质最有效的措施"子项上来看，44.11%的学生选择社会实践活动，18.67%的学生选择增加人文社科类课程，13.49%的学生选择增加人文讲座，8.35%和8.05%的学生分别选择提高教师素质和增加相关图书量。此外，通过调查总结，我院实施人文素质教育的路径主要是开展校内课外活动、校外社会实践、第一课堂、网络课堂。而学生更倾向于通过第二课堂（校内活动）、第三课堂（社会实践）实施人文素质教育，其次为第一课堂、第四课堂（网络）。可见，我院应多组织开展丰富多彩的校园活动和实践活动，图书馆内也应多添置关于人文方面的专著、期刊，多渠道的活动，供学生自主选择，这样更符合学生对人文素质教育提升的期待（如图3）。

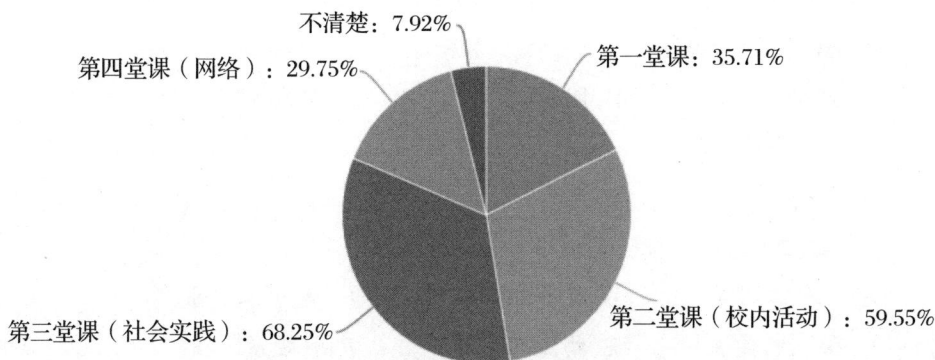

不清楚：7.92%

第四堂课（网络）：29.75%

第一堂课：35.71%

第三堂课（社会实践）：68.25%

第二堂课（校内活动）：59.55%

图3 您认为哪个课堂对实施人文素质教育的作用比较大

提升教师队伍人文素质水平和能力。教师作为对学生具有直接影响作用的群体，无论在外在形象气质还是在个人人格魅力上都会给学生强烈的感染，因而教师应经常性地主动参与培训进修，学院不断鼓励教师丰富自己的人文修养，只有教师本身水平高了，教学质量才能不断提高，才能用生动有趣的教学氛围来调动学生学习的积极性，并帮助学生认清自己的人文素质水平，成为更优秀的人（如图4）。

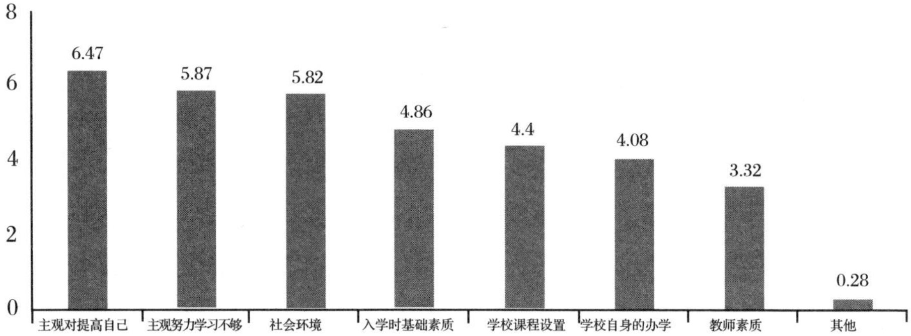

图4　请您按重要顺序排列下列影响人文素质的因素

其他主要包括：家庭教育因素，交际圈子影响，自身兴趣等。

附：东莞职业技术学院人文素质教育问卷调查表

一、基本情况调查

1. 您的性别是

A. 男　　　　　　　　B. 女

2. 您的政治面貌是

A. 党员　　　　　　　B. 团员　　　　　　　C. 群众

3. 您的年级

A. 大一　　　　　　　B. 大二　　　　　　　C. 大三

4. 您所在的系（学院）

A. 机电工程系　　　　B. 计算机工程系　　　C. 电子工程系

D. 管理科学系　　　　E. 物流工程系　　　　F. 财经系

G. 艺术设计系　　　　H. 媒体传播系　　　　I. 体育系

J. 应用外语系　　　　K. 建筑学院

5. 您是否是学生干部

A. 是　　　　　　　B. 否

二、大学生人文素质现状调查

6. 您认为什么是人文

A. 指文、史、哲、礼、艺这几门课程

B. 指人的心灵、情感、人格等"成人"方面的内容

C. 指中国优秀的文化传统

D. 指人的思想道德方面的修养

E. 其他

7. 您认为大学生应具备的人文素质是指

A. 人文精神

B. 过硬的人文知识

C. 良好的人文行为和人文修养

D. 不清楚

8. 您认为一个人的成功与他们自身的人文素养

A. 有密切关系，人文素质对他们的成功帮助很大

B. 有一定关系，但人文素质对他们的成功帮助不大

C. 人文素质与个人成功没有必然联系

D. 不太清楚

9. 如果有机会，您愿意参加人文素质教育活动吗?

A. 很愿意，经常参加　　　　B. 愿意，偶尔参加

C. 不愿意，被迫参加　　　　D. 不清楚，让参加就参加

10. 您希望获得那些方面的人文素质教育 [多选题]

A. 艺术　　　　　　　　B. 实用操作技能课程

C. 思想政治课程　　　　D. 文学

E. 其他

11. 您经常阅读人文书刊吗（如文史哲理艺等书刊）

A. 经常阅读　　　　　　B. 不经常阅读

C. 很少阅读　　　　　　D. 从来不阅读

12. 在公交车上您曾给老人和孕妇让座吗？

A. 每次都让座　　　　　　B. 经常让座

C. 偶尔让座　　　　　　　D. 当作没看到

13. 您对自己的人文素质水平满意吗

A. 非常满意　　　　　　　B. 满意

C. 不满意　　　　　　　　D. 不清楚

三、大学生人文素质教育现状调查

14. 您觉得我院重视人文素质教育吗

A. 非常重视　　　　　　　B. 重视

C. 一般重视　　　　　　　D. 不重视

15. 您认为我院的人文氛围

A. 很差　　　　　　　　　B. 较差

C. 一般　　　　　　　　　D. 很好

16. 您觉得我院人文素质教育主要包括 [多选题]

A. 人文知识课程　　　　　B. 人文主题活动

C. 人文讲座　　　　　　　D. 竞赛活动

E. 其他

17. 您有感受到学院课程编排中为着重提升学生人文素质所做出的变化吗？

A. 有，学校课程编排有这方面的变化

B. 不明显，偶尔有体会

C. 没有感觉到这些变化

18. 您觉得我院实施人文素质教育的路径有

A. 第一课堂　　　　　　　B. 校内课外活动

C. 校外社会实践　　　　　D. 网络课堂

E. 其他

19. 在大学，您最希望哪些通过哪些途径获得人文知识

A. 课堂学习　　　　　　　B. 校园活动

C. 社会实践　　　　　　　D. 网络信息

E. 人际沟通

20. 您是否经常参加学校以及社团组织的各类人文活动

A. 有，很频繁　　　　　B. 偶尔　　　　　C. 从来没有

21. 您喜欢怎样的人文素质教育方法

A. 欣赏　　　　　　　　　B. 参与实践

C. 学生讨论　　　　　　　D. 教师讲解

22. 您认为哪个课堂对实施人文素质教育的作用比较大 [多选题]

A. 第一课堂　　　　　　　B. 第二课堂（校内活动）

C. 第三课堂（社会实践）　　D. 第四课堂（网络）

E. 不清楚

23. 您认为实践活动和人文素质的关系是

A. 加强实践可以将人文素质结合到现实中

B. 实践活动有可能会影响我们对原本对事物的认识

C. 是两码事，关系不大

D. 不太清楚

24. 您对我院进行的人文素质教育的看法

A. 人文素质很有趣，对自己的素质有很大的提高

B. 喜欢人文素质教育课程

C. 人文素质教育课程没多大兴趣

D. 对人文素质教育课程不喜欢

25. 您选人文课程的目的是

A. 学一些实用技巧　　　　　B. 提高人文素养

C. 对人文感兴趣　　　　　　D. 拿学分

26. 您认为我院人文素质教育活动开展情况是

A. 学校开展的全校性大型活动，满足了广大师生娱乐及身心健康的要求

B. 学校已开展了丰富多彩的各种活动，促进了学生身心健康活动一般，效果不大

27. 您是否会积极参加各类有关人文教育方面的活动

A. 是　　　　　　　　　　B. 否

28. 如果我院建立人文素质教育必修课，您的意见是

A. 很有必要　　　　B. 一般　　　　C. 必修制度太约束人

29. 您对人文相关类教师当前的教学方法

A. 好，很感兴趣　　　　　B. 基本良好　　　　　　　C. 差

30. 您认为制约大学生人文素养提高的主要因素是

A. 社会主流导向，造成学生忽视人文素养的提升

B. 学校措施乏力，无法吸引大量学生参与其中

C. 课业负担较重，影响了在人文素养方面花费的时间和精力

D. 家庭贫困影响，造成从小在这方面培养的缺失

E. 个人兴趣不大，不想在上面花费时间和精力

31. 您认为我院人文活动存在有哪些问题？［多选题］

A. 活动少且覆盖领域狭窄

B. 内涵不深刻，参加后感觉没什么收获

C. 枯燥乏味，缺乏创新不具吸引

D. 宣传欠佳，影响力不够，活动本身挺有意义

32. 您认为提高人文素质最有效的措施是

A. 增加人文社科类课程　　　　B. 增加相关图书量

C. 提高教师素质　　　　　　　D. 增加人文讲座

E. 参加社会实践活动　　　　　F. 其他

33. 请您选择按重要顺序排列下列影响人文素质的因素。请您由重到轻排序（选项不足请补充）［请选择1—8项并排序］

A. 主观对提高自己人文素质认识不足

B. 主观努力学习不够

C. 入学时基础素质的高低

D. 社会环境

E. 学校课程设置

F. 学校自身的办学条件

G. 教师素质

H. 其他（请注明）：

高校学生勤工助学现状的调查与分析

——以东莞职业技术学院为例

财经系 伍小鹃

勤工助学是指学生在校就读期间，利用课余时间，参加与专业相关的科学技术和文化教育服务以及其他有偿劳动，来获得学校或社会资助，用于补充其学习和生活费用的活动。近年来，越来越多的大学生加入了勤工助学的队伍之中。为了解勤工助学的工作现状，我们组织了勤工助学情况调查。本次调查对象为东莞职业技术学院所有参加勤工助学的学生，采用网络问卷和个别访谈相结合，一共收到有效调查问卷669份。

一、调查的目的

近年来，我校勤工助学资助工作发展很快，但如何进一步完善管理工作，是值得我们探究的问题。本次调研的主要目的是了解勤工助学的学生工作现状及存在的问题与不足，通过数据分析问题产生的主要原因，针对存在的问题提出合理的建议，提高管理水平，在资助学生的同时发挥育人功能，让学生在参加勤工助学活动中受教育、长才干。

二、调查结果与分析

（一）学生参加勤工助学的主要原因

通过调查发现（见图1），有64.57%的学生参加勤工助学的原因是为获得收入来源，56.2%的学生是为了提高能力，49.78%的学生是为了丰富大学生活，因家庭状况选择参加勤工助学的学生占43.8%，不到一半，这和我校处于经济发达的"珠三角"地区，学校超过一半的学生来自经济发达地区有关。另一方面说明在学校不仅仅是家庭经济困难学生才享有参加勤工助学的权利，勤工助学岗位是面向全校学生开放，优先考虑家庭经济困难学生。

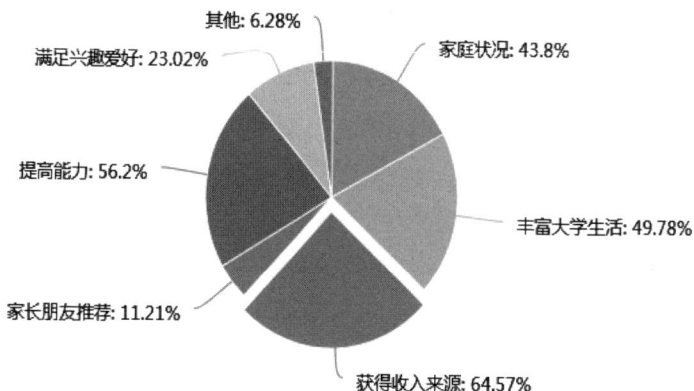

图1 你参加勤工助学的原因是什么？（N=699，多选题）

1. 家庭条件不同对学生参加勤工助学的动机影响较大

生活费在500元以下，因为家庭状况选择勤工助学的学生比例最高，占到62.73%，生活费在1000—1500元之间的学生比例下降到26.85%。而以丰富大学生活动为目的而参加勤工助学活动的则恰好相反，生活费在500元以下的比例为47.2%，生活费2000以上的比例则高达61.54%。可以明显看出这两类学生的区别：家庭经济困难学生大多以增加收入为主要目的参加勤工助学活动，勤工助学的收入对其经济帮助比较大，甚至成为他们的主要生活来源，勤工俭学在解决他们经济收入的同时又起到了锻炼能力的作用，可谓一举两得；非家庭经济困难学生不把校园勤工助学收入作为其主要生活经济来源，更希望的是通过勤工助学锻炼自己，丰富大学生活，提高自己的能力。

柱状图从上往下依次为：家庭状况；丰富大学生活；获得收入来源；家长朋友推荐；提高能力；满足兴趣爱好；其他（见图2）。

2. 学生勤工助学的收入使用受家庭条件影响很大

生活费越低，勤工助学的收入主要用于生活费的比例就越高。生活费500元以下，勤工助学的学生的收入主要用于生活费的占到84%，用于电话费和网费的占到6%；相反，生活费2000以上，勤工助学的学生的收入主要用于生活费的只占到54%，用于电话费和网费的则占到38%。对于生活费500元以下的学生，勤工助学收入成了他们的主要生活来源，他们是学校资助工作的重点群体（见图3）。

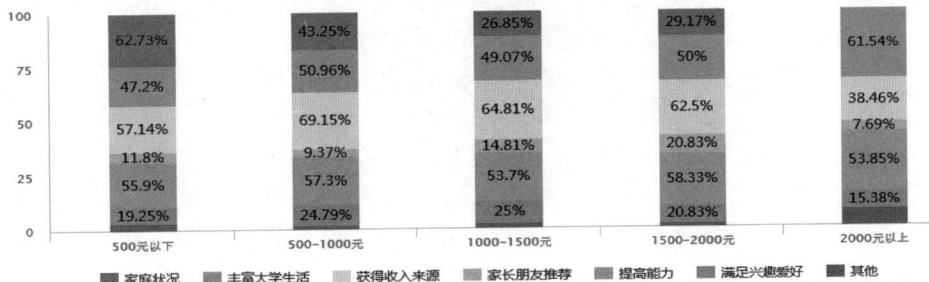

图2　家庭条件不同对学生参加勤工助学动机的影响

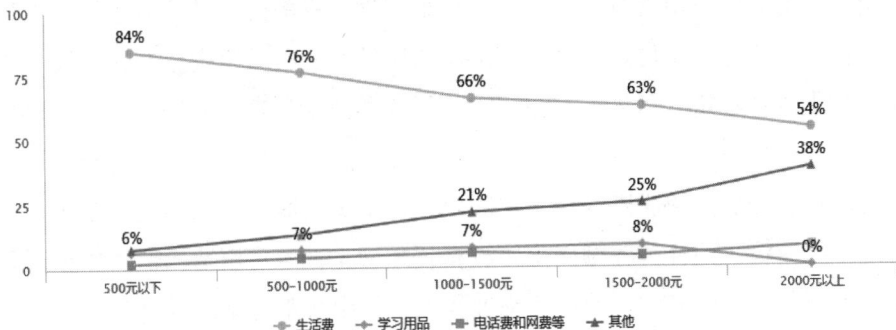

图3　生活费多少对勤工助学的收入使用的影响

（二）学生选择勤工助学的方式

1. 相对校外勤工助学，校内勤工助学并不占优势

主要原因是校内的一些勤工助学岗位，如清洁卫生、整理资料、图书馆和资料室的书籍上架等，虽然能增强学生的劳动观念，但很难与学生的专业学习和能力培养相结合。而我校处经济发达的"珠三角"地区，校外兼职数量多，形式丰富，层次也较高，如家教、代课、市场营销、各种辅导班、杂志、手机卡等业务代理，这些兼职和社会接触面广，能更好地锻炼个人的综合能力和素质，有些还和学生的专业有所关联，时间也多集中在晚上或是周末。所以，学生对校内和校外的岗位选择比例大体相当（见图4）。

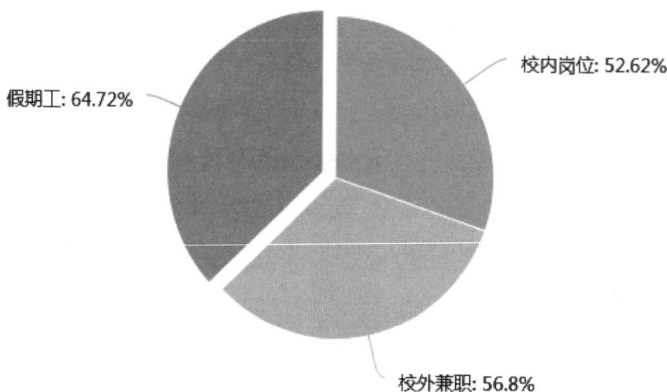

校内岗位: 52.62%

假期工: 64.72%

校外兼职: 56.8%

图4　你从事过哪种勤工助学工作？（N=699，多选题）

2.校内岗位智力型、管理型的岗位较稳定，劳务型岗位流动性大

在校园勤工助学岗位中，主要分为三类。第一类是专业技术要求比较高的岗位，例如网络协管员、信息工作技术助理、机房协管员、财务工作助理等岗位，申请这些岗位难度最大，岗位和所学专业联系紧密，在这些岗位工作的学生基本稳定。第二类是图书馆、行政办公室和教学的助理等，申请这些岗位的学生也较多，有一定的难度，但工作相对轻松，工作环境较好，又能提高自己的能力，所以这些岗位的学生也很少离职。第三类是食堂工作助理这一类岗位，纯粹劳务型岗位，没有技术含量，容易申请，但工作相对繁重，学不到更多的知识，所以流动性较大，每个月都有离岗的学生，甚至有些学生只做一个月就离岗。

（三）学生参加勤工助学的收获

选择减轻父母负担的比例最高，为34.68%；其次是提高自己的能力，占23.02%；选择充实大学生活的占16.89%（见图5）。

1.不同的勤工助学方式收获有差异

参加假期工的主要收获在于更多地接触社会、减轻父母的负担和提高自己的能力，分别为68%、69%和67%；校外兼职的主要收获在于减轻父母的负担，占62%，而校内岗位的主要收获在于结识更多的朋友和培养自己的兴趣爱好，分别占60%和59%（见图6）。

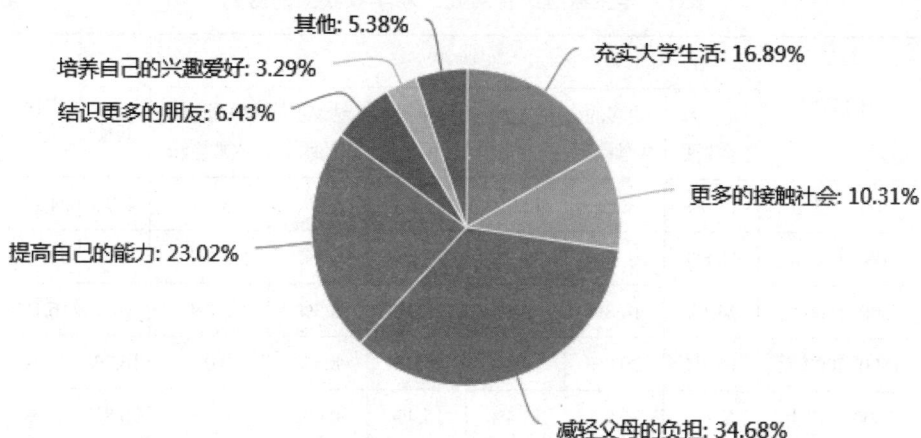

图5 你希望或已经从勤工助学中获取什么？（N=699，多选题）

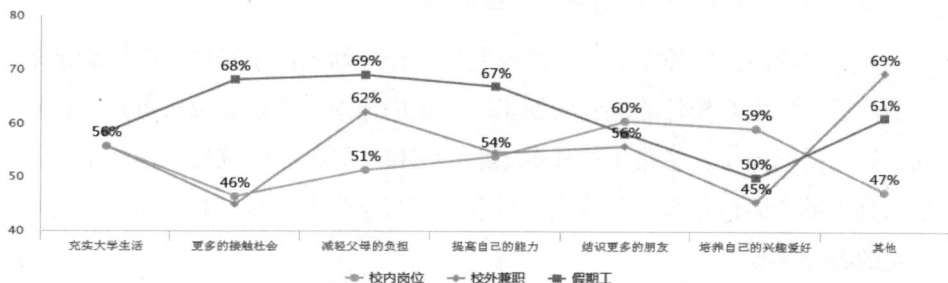

图6 不同的勤工助学方式下的收获感

2. 家庭条件不同收获也有差异（见表1）

生活费在500元以下以及500—1000元，参加勤工助学的学生主要收获都是减轻父母的负担，分别占42.9%和37.7%，这部分同学的关注点在经济条件得到改善；生活费在1000—1500元，参加勤工助学的学生的主要的收获是提高自己的能力和减轻父母的负担，分别占26.9%和24.1%，这部分学生是提高能力和改善生活并存；生活费在1500—2000元，参加勤工助学的学生的主要的收获是提高自己的能力，占25%；生活费在2000元以上，参加勤工助学的学生的主要收获则变成更多地接触社会，占30.8%，这部分学生的关注点在于如何获取社会经验和提高自己。

表1　学生家庭条件对勤工助学收获感的影响

生活费	收获						其他	占比
	充实大学生活	更多的接触社会	减轻父母的负担	提高自己的能力	结识更多的朋友	培养自己的兴趣爱好		
500 元以下	13.0%	8.7%	42.9%	21.7%	6.2%	3.1%	4.4%	24.1%
500–1000 元	16.8%	8.3%	37.7%	22.6%	6.1%	3.9%	4.7%	54.3%
1000–1500 元	24.1%	14.8%	19.4%	26.9%	8.3%	2.8%	3.7%	16.1%
1500–2000 元	16.7%	20.8%	12.5%	25.0%	8.3%	0.0%	16.7%	3.6%
2000 元以上	7.7%	30.8%	15.4%	15.4%	0.0%	0.0%	30.8%	1.9%

三、学校勤工助学工作的一些建议

1. 立足校内，向外发展。从调查发现，校内勤工助学岗位并不能满足学生的需要，学生对校外兼职和假期工有一定的需求，之前我院重点是放在校内的勤工助学岗位，忽略了校外勤工助学岗位的开发，学院接下来应把拓宽校外勤工助学岗位作为工作重点，尽量开拓与学生专业技能相关岗位，提高学生的综合素质。

2. 建立信息发布平台，增加透明度。之前学院的勤工助学岗位由各用工单位自行发布，自行招聘，信息覆盖面窄，有相当部分学生不知道。接下来学院应搭建勤工助学信息发布平台，综合运用通知、微信平台、海报等媒介，统一发布或更新勤工助学需求信息，提高信息对称度，确保学生知晓。

3. 规范管理，加强宣传。学院勤工助学和固定岗位有 600 个，加上临时岗位，每月勤工助学岗位达到 700 个，由于岗位多，勤工助学管理部门把管理权限下放到用工部门，对勤工助学工作了解不够。接下来要完善勤工助学工作管理，加强学校、学生及用人部门三方面的沟通，及时了解学生需求及用人单位的反馈意见，不断提高学生勤工助学工作质量，提高用工部门满意度。另外要加强对勤工助学的宣传，对勤工助学工作表现突出的学生进行宣传，树立榜样，确保勤工助学工作良性循环。同时加强学校不同勤工助学岗位工作经验交流，相互学习，相互借鉴。

附：勤工助学调查问卷

1．你的生活费的主要来源？

A.父母给予　　B.勤工助学　　C.奖学金　　D.校外兼职

2．您从事过哪种性质的勤工助学岗位？(多选题)

A.劳务型　　　B.智能技术型　C.管理型　　D.专业研究型

3．你认为勤工助学的动力来源是什么？(多选题)

A.家庭状况　　　　　B.丰富大学生活

C.获得收入来源　　　D.家长朋友推荐

E.提高能力 F.满足兴趣爱好

G.其他

4．你希望或已经从勤工助学中获取什么？

A.充实大学生活　　　B.更多的接触社会

C.减轻父母的负担　　D.提高自己的能力

E.结识更多的朋友　　F.培养自己的兴趣爱好

G.其他

5．你参与勤工助学后最大的收获是：(多选题)

A.消费水平提高

B.经济独立，能够自己支付全部或部分生活费，很有自豪感

C.生活更加充实

D.更大胆地与他人交流，认识更多的人

E.增加了工作经验和社会阅历，更加了解社会，为今后工作奠定基础

6．你勤工助学的收入主要用于？

A.生活费　　B.学习用品　　C.电话费和网费等　　D.其他

7．当兼职与学业发生冲突时您的一般性选择是？

A.上课，放弃兼职　B.考虑课程的重要程度而定　C.逃课去兼职

8．您认为勤工助学学生的工作应该达到哪些目标？(多选题)

A.德（职业道德，包括诚实守信，尊师礼貌，爱岗敬业等）

B.勤（工作态度、工作时间、劳动量，是否积极参加勤工活动）

C.绩（工作完成情况、工资表填写规范性）

D.能（工作能力、学习能力）

E.其他：

9.通过勤工助学，你认识的社会是什么样子的？

A.公平、公正、公开

B.关系、金钱、黑暗

C.有公平之处，也有不如意之处，可以接受

D.理想很丰满，现实很骨感

10.你认为现在学生勤工助学的不足在于：（多选题）

A.薪酬太低　　　　　　　　　B.真正实践过少

C.自主决定权太小，无法施展才学　D.不错，可以接受

11.假期中，学生勤工助学最令人担心的是什么？

A.安全问题　　　B.身心健康　　　C.工资保障　　　D.学业会受影响

12.说说你对勤工助学的意见和建议？

13.您对勤工助学的相关评价工作有什么宝贵的想法和建议？

东莞职业技术学院学生学习投入度调查报告

学生处 陈柏林 陈萃韧

根据学者研究，学生学习投入水平的高低与其学业成就和长期的健康发展有着密切的关系，这说明有必要对学生的学习投入度进行研究。本研究以我校在校大学生为研究对象，对大学生学习目标、学习态度、学习兴趣、学习动力、学习规划、学习策略等维度进行分析，深入探讨我校大学生对学习的投入度，找出大学生学习规律，营造有利于大学生学习和成长的校园环境。笔者根据年级和专业进行分层整体取样，本次网络调查问卷共有4721人次填写，其中大一学生2979名（63.1%）、大二学生1661名（35.18%）、大三学生81名（1.72%）；男生2178名、女生2543名。样本分布相对比较均匀，因此，本次调查结果有一定的参考价值。

一、调查现状

（一）在学习目标和学习动力方面。在"你觉得你在大学三年里的最重要目标是什么"一题中，85.77%的受访学生认为大学最重要的目标是学到尽量多的知识，提高自身素质。被问及"促使你努力学习的最大动力"时，高达79.9%的学生选择了为了自己的前途和未来，可见我校学生的学习动力来源清晰。在问及"哪些情境下，你的学习热情与渴望会被激发"时，62.11%的受访学生选择有明确的发展目标（就业、出国、考本）；同时，有33.68%的受访学生表示"一旦个人有明确的努力目标，学习状态就会比较持久，不会受其他因素的影响"（如图1）。

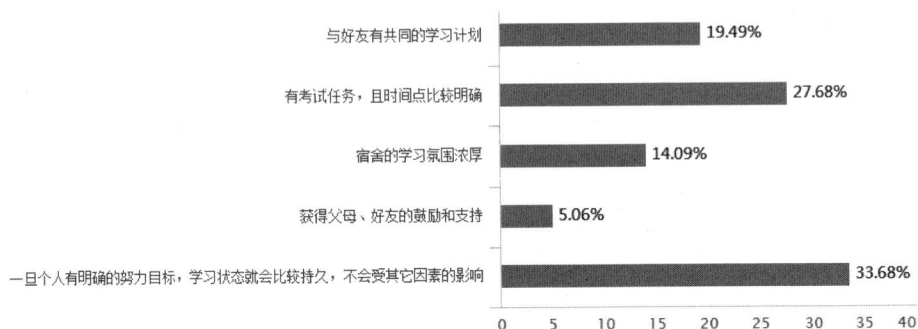

与好友有共同的学习计划 19.49%

有考试任务，且时间点比较明确 27.68%

宿舍的学习氛围浓厚 14.09%

获得父母、好友的鼓励和支持 5.06%

一旦个人有明确的努力目标，学习状态就会比较持久，不会受其它因素的影响 33.68%

图1 通常在哪个情境下，你的学习状态保持的最持久

（二）在学习态度和专业兴趣方面。在"对所学专业是否感兴趣"一题中，对所学专业非常感兴趣人数比例有11.84%、感兴趣人数比例38.47%、比较感兴趣人数比例38.04%，另有11.65%的受访学生表示不感兴趣（如图2）。

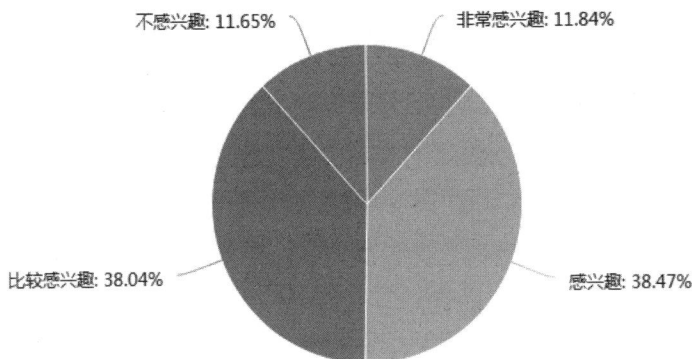

不感兴趣: 11.65%　　非常感兴趣: 11.84%

比较感兴趣: 38.04%　　感兴趣: 38.47%

图2 你对所学的专业感兴趣值占比

而在"对专业课程不感兴趣时，你所采取的应对策略是什么"一题中，34.91%的受访学生表示保证及格，通过辅修或考证等方式提高个人其他专业能力，26.91%的受访学生虽不感兴趣，仍努力学习，24.91%的受访学生保证及格，通过各项活动锻炼综合能力，还有13.27%的受访学生表示无法投入学习，也没其他安排，考试及格即可。

（三）在学习计划和学习习惯方面。学习规划有长期和短期之分，体现在实际行动上包括课前是否提前预习，课上是否全心投入，课后是否及时复习。在"你的学习计划是什么"一问中，超过60%的学生表示会有自己的学习计划，其中22.2%的受访学生长期、短期的计划都非常明确，46.92%的受访学生短期计划非常明确。但是，在问及是否会"预习""复习"时，有高达35.76%的受访学生表示"如果老师没有要求从不提前预习，没有这个习惯"，另有39.86%的受访学生表示"自己喜欢的课会好好预习，其他的看心情"；仅有26.54%的受访学生会及时复习所学知识，另有13.03%的受访学生选择了"从不复习，一般都是考前突袭"。

（四）在对学校资源利用方面。被问及"你是否经常去图书馆或教室自习"时，回答"经常去"的受访学生仅占11.93%，"偶尔去"的受访学生占74.79%，"从来不去"的受访学生占13.28%。从来不去的比率大于经常去的比例，这充分表明学生主动利用学校图书资源的意识不强。被问及"你平时与老师和同学学习互动的频率"时，回答"经常交流，这样可以帮助我很好的学习"的受访学生占20.63%，"有时交流，在需要的时候会这样"的受访学生占73.52%，"从不交流，自己可以完成的很好"的受访学生占6.12%。

（五）在时间分配方面。在谈及"你的课余时间是如何分配的"我们会发现上网的比例远超过学习的比例（如图3）。其中排在前四位的分别是：睡觉80.81%，上网80.6%，学习69.69%，玩游戏58.12%。这充分表明学生在时间管理上有待调整与优化，习惯的养成有待提高。在问到"是什么导致你和你周围的人上课不想听或逃课"时，竟然有高达67.21%的受访学生的答案是：玩手机。

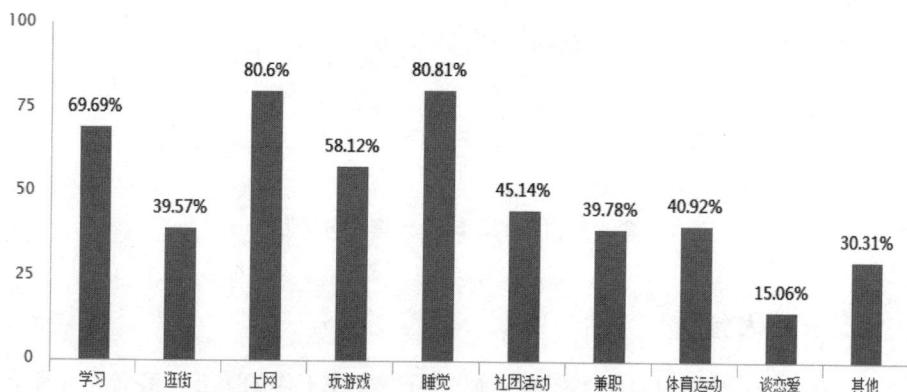

图3 你的课余时间是如何分配的（多选题）

（六）在自主学习能力方面。在问及"学习时你会不会试图提出一些自己的看法"时，有66.21%的受访学生表示"会对自己感兴趣的问题提出自己的想法"。"对于自己所学的知识会不会提出质疑"的问题时，有65.6%的受访学生表示"偶尔，这要看我是不是真的感兴趣"。在"你平时与老师和同学学习互动的频率"一题中，仅有20.36%的受访学生表示经常交流，这样可以帮助我很好的学习，另有6.12%的受访学生表示从不交流，自己可以完成的很好，高达73.52%的受访学生处于居中的状态，选择仅在有需要的时候才与老师进行交流。

（七）在学习投入度方面。学习投入度的问题中（如图4），54.76%的受访学生选择了五十分到七十分这样一个分数段，比较符合目前我校大学生的学习状况，这反映出学生主动学习的积极性有待提高。这一结论在其他问题中也得到了印证，如在对自己的学习态度与学习效果的满意度上，74.31%的受访学生选择了一般，超过了2/3的人数；对于学生自己的目标，61.34%的受访学生表示在大学期间有偶尔想想，要用心学习，好好充实自己，但具体执行模糊，缺乏规划。

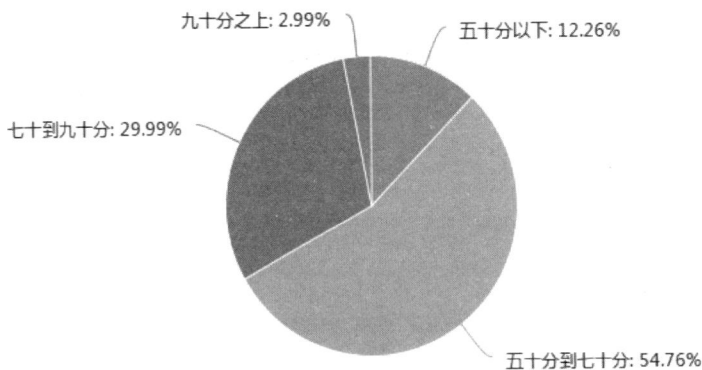

九十分之上: 2.99%　　五十分以下: 12.26%

七十到九十分: 29.99%

五十分到七十分: 54.76%

图4　学生对自己的学习投入度打分（百分制）

二、成因分析

（一）学生对学习目标不明确，把学习当成找工作的需要。我校学生学习目标不够明确，导致在学习中自主学习能力欠缺，近四成的学生不具备自主学习的意识与探索批判的独立思考能力，这不仅对学生构建全面系统的专业知识体系不利，更对学生全面发展、提升综合素质不利。同时由于单纯地将学习作为找工作的需要的目的性太强，未形成正确的学习目标，需要在学生入学后进行干预与指导，并利用开展主题班会、条幅等方式进行宣传与教育，从而确立正确而又合理的学习目标。

（二）学生群体中厌学情绪的相互影响。通过调查可以看出我校部分学生群体厌学情绪较为明显。学习生活被上网、玩游戏占据的大量的时间，想要改善这一状况，既要加强学生管理，用生动、有效、易于接受的方式对学生开展日常教育，引导他们"走下网络、走出宿舍、走进操场"，又要不断提高教学质量，如果采用信息化的教学手段，通过计算机、多媒体等现代通信设备及翻转课堂等作为教学手段，用寓教于乐、互动性强、能够激发学生主动学习的优质课堂来吸引学生，不当课堂上的"低头族"。

（三）学习没有形成良好的学习习惯，如专业学籍的阅读习惯、预习和复习习惯、课堂做笔记的习惯及钻研问题的习惯。良好学习习惯的养成需要采用多种有效的方式帮助学生确立。一方面缺少专业讲座、主题班会、学业指导课程等有效形式，我校帮助学生有意识地规划大学生涯，逐步培养和形成良好的学风氛围和学习习惯；另一方面我校缺少帮助学生合理地分配时间及对学业进行明确的规划等指导，没有让学生在日常生活中养成专业学籍的阅读习惯、预习和复习习惯、课堂做笔记的习惯、钻研问题的习惯。

三、改进建议

（一）增强学生自主学习能力，发挥学生学习的主动性和自觉性。我校学生的自主学习能力养成尚未成熟，近40%的学生不具备自主学习的意识与探索批判的独立思考能力，这不仅对学生构建全面系统的专业知识体系不利，更对学生全面发展、提升综合素质不利。因此学校应增强大学生自主学习的意识教育，为学生创造积极良好的学习氛围，教师也应将主动权交给学生，搭建学生自主学习的平台，帮助其发挥学习的主动性和自觉性。

（二）激发学习兴趣，引导学生科学合理的分配时间。通过调查可以看出我校学生学习生活中被上网、玩游戏占据的大量的时间，表明当前学生学习兴趣不浓，时间分配不够合理。想要改善这一状况，需加强学生管理，用生动、有效、易于接受的方式对学生开展日常教育。在学业指导的形式来看，学生首先倾向于讲座专题的形式，对求职面试技巧、实习经历、创业经验等内容感兴趣。除了讲座，学生喜欢通过微博、微信互动或网络在线交流互动、专题视频展示、圆桌沙龙、访谈问答等形式展开学业指导，可见新媒体对学生吸引力较大。可以通过多种手段培养学生的学习兴趣和学习动力，从而形成人人爱学习、人人主动学习的学习氛围。

（三）强化对学生进行学业指导和养成性教育，促进良好学习习惯的养成。通过专业讲座、主题班会、学业指导课程等有效形式，帮助学生有意识地规划大学生涯，逐步培养和形成良好的学风氛围和学习习惯。学生在学业指导的需求空间较大，学院在学业指导的方面可以包括缓解学生学习压力，提升学生对专业学习的兴趣和动力，帮助学生合理地分配时间及对学业进行明确的规划等，从而形成良好的学习习惯。同时全员参与较为重要，任课教师在课堂上进行针对性的授课并加以引导，辅导员、班主任通过主题班会及日常教育，把学生的学习和成长作为学生工作的重点，促使同学们养成良好的学习习惯，拥有一个健康的身体素质和心理素质，进而提高大学生的学习投入度。

附：东莞职业技术学院学生学习投入度调查问卷

1. 你的性别［单选题］

A. 男　　　　　B. 女

2. 你所在的系［单选题］

A. 机电工程系　　　B. 计算机工程系　　C. 电子工程系

D. 管理科学系　　　E. 物流工程系　　　F. 财经系

G. 艺术设计系　　　H. 媒体传播系　　　I. 体育系

J. 应用外语系　　　K. 建筑学院　　　　L. 学前教育系

3. 你目前的在读年级是［单选题］

A. 大一　　　　　　B. 大二　　　　　　C. 大三

4. 你觉得你在大学三年里的最重要目标是什么？［多选题］

A. 学到尽量多的知识，提高自身素质

B. 把大学专科作为跳板，进入更好的学校进一步深造

C. 锻炼出一副好身体，健康工作五十年

D. 在大学里实现经济独立，争取经济自由

E. 能够组织和团结其他同学，成为他们的核心和楷模

F. 游览名山大川，在大学期间尽可能多地出去走走

G. 其他 _____

5. 你觉得自己的心态和生活状态怎样？［单选题］

A. 非常积极乐观，每天都是阳光灿烂

B. 比较积极，即使有困难都是暂时的

C. 喜忧参半

D. 比较消极，感觉心头总是笼罩着乌云

E. 非常绝望悲观，简直是生无可恋

6. 目前你的学习成绩 ［单选题］

A. 上等 B. 中等偏上 C. 中等

D. 中等偏下 E. 较差

7. 以下哪个表述更符合你的学习状态 ［单选题］

A. 能保持良好学习状态　　　　B. 想学但学不好

C. 厌学，没有兴趣　　　　　　D. 为考试或奖学金学习

E. 周围人都学习，被带动学习　F. 无所谓，成绩不太差就行

8. 你对所学的专业感兴趣吗？ ［单选题］

A. 非常感兴趣　　　　　　　　B. 感兴趣

C. 比较感兴趣　　　　　　　　D. 不感兴趣

9. 对专业课程不感兴趣时，你所采取的应对策略是？ ［单选题］

A. 虽不感兴趣，仍努力学习

B. 保证及格，通过辅修或考证等方式提高个人其他专业能力

C. 保证及格，通过各项活动锻炼综合能力

D. 无法投入学习，也没其他安排，考试及格即可

10. 通常在哪些情境下，你的学习热情与渴望会被激发？ ［多选题］

A. 与自己同等水平的同学获得比自己好的成绩

B. 有明确的发展目标（就业、出国、考本）

C. 能获得实践技能提高，例如参加比赛或科创项目等

D. 个人的情绪状态得到调整

11. 通常在哪个情境下，你的学习状态保持的最持久？［单选题］

A. 与好友有共同的学习计划

B. 有考试任务，且时间点比较明确

C. 宿舍的学习氛围浓厚

D. 获得父母、好友的鼓励和支持

E. 一旦个人有明确的努力目标，学习状态就会比较持久，不会受其他因素的影响

12. 你认为促使你努力学习的最大动力是什么？［单选题］

A. 为了自己的前途和未来　　　　B. 家庭的压力

C. 为了各级各类奖学金　　　　　D. 其他

13. 你现在的学习计划是［单选题］

A. 长期、短期的计划都非常明确　　B. 短期计划非常明确

C. 根据学校安排　　　　　　　　　D. 没有考虑过

14. 你会提前预习老师要讲的知识吗？［单选题］

A. 我会做好课前预习，以达到课堂上能够很好地查缺补漏

B. 自己喜欢的课会好好预习，其他的看心情

C. 如果老师没有要求从不提前预习，没有这个习惯

15. 你会及时复习老师讲过的内容吗？［单选题］

A. 会，我觉得这样能够很好地掌握知识

B. 偶尔，看心情

C. 从不，一般都是考前突袭

16. 在课堂上你能做到全心认真听讲吗？［单选题］

A. 可以，我可以高度集中精神听讲

B. 会走神，但是会很快地调整好状态

C. 看老师所讲的内容是否符合自己的兴趣

17. 是什么导致你或你周围的人上课不想听讲或者逃课［多选题］

A. 网游　　　　　　B. 玩手机　　　　　C. 看小说

D. 睡觉　　　　　　E. 兼职　　　　　　F. 社团活动

G. 个人兴趣　　　　H. 谈恋爱　　　　　I. 老师上课无聊

J. 其他

18. 对于老师布置的作业你是否能够及时完成？[单选题]

A. 会，我会很好地在课下完成作业

B. 偶尔，看老师布置作业的重要性

C. 做不到，老师不收就不做

D. 会在老师要求的最后期限借同学的参考一下

19. 除了作业，你每天在课下投入到专业学习的时间是？[单选题]

A.0 小时　　　　　B.1—2 小时　　　　C.2—3 小时

D.3—5 小时　　　E.5 小时以上

你的课余时间是如何分配的（请选择你花费时间最多的五个选项）[多选题]

A. 学习　　　　　B. 逛街　　　　　C. 上网

D. 玩游戏　　　　E. 睡觉　　　　　F. 社团活动

G. 兼职　　　　　H. 体育运动　　　I. 谈恋爱

J. 其他

21. 你是否经常去图书馆或教室自习？[单选题]

A. 经常去　　　　B. 偶尔去　　　　C. 从来不去

22. 你的作业完成情况 [单选题]

A. 独立完成按时交　　　　　B. 偶尔抄袭

C. 经常抄袭　　　　　　　　D. 常常不完成

23. 你是怎么应对考试的？[单选题]

A. 我平时会好好学习，不担心考试

B. 在考前一段时间里做好考前突袭

C. 准备一些小抄以备不时之需

24. 学习时你会不会试图提出一些自己的看法？[单选题]

A. 我总是这样，能够很好地思考

B. 对于自己感兴趣的会这样做

C. 从不，老师怎么讲我记住就好了

25. 对于自己所学的知识你会不会提出质疑？[单选题]

A. 会，我总是能够很好地找到问题

B. 偶尔，这要看我是不是真的感兴趣

C. 从不，质疑毫无作用，考试通过就好

26.你平时与老师和同学学习互动的频率？[单选题]

A.经常交流，这样可以帮助我很好的学习

B.有时交流，在需要的时候会这样

C.从不交流，自己可以完成的很好

27.你觉得晚自习有什么作用？[单选题]

A.很有用，能够让我很好的掌握一天所学

B.很一般，可以完成一些作业

C.没什么用，去了也是玩手机

28.请你对自己的学习投入度打个分（按百分制）[单选题]

A.五十分以下　　　　B.五十分到七十分

C.七十到九十分　　　D.九十分之上

29.你对自己的学习态度和学习效果满意吗？[单选题]

A.很满意　B.一般　C.不满意

30.你有想过要在大学期间要用心学习好好充实自己吗？[单选题]

A.一直这样想，也这样做

B.只是偶尔想想，但行动不具体

C.从未想过，只想好好玩

31.你是否有大三报考专插本的意愿？[单选题]

A.有非常明确的考专插本意愿

B.有比较明确的考专插本意愿

C.仍然在考虑

D.基本没有考专插本意愿（请跳至第35题）

32.你选择专插本的原因有哪些？[多选题]

A.通过考本选择更适合自己的专业

B.希望通过自己的努力挑战现实

C.因为本科文凭已成为"95后""标配"

D.提高就业竞争力，为学历加分

33.在选择报考专插本学校及专业时，你最关心哪些因素？[多选题]

A.个人兴趣　　　　B.社会对专业的需求

C.学校的名气　　　D.亲友期望

E. 容易考的　　　　　　F. 看学校所在的城市

34. 你在考专插本过程中最担心哪些问题?［多选题］

A. 毅力不够,怕会半途而废

B. 心理素质太差

C. 时间紧张,无法很好地安排和规划

D. 专业知识繁杂,找不到相关的老师请教

E. 复习强度大,身体吃不消

F. 父母、亲戚的反对

G. 其他

35. 你认为怎样增加学习动力(请选择你认为最重要的三个选项)［多选题］

A. 学习环境好,教学设施完善

B. 师资力量强,教学质量好

C. 奖学金丰厚

D. 就业形势好,成功希望大

E. 整体氛围浓,有督促和激励机制

F. 加强管理,用制度管理学生

东莞职业技术学院学生精神家园现状调查研究

管理科学系　邓雨鸣

　　精神家园是指"人的精神支柱、情感寄托和心灵归宿，是人们对生活意义、生存价值和生命归宿的一种精神与文化认同"，是由"文化体验、认知模式、价值观念、情感方式、理想信念、信仰体系"等要素有机构成的精神文化系统（欧阳康，2010）。现阶段，大学生群体的精神文化系统尚处于"走向成熟"的关键时期，在当前多元文化激烈碰撞、生活方式深度变革的时代大背景下，心理敏感、思维活跃的大学生相比其他社会群体更容易产生价值混乱和精神困惑。为及时了解和掌握大学生精神家园的发展现状，更有针对性地开展大学生思想政治教育工作，我们对东莞职业技术学院学生展开了深入调研（以下简称东职院），以此为例管窥高职院校大学生的精神家园状况，并在此基础上明晰问题，探究成因，提出解决策略。

　　本次调研采用问卷调查、访谈、文献研究相结合的方式，在东职院随机发放问卷900份，收回877份，其中有效问卷865份，有效率达96.1%；根据样本饱和性原则，另选取了40名访谈对象进行深入访谈。

一、学生精神家园状况调查结果

　　通过对我校学生群体精神家园现状总体状况的分析，能够见微知著地审视当前广东高职院校学生群体的精神家园状况。调查结果显示，对于"你是否认同人活着应该有精神追求"这一问题，92%的受访者表示"赞同"，1%表示"不赞同"，7%表示"没想过"。可见，关注精神追求、寻求精神寄托、构建精神家园已是当前"95后"高职院校学生的共同特征。在"你认为目前人们最大的精神问题是什么"这一问题中，高达46.3%的受访学生选择了"心态浮躁"，20.8%的受访学生选择"急功近利"，"情感疏离""不讲底线""信仰危机""其他"亦有小部分人选择。究其原因，21.7%的受访学生认为是"全球化背景下多元社会思潮的冲击"，20.7%认为是"社会转型期各种矛盾凸显与激化的反映"，14.9%认为是"市场经济的负面影响"，12.3%认为是"近代以来中国传统精神世界的失落"，12.1%认为是"西方发达国家实施意识形态渗透的结果"，1.4%认为是"受极左运动的影响"，另有16.6%的受访学生归于其他因素。

由上述调查结果可见，当前我校学生群体对于精神家园的需求极其强烈，并对精神生活提出了较高的要求，但同时又存在着信仰缺失、心态浮躁、方向感迷茫等问题，同时缺乏构建精神家园方法，这是当前高职院校思想政治教育亟须解决的迫切问题。

（二）具体状况

为更加具体、全面地了解当前高职院校学生的精神家园状况，本次调查问卷从成就观、伦理观、情感观、文化观、政治观、生命观6个层面开展调查分析。

1. 对成就的理解。生活于市场经济繁荣发达的今天，人们的成就观正在经历深刻的变革。正如古语所言"宝剑锋从磨砺出，梅花香自苦寒来"，成就奠基于艰辛的努力和持久的奋斗，想要到达成功的彼岸，是需要付出极大的努力的。关于"怎样才算有所成就"一题，调查结果显示，16.5%的大学生选择了"事业有成"，15.6%选择"健康"，12.1%选择"能让人依靠"，11.9%选择"金钱"，11.6%选择"术业有专攻"，11.2%选择"地位"，9.4%选择"想做什么就做什么"，8%选择"高双商"，另有3.4%选择"其他"。由以上数据表明，当前我校学生群体所认为的成就各有不同，成就呈现多样化选择。有较多的学生既重视长远的发展，也关注眼前务实的需要，但依然有小部分学生群体存在缺乏远大理想追求、缺失生涯规划的问题，这表明我校思想政治教育、人文素质教育还有加强的空间。

2. 对伦理的认知。所谓伦理是指人类社会中人与人、社会、国家的关系以及人们心目中的社会行为规范，道德责任、是非判断都在此范畴之内。针对引起舆论热议的"罗一笑事件"这一问题中，61%的大学生表示遇到此类事件时会"先了解事情真相再捐款转发"，21%认为"不管真假与否，善心是自己的，直接点进去捐款献爱心"，10%认为"存在虚假信息，置之不理或感到愤怒"，8%表示"与己无关，从不关注这些"（见图1）。可见，当前我校学生群体的道德责任感积极、客观，60%左右能够具体问题具体分析，遵从主流社会价值观念，做出合理的抉择。但不可忽视的是，仍有小部分学生认可极端利己主义，并对社会道德、责任漠不关心，这从侧面反映出了当前高职院校学生群体存在道德失范、责任感弱化的问题。

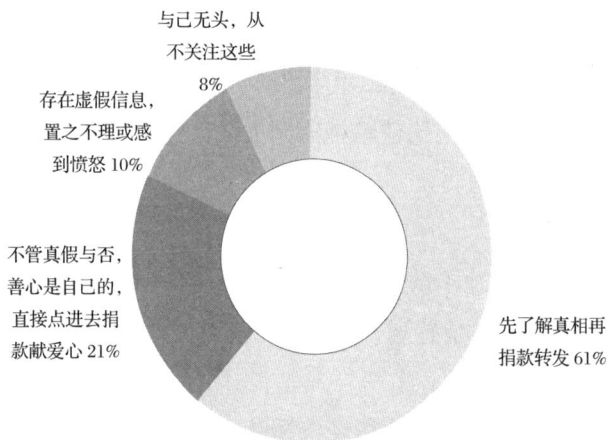

图1 关于网络上"罗一笑事件"，你的态度是什么

俗话说"勿以善小而不为，勿以恶小而为之。"这就要求我们有最起码的是非观。74%的大学生选择"公正处理，理在前情在后"，15%选择"帮助隐瞒，情在前理在后"，11%则选择"视而不见，装作没看见"（见图2）。

3.对情感的选择。情感观可理解为是人与人有情感接触后，在亲情、爱情、友情等方面所产生的针对自身感受的总结及之后对情感方面所产生的个人独到的审视眼光和面对情感时的态度。对于"人为什么要谈恋爱的问题"，有27%的学生选择"因为爱情"，22%选择"促进彼此进步"，16%选择"生理需要"，13%选择"排解空虚寂寞"，12%选择"增加阅历"，6%选择"其他"原因，4%选择"经济利益"（见图3）。可见，当前我校学生群体在爱情和婚姻的选择上主流仍然是积极健康的。但同时也存在功利的、对婚姻缺乏责任感以及长远考虑的现象。

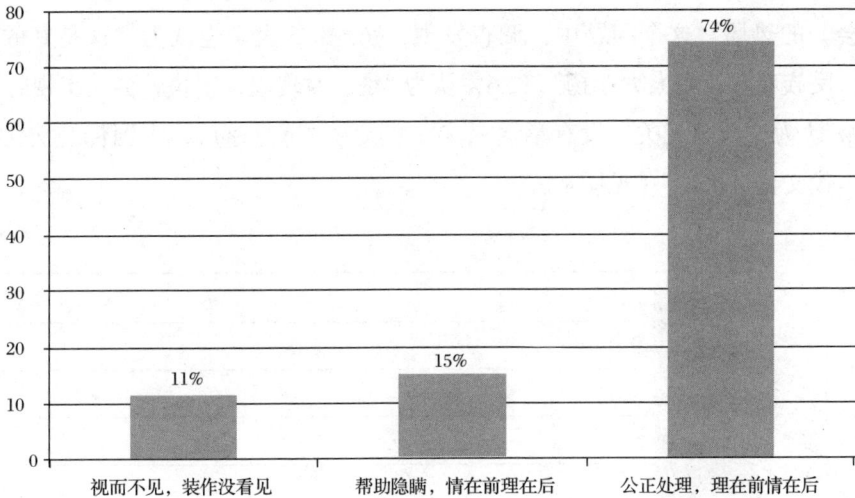

图2　如果你发现你最好的朋友在做不对的事情，你会如何处理

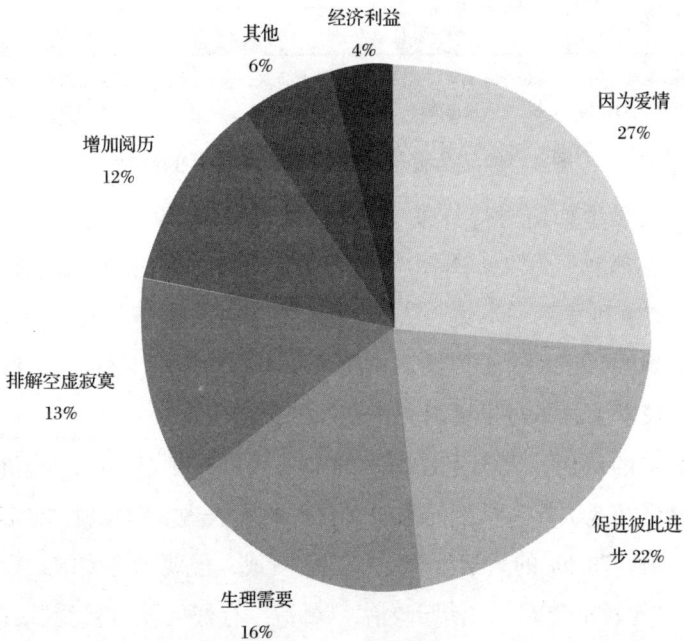

图3　人为什么要谈恋爱

4. 对文化的看法。提高大学生的文化素质，是构成当代大学生精神家园的重要组成部分。大学生是未来社会的支柱和传统文化的传承者，引导大学生树立正确的文化观具有极其重大的意义。在"大学生怎样看待《中国诗词大会》的热播"这个问题中，调查发现，76.6%的大学生认为"这是好的现象，民族瑰宝，要大力弘扬"，12.6%认为"是一时现象，很快就会淡出视野"，7.5%认为"与己无关，没有感觉"，3.2%认为"感觉落后，中国传统文化不如当代文化有价值"（见图4）。

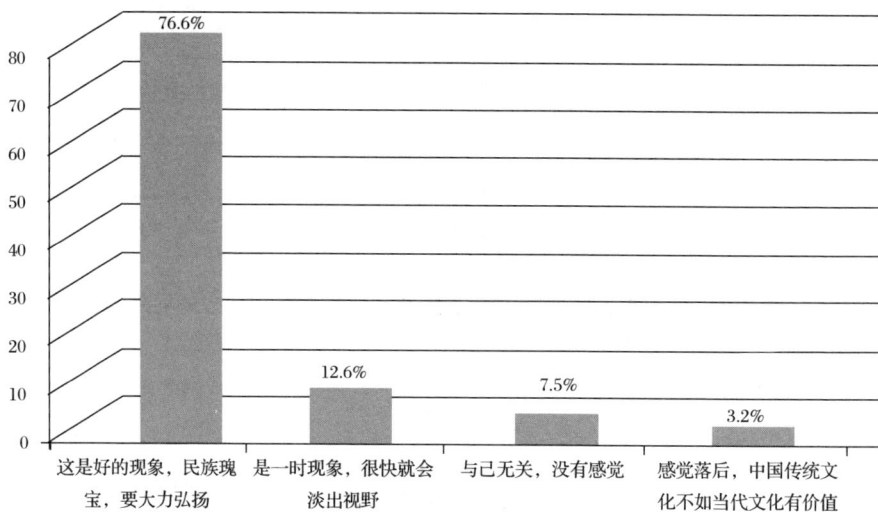

图4 你怎么看待《中国诗词大会》的热播

关于"大学生如何对待外来文化"，调查发现，95%的大学生选择"取其精华，去其糟粕"，2.1%选择"全盘吸收外来文化"，2.1%选择"抵制外来文化"，1.7%则表示"不关心"。可见，在当今文化荟萃的社会，大学生有着积极、正确的认识，对于传统文化给予积极的肯定、对外来文化取长补短，表明当前我校学生群体对于我国文化发展的预期乐观。

5. 对政治的认识。大学生是国家的未来，只有在正确的政治价值观的引导下，才能更好地引导大学生的思想文化和政治表现。对于就"萨德事件"抵制乐天的行为，78.2%的大学生表示"比较赞成，但要理性爱国，全面考虑"，11.6%表示"比较不赞成，政治归政治，"韩流"有好处就可接受"，7.5%表示"十分赞成，坚决抵制韩流，并要求他人也这么做"，2.6%表示"完全不赞成，个人喜好与国家行为无关"（见图5）。绝大多数的同学选择了理性爱国，这说明我校学生的政治情感理性色彩浓厚，在爱国的同时更趋于理性爱国。

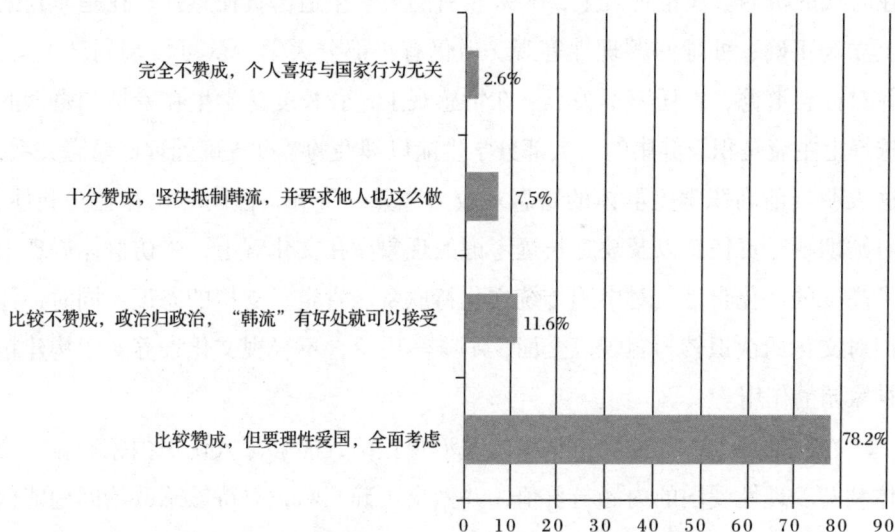

图5　因萨德事件抵制乐天的行为，你的态度是什么

6.对生命的态度。人活着总要有个目的，没目的活着就如同行尸走肉一般无任何意义，在"人活着是为了什么"的调查中，选择"为幸福快乐而活"的学生达到了49%，与此同时选择"不知道为什么而活，但既然活着就要开开心心地活着"的学生达到了36%，选择"为崇高理想而活"的学生占有12%，而选择"不知道为什么而活"的学生只有3%。这表明当前高职院校学生群体生活态度积极健康，活在当下，具有高度社会责任感并能够为实现崇高理想而活，但仍有少部分大学生不能正确认识存在的价值并缺乏生涯发展规划，因而理想信念缺失乃至生命观异化。

二、学生精神家园状况调查结果分析

上述调查结果显示，我校受访学生超90%有精神追求，并开始对精神家园的本质和优化路径进行初步思考和探索。但总体来说，仅有不足两成的学生对自己的精神家园发展状况表示满意，信仰缺失、目标虚无、心态浮躁、迷茫困惑等是大学生群体中普遍存在的问题，严重影响了大学生的正常学习和生活。

成就观因人而异，受访学生群体所认可的成就各有不同，呈现多样化选择，他们对于通往成功的途径有着更加灵活、务实的选择，能够很好地把握住时代的机遇。在伦理观上，60%左右的大学生道德责任感强、在是非判断上立场正确、处理问题理性客观，但仍有小部分大学生认可极端利己主义，并对社会道德、责任漠不关心。在情感观上，我校受访学生在爱情和婚姻的选择上主流是积极健康的，大部分学生能以理性的态度正确处理好婚恋关系，这表明当前高职学生群体的婚恋观较为成熟、平和，但同时也存在功利性、对婚姻缺乏责任感以及缺乏长远考虑的现象。在文化观上，受访群体展现出了高度的文化自信，对中国传统文化持欣赏、肯定、支持的态度。同时，他们对文化的认识较为客观、全面，不唯学历论，不轻视文化素养对于构建精神家园的作用。

在政治观上，我校受访学生的政治观正确，能够深入认识国家利益、集体利益、理性爱国的内涵与价值，并做出正确判断，对待敏感政治问题能保持客观理性。在生命观上，我校学生对于生命持谨慎、理性的态度，超八成受访者活在当下，生活态度主流积极健康，但仍有少部分大学生不能正确认识生命存在的价值乃至生命观异化的情况。

三、基本结论与建议措施

从调查结果分析来看，当前我校学生的精神家园状况整体良好，对于精神家园的建设有着主动性、自发性，且总体呈现出积极、健康的态势。但同时也存在着理想信念缺失、成就取向扭曲、道德素质偏低、社会责任感淡薄、政治信仰迷茫及生命观异化等较为严峻的问题。可采取的措施有如下两点。

（一）把握时代背景，坚持立德树人，加强人文素质教育。习近平总书记在全国高校思政工作会议中提到："思想政治工作从根本上说是做人的工作，必须围绕学生、关照学生、服务学生、不断提高学生思想水平、政治觉悟、道德品质、文化素养，让学生成为德才兼备、全面发展的人才。"在此背景下，高职院校思政工作应当始终坚持以立德树人为导向。

当前，"95后"大学生既视野开阔、善于思考又追求新鲜刺激，然而社会整体精神风貌却存在着参差不齐、泛娱乐化、缺乏精神内核的弊病，对大学生的理想信念、政治信仰、社会责任感等方面造成了潜移默化的影响，小部分大学生群体存在极端个人主义、利己主义、成就观扭曲、社会责任感淡漠、道德素质偏低的情况。与此同时，针对高职院校学生所开展的思想政治教育教育方式刻板固化、内容枯燥、理念滞后，难以有效调动和激发学生的积极性与参与性，致使学生出现理想信念缺失、政治意识薄弱的特点。

为此，必须进一步改进和加强思想政治教育工作方式方法，强调立德树人采取符合高职院校学生特点的宣传教育方法，将政治理论教育与人文素质教育相结合，破除僵化思维，"遵循思想政治工作规律，遵循教书育人规律，遵循学生成长规律，不断提高工作能力和水平""教育引导学生正确认识世界和中国发展大势；正确认识中国特色和国际比较；正确认识时代责任和历史使命；正确认识远大抱负和脚踏实地"。

（二）立足高职实际，依托学生主体，优化精神家园构建途径。当前高职院校人才培养大多以高级专业技能型人才为主，普遍存在"重理工、轻人文"的倾向，这无疑会导致在为高职院校学生群体构建精神家园提供有力支持及路径优化方面有所欠缺。因此，在高职院校更应加大对大学生人文素质的教育和养成，进一步加强人文素质教育项目的推进，并切实加强此类项目的教育指导意义，力求做到层次分明，既易于学生接受的文体活动项目，又有立意高远、内涵深刻的精神文化活动，从而助力学生精神家园构建，支持学生全方位发展。

同时，构建大学生精神家园本身离不开学生这一主体，应当鼓励并支持学生自我教育、服务、管理，采用结合学生实际、贴近生活、贴近学生的方式去引导大学生优化精神家园的构建路径，帮助学生寻找到正确的价值标杆，培育健康的心理状态，树立科学合理的人生规划，纠正生命观异化的偏差，为精神家园的构建保驾护航。

附：东莞职业技术学院大学生精神家园现状调查问卷

1.请问你的年级是？

A.大一　　　　　　　B.大二　　　　　C.大三

2.请问你的性别是？

A.男　　　　　　　　B.女

3.请问你的学科是属于？

A.文科　　　　　　　B.理科

4.请问你的成长地是？

A.一般农村地区　　　B.农村偏远地区　　　　　C.大城市

D.中小城市　　　　　E.城乡结合地区　　　　　F.其他地区

5.请问你的政治面貌是？

A.中共党员　　　　　B.团员　　　　　C.群众　　　D.其他

6.你是否认同"人活着应该有精神追求"？

A.赞成　　　　　　　B.否定　　　　　C.没想过

7.你对自己目前的精神生活感到满意吗？

　A.满意　　　　　　B.基本满意　　　　C.不满意　　　D.不清楚

8.你的信仰是什么？

A.马克思主义　　　　B.宗教　　　　　C.有信仰，但说不清楚

D.没有信仰　　　　　E.没想过，不在乎

9.你认为大学生经常出现的精神问题是？

A.孤独感　　　　　　B.失落感　　　　C.迷茫感

D.厌世感　　　　　　E.恐惧感　　　　F.其他

10.你认为大学生出现精神问题的原因是什么？

A.人际关系紧张　　　B.家庭情况复杂　　C.学业压力大

D.经济负担重　　　　E.情感不如意　　　F.理想信仰缺失

G.其他因素

你认为目前人们最大的精神问题是什么？

A.心态浮躁　　　　　B.情感疏离　　　　C.不讲底线

D.急功近利　　　　　E.信仰危机　　　　F.其他

12. 你认为目前人们出现精神问题的最主要原因是什么？

A. 近代以来中国传统精神世界的失落

B. 受极左运动的影响

C. 社会转型期各种矛盾凸显与激化的反映

D. 市场经济的负面影响

E. 全球化背景下多元社会思潮的冲击

F. 西方发达国家实施意识形态渗透的结果

G. 其他因素

13. 对于"潜规则"上位的行为，你有何态度？

A. 无可厚非　　　　　　B. 各有各的选择

C. 鄙夷　　　　　　　　D. 事不关己高高挂起

14. 你如何看待高职院校学生辍学创业这个现象？

A. 成功又不止读书一个途径　　　B. 不读书谈什么创业

C. 毕业等于失业，不如创业

15. 你对富二代拼爹是什么态度？

A. 合情合理　　　B. 不公平　　　C. 仇视　　　D. 羡慕嫉妒恨

16. 发现对象出轨后你的做法是什么？

A. 恶意报复　　　　　　　　B. 假装不知道继续在一起

C. 怨恨对方从而分手　　　　D. 和平分手并祝福对方

F. 从此就是陌生人　　　　　G. 其他

17. 分手后你会如何处理与前任的关系？

A. 深陷失恋情绪，无法自拔

B. 无法接受，对前任纠缠不清

C. 心生怨恨，对前任打击报复

D. 坦然接受，祝福对方，做更好的自己

E. 冷漠处之，从此形同陌路

18. 你对在校高职院校学生结婚持什么态度？

A. 不理解　　　　B. 没看法　　　　C. 支持

19. 对越来越多的名流被爆出出轨事件，你的看法是什么？

A. 两情相悦，无可厚非，他人无权干涉

B.作为公众人物应有社会责任感,更该严于律己

C.事不关己,高高挂起,不在乎名人的所作所为

20.关于网络上"罗一笑事件",你的态度是什么?

A.先了解事情真相后再捐款转发

B.不管真假与否,善心是自己的,直接点进去捐款献爱心

C.认为存在虚假信息,置之不理或感到愤怒

D.与己无关,从不关注这些

21.对于老人强迫让座的问题,你的态度是什么?

A.可以支持,利于弘扬传统美德

B.不支持,是否让座是个人自由

C.具体问题具体分析

D.无所谓

22.对于同性恋,你的看法是什么?

A.完全赞同,是对人权的尊重

B.比较赞同,我不介意

C.无所谓

D.比较不赞同,自己无法接受

E.强烈反对,感觉是一种病态

23.在宁波动物园老虎咬人事件中,你认为责任在谁?

A.园方的过错,防御措施不到位,应该击毙老虎救人

B.男子之过,逃票并罔顾警示标志,应赔偿园方损失

C.都有责任

24.如果你遭遇医患纠纷,你会如何处理?

A.理性沟通,依法处理,实事求是,接受现实

B.情感上无法接受,必须得到补偿

C.认为责任全在医生,恶意报复

D.其他

25.发现你最好的朋友在做不对的事情,你会如何处理?

A.帮助隐瞒,情在前理在后

B.公正处理,理在前情在后

C. 视而不见，装作没看见

26. 你如何看待安乐死？

A. 完全赞同，是对人权的尊重

B. 比较赞同，我不介意

C. 无所谓

D. 比较不赞同，自己无法接受

27. 你是否支持死刑？

A. 支持，罪有应得就该得到惩罚

B. 不支持，可以惩罚但无权剥夺生命

28. 你对祭祖活动的看法是？

A. 表达对逝者的思念与情感　　B. 祈求生者安康

C. 是封建残余，迷信活动　　　D. 是传统习俗

E. 说不清楚

29. 你认为人类的出现是神旨意之下的必然还是大自然规律下的偶然？

A. 神的旨意，因为上帝是万物的缔造者

B. 大自然的规律，任何生命的出生都是大自然的规律下的生物链的一部分

C. 没想过也不在乎，活着就好

30. 请问你认为人活着是为了什么？

A. 为幸福快乐而活

B. 为崇高理想而活

C. 不知道为什么而活，但既然活了，就好好活

D. 什么也不为，出生不是我主动要求的

31. 作为一名高职院校学生，你对马克思主义了解多少？

A. 非常了解 B. 比较了解 C. 了解较少 D. 不了解

32. 因萨德事件抵制乐天的行为，你的态度是什么？

A. 十分赞成，坚决抵制韩流，并要求他人也这么做

B. 基本赞成，但要理性爱国，全面考虑

C. 比较不赞成，政治归政治，"韩流"有好处就可接受

D. 完全不赞成，个人喜好与国家行为无关

33.对于高校开设马克思主义理论课和思想品德课，你认为必要吗？

A.十分必要，对学生树立正确的人生观和价值观起重要作用

B.没必要，起不到作用，不感兴趣

C.可以开设，有一定作用

34.在课余时间你是否经常关注国内外的政治新闻？

A.经常关注　　　　　　B.对重大事件关注

C.偶尔关注　　　　　　D.不关注

35.个人利益、集体利益和国家利益，你会把什么放在第一位？

A.个人利益 B.国家利益 C.集体利益

36.学历水平高就是文化水平高吗？

A.是，学历高的人文化水平也一定高

B.不是，两者没有必然的联系　C.不太清楚

37.当提到"文化"一词时，你首先会想到什么？

A.传统习俗　　　　　　B.文学艺术

C.审美情趣　　　　　　D.精神图腾

E.娱乐活动　　　　　　F.品质修养

38.你对待外来文化的态度是？

A.抵制外来文化　　　　　B.全盘吸收外来文化

C.取其精华，去其糟粕　　D.不关心

39.你怎么看待《中国诗词大会》的热播？

A.是好的现象，民族瑰宝，大力弘扬

B.是一时的现象，很快就会淡出视野

C.感觉落后，中国传统文化不如当代文化有价值

D.与己无关，没有感觉

40.你认为提升高职院校学生文化素养，是建设精神家园的有效途径吗？

A.能从根本上解决　　B.有积极作用，但作用有限

C.没有作用　　　　　D.不关注不清楚

41.你认为怎样才算有所成就？（多选）

A.金钱　　　　　　　B.事业有成　　　　　　C.地位

D.能让他人依靠　　　E.健康　　　　　　F.想做什么就能做什么

G. 高双商　　　　　H. 术业有专攻　　　　I. 其他

42. 你觉得人为什么要谈恋爱？（多选）

A. 因为爱情　　　　B. 排解空虚寂寞　　　C. 生理需要

D. 增加阅历　　　　E. 促进彼此进步　　　F. 经济利益

G. 其他

43. 在选择婚姻伴侣时你看重的是对方什么？（多选）

A. 家庭背景　　　　B. 发展前景　　　　C. 消费观念

D. 年龄　　　　　　E. 忠诚度　　　　　G. 样貌

H. 其他 I. 不考虑结婚

44. 在交朋友时你看重的是对方什么？（多选）

A. 志同道合　　　B. 性格相投　　　C. 家庭背景

D. 能力出众　　　E. 品质可靠

45. 你觉得怎样的高职院校学生生活才算不虚此行？（多选）

A. 评选评优拿奖学金　　　B. 入党

C. 担任学生干部　　　　　D. 考取各种证书

E. 丰富的实习经验　　　　F. 在校创业经济独立

G. 日夜"王者"、打机、小说、煲剧样样行

H. 谈恋爱　　　　　　　　I. 其他

工作案例

　　该章节选择七篇工作案例，为广大一线学生工作者提供了真实并带有普遍性的工作经历以及处理技巧。可以说，书中的案例既是辅导员（学生工作者）心与心的交流，又是工作艺术的展现。从中，既可以被这些学生工作者耐心细致、持之以恒的敬业精神所感染、所鼓舞，又可以使得广大同仁从中受到启发，开拓工作思路，提高工作水平。对于我们这些长期从事大学生思想政治教育工作的同志来说，每当我们看到自己的学生在学校中的进步与成长，心中倍感欣慰，哪怕迎接的挑战越来越多，我们也能不断地创新工作思路，改进工作方法，让思想政治教育工作变得生动而鲜活。

坚持理想信念的目标导向

——青马工程育新人

媒体传播系　党亚男

为进一步贯彻团中央《"青年马克思主义者培养工程"实施纲要》精神，落实东莞职业技术学院关于"青年马克思主义者培养工程"深入开展的活动精神，全面推进媒体传播系学生马克思主义者培养工程，提高学生综合素质与核心竞争能力，引导学生成长为中国特色社会主义事业合格建设者和接班人，特制定"培养共青骨干 争做媒体先锋"媒体传播系首届青年马克思主义者培养工程实施方案，并取得了初步的成绩。案例汇报如下。

一、案例概况

（一）案例背景

为响应团中央号召，培养共青团干部"坚定理想信念，心系广大青年，提高工作能力，锤炼优良作风"的良好品质，切实担负起新形势下团员干部积极工作的职责使命，努力成为党放心、群众满意的团干部，2017年3月22日，媒体传播系青年马克思主义者培养工程正式开班。此次青马工程以"培养共青骨干，争做媒体先锋"为主题，积极响应习近平总书记"撸起袖子加油干"的号召，以马克思主义中国化理论武装我系学生骨干，提升学生干部的业务水平和政治素养，并以点带面地全面提高我系学生的综合素质。

（二）培养过程和主要方法

我们响应习近平主席在2017年新年贺词中的"撸起袖子加油干"，策划了一系列以"撸起袖子干"为核心的课堂学习与素质拓展培训，其中有撸起袖子一起干之青马入学礼、撸起袖子走心干之心灵浴场、撸起袖子灵活干之智助智救、撸起袖子学着干之流动的智慧、撸起袖子帮忙干之感恩于心，救助于行、撸起袖子唱着干之"红"心壮志、撸起袖子齐心干之聚能量、撸起袖子踏实干之影藏于心，摄之以情、撸起袖子明白干之团委书记面对面、不忘初心，撸起袖子加油干之青马毕业礼等活动。让参加青马培训的同学能够深入了解社会，服务社会，提高自身综合素质。

（三）取得的效果

活动使得我系团学学生干部的政治素养、团结协作精神、综合能力等素质大幅度提高，同时，该项目及其子项目分别获得了广东高校"活力在基层"主题团日竞赛活动一等奖、东莞职业技术学院示范团总支团日活动、东莞职业技术学院团日活动星级评选第一名的奖项，参与其中的同学们表示，作为这个活动的参与者，他们觉得非常骄傲。

二、案例分析

2017年3月东莞职业技术学院媒体传播系以"培养共青骨干 争做媒体先锋"为主题，开展了首届青年马克思主义者培养工程活动。同时响应习近平主席在新年寄语中"撸起袖子加油干"的号召，通过理论与实践相结合，开展了一系列活动，以提高学生骨干的综合素质。以马克思主义理论中国化武装学生骨干，提升学生干部业务水平和政治素养，以点带面地全面提高学生的综合素质。

习总书记对广大青年提出的"坚定理想信念，练就过硬本领，矢志艰苦奋斗，锤炼高尚品质"的要求，我们将其作为活动的精髓，充分理解其内涵，根据每个要点，设计出围绕其主旨的两项活动。活动具体布设如下。

（一）坚定理想信念

习近平总书记高屋建瓴地提出"四个全面"重要战略思想，作为一名优秀团员干部，树立远大理想、保持坚定信念是理应具备的思想前提。

心灵浴场——撸起袖子走心干：邀请广东省高校心理健康教育与咨询区域中心主任苏亚玲教授开授第一课，就恪守职责、信念引导、明确方向3个方面，给学员进行一场心灵的沐浴，一次思想的启迪。

团委书记面对面——撸起袖子明白干：与校团委王博书记面对面深谈作为毕业前的最后一课，以亲切朴实的方式使学员了解作为学生干部与共青团员的职责所在，引领学员保持坚定信念、不忘初心、积极进取的先进思想。

（二）矢志艰苦奋斗

以习近平总书记系列重要讲话精神为指引，从思想上转变，从作风上严谨，从行动上规范，传承弘扬坚定不移、矢志不渝的艰苦奋斗信念和作风，展现一名优秀团员应有的精神风貌。

"红"心壮志——撸起袖子唱着干：学员们心存敬仰，歌颂先驱，缅怀烈士，增进对革命精神的认同，继承并发扬矢志不渝、艰苦奋斗的革命精神，做继往开来的优秀共青团员。

聚能量——撸起袖子齐心干：户外拓展活动挑战重重，学员们群策群力，用智慧克服困难，用坚持支撑目标，用汗水浇灌成功，齐心协作，共创佳绩，充分体现了矢志不渝、艰苦奋斗的力量。

（三）练就过硬本领

"空谈误国，实干兴邦"，只有掌握出色的技能，才能为团培养、输送大批新生力量和工作骨干，从而以过硬的本领推动团组织工作的稳步前进，稳扎稳打地做好学习型青年，成为中国共产党的好助手和后备军。

影藏于心，摄之以情——撸起袖子踏实干：邀请东莞市摄影协会副秘书长马旭老师为学员传授摄影知识技能，在培养自我专业能力的同时不忘发展兴趣爱好，做有生活情调的共青团员。

智助智救——撸起袖子灵活干：邀请东莞救助站主任杨芳女士对学员进行救人与自救知识的传授，培养学员的自我安全意识，增强自救能力和志愿服务的热情，为学员们投入志愿服务提供安全保障。

（四）锤炼高尚品质

在同各界优秀青年代表座谈时习近平总书记指出："广大青年一定要锤炼高尚品格。"

感恩于心，救助于行——撸起袖子帮忙干：参加公益活动，有利于培养团员的社会责任感，不负"为人民服务"的教导。学员们用热情感化、用言语关怀、用行动帮助自闭症儿童敞开心扉，传递正能量。

流动的智慧——撸起袖子学着干：邀请往届优秀学生干部分享经验，他们志存高远，用多年积累的心得、追求卓越的意志、不懈努力的事实，积极地传递和灌溉，以高尚的人格魅力感染并激励着学员们。

此次青马工程紧贴习总书记对广大青年提出的"坚定理想信念，练就过硬本领，勇于创新创造，矢志艰苦奋斗，锤炼高尚品格"的要求，深刻领会其中的基本内涵和精神实质，切实用以武装头脑、指导实践、推动工作。在以后的日子里，相信青马学员能保持先进思想，提高觉悟，以高度的责任心积极工作，树立远大的理想，不负这段青马时光，为学院和系部负责，为党和人民服务，为社会贡献自己的力量。

三、案例启示

近年来，团中央的指示、指导越来越"接地气"，越来越易于被掌握、践行和传承，亦更加易于传播，那么作为基层思想政治工作宣传人员，如何将党中央、团中央的精神要领更为深入地广泛传播，并内化于心地对行动进行指导，便成了我们需要思考的问题，不仅依靠宣讲的形式，还要将精神主旨内化于活动中，通过身体力行的体验，更加深刻地记得并使之潜移默化地成为行动的指南。

因此，将青马作为有力抓手，切实发挥好宣传带动作用，以上率下、全面覆盖、多级联动，不为了开展而开展，而是选择学生们喜欢的形式，同时将党中央、团中央的精神贯穿始终，强化领悟、践行，在学生们自愿汲取的状态下进行政治宣传，效果自然更易推动。

结语

此次为我系首次开展青马工程活动，因前期准备较充分，对习总书记、党中央、团中央的指示学习、研读较为广泛、深刻，因此在思想引领及内容安排上，衔接得相对科学合理。从学生们反映的收获和项目获奖情况上，也给了大家一些肯定和信心。在这个过程中，最重要的是辅导员自身的政治学习，提高自己的政治素养，将科学的理论与青春年华的接受规律相结合，不求多，求深入。

此次项目中，仍有子活动结合得不够深入，在接下来的每一届青马，我们都会结合当年当时的政治精髓，深入研究，力求将每一个子活动更好地结合起来。

走出迷茫期

——新生适应大学生活教育案例

学生处　陈萃韧

一、案例背景

小南，2016级管理系工商企业管理新生中一位来自河南的男生，国庆放假后的某一天，来到我办公室，用低沉而坚定的声音对我说："老师，我不想读了，我想退学！"我不禁一怔：作为仅仅只有26个河南招生计划来说，从河南考来东莞是挺不容易的事情，怎么突然想要退学呢？我大脑飞速地运转存在脑海中的学生档案，快速找到了答案，小南是外地考生，我一开始就格外关注他，生怕他不适应这边的生活，也曾叮嘱同宿舍的同学们平时多照顾他。他说退学的声音虽然坚定有力，但是表情却苍白无力，于是，我初步判断小南退学这事恐怕是因为适应性问题。我耐心问道："发生了什么事情，可以和我说说吗？"他怔怔地看着我不愿意说，显然对我还没完全信任。"你能来找我，说明你已经把我当朋友，没关系，有什么问题放心大胆地说吧，我一定会竭尽全力帮助你的！"也许是我的面露微笑，温柔言辞打动了他，他好不容易才开口："老师，我不喜欢这里"。他说："高考的时候，我的分数只够我们那边的职业院校，可是在我们那拿了职业院校的文凭等于没读书，于是我的老师建议我报考'珠三角'的职业院校，说学习技能、就业方面都更有优势，我坐了几十个小时的火车出门，在这之前我基本没怎么出过远门，我家住在一个偏远的小农村里面，对坐火车也不适应，一下车就觉得天旋地转，来到一个陌生的地方，虽然有点新鲜感但是总觉得自己寸步难行，国庆节我回家之后，更加感觉不适应这里，一刻都不想在这了，没什么朋友，身边的人都说东莞话，感觉受到周围环境的排斥，这或许不是我待的地方……上课也听不进去，很压抑，又愧对于父母，非常矛盾，很想家但又不想辜负他们的期望。"一串真挚、朴实的话语揪着我心：原来退学是他回避不适应问题的一种方式，我要帮助他适应大学生活！

二、案例分析

以小南的经历和感受为基础进行分析，主要有以下几个方面的不适应。

生活方面不适应。对于小南来说，离家千里，初来大学，陌生的环境以及陌生的语言让他始终处于一个惶恐又兴奋的状态；其次从与小南的沟通中得知，小南的家乡主要以吃面食为主，而大学食堂的饮食以米饭为主，并且相对清淡，从入学开始他就一直吃不惯学校食堂，甚至一星期都不去吃饭而是自己买泡面在宿舍吃；生活方面主要表现在对交通和学校周边环境不熟悉，饮食、气候不习惯等不适应性问题。

人际交往不适应。小南来自于偏远山区，跟宿舍同学在一起甚至班级同学在一起时觉得不适应，主要表现为不自信、极少说话、语言不通引起的参与困难。在与老师的关系上，对老师既敬畏又崇拜，遇到问题或挫折很少求助于老师，没和老师建立起朋友式关系。

学习上不适应。大学新生在学习方面主要存在问题是学习内容复杂、学习方式自主性强、学习科目种类多、时间无法合理分配等等，小南也同样存在诸如此类问题，加上负面心情带给他的影响，在学习上提不起兴趣，

自我认知不适应。曾经的小南在内地高中只强调一心学习书本上的知识，学校活动也较少，如今上了大学遇到各种各样的活动，认为第二课堂的活动仍是无用的，最重要的还是书本上的知识，观念还未转变，因而参与上不积极，内心构造的理想大学世界与现实冲突，再加上看到其他同学能力突出、善于言辞，越觉得自己与他们之间的差距大，逐渐找不到存在感，对自己不认可，自我认知低下。

三、行动目标与行动方案

1.初步交流，了解情况

在与他的交流中，我始终传达我的热情和真诚，以便在建立起信任的基

础上获得更多信息，也得知，退学并不是小南的根本目的，他只是因为各方面不适应才选择退学逃避，但事实上内心是渴望上学，渴望学到知识的，可自己每次都束手无策。这就肯定了我的判断，这是因不适应大学校园生活而引发的一系列问题，一切都是不适应惹的祸。

2. 全方位联系，建立支持系统

小南走后，我多方位了解小南的情况，先是让小南的班长和宿舍同学到办公室，认真向他们询问小南的生活、学习情况，联合班级班干部，让他们在开展活动时注意调动他的积极性，给他创造展示的机会，也叮嘱舍友们能多多关心小南的生活和学习，带他融入该地域，平时教他说说本地方言，拉近彼此距离。随后与小南家长联系，告知小南目前在校的情况与想法，了解到了小南在父母眼里是一个比较乖巧、善良的学生，经常主动帮助家人干农活，也从父母口中得知小南平时是跟爷爷奶奶住，父母均在当地省会城市打工，对小南关注较少。通过与家长联系沟通，我们达成共识，共同帮助小南适应目前大学生活，家长答应会多多打电话关注自己的小孩，给他鼓励。

3. 文化交流，促进融入

中秋文化交流，感受地域文化。时至中秋佳节，一周内，我利用节假日契机，给小南的班级召开了"中秋，你回家了吗？"的主题班会，中秋国庆作为大学生一入学的第一个假期，许多不适应的学生回到家后再返校可能更加不适应，所以抓住这个时间，通过班会课，让小南同学畅谈家乡中秋文化，也让本地学生分析中秋习俗，通过文化间的交流促进小南的融入。事实也证明了这次班会的有效性，五仁月饼与冰皮月饼引发不同地区同学热烈讨论，一下就拉进了班级同学的距离。

参观历史纪念馆，接纳本土文化。为了更好地让他了解东莞的历史背景、东莞文化，期间也布置了一项作业，周末带他去参观学校附近的人民解放军在抗日战争时东江纵队纪念馆，希望他能了解历史，知己知彼，减轻对这片陌生的地域的排斥感，后来，从小南交给我的观后感中可以明显感受到他开始接纳对他来说陌生的南粤大地并理解中国地域文化的特殊性。

4. 定期交流，渐进改变

而后，我制定每周2—3次与小南深入交流计划，也经常去小南宿舍走动，了解小南本身对大学的期望，发现他本来对大学是充满期待，但是发现现实与理想有了落差，心情一落千丈。还与他深入交谈什么是大学，大一新生应该如何适应大学生活，并向他介绍广东地域的特点、东莞城市的特点，大学的生活特点以及大学三年不同阶段的特点，也让他明白大学经历对人生重要的影响。对于小南来说，退学只是选择的一种出路，这一想法打消之后，我便帮助他制定了学业、生活规划。我一直在关注小南的变化，他的思想改变的过程是渐进式的，这时已经较好地巩固了所取得的效果。

5.朋辈鼓励，共同成长

一对一帮扶。前面几步打消了退学年头，但是这并不是说明工作已经做到位，除此之外，我还挑选了一名适应能力强，同样来自外省的高年级学生，帮助他，与小南分享适应大学生活方面的经验和大学生活的感受，并在专业课上给他更多建议。

提高自主能力。通过小南同学的个案，我还调查发现，新生适应性问题是当下的普遍现象，于是我将有共同适应性困难的新生召集，组成成长小组，每周2次，开展6—8次活动，开展的内容主要是在大学期间遇到各种生活上问题如何解决、如何提高独立自主能力，帮助他们融入集体生活。

促进新生交往。4个多月之后，春节将至，这时的小南和刚来的时候已经不同，不再忧郁，不再彷徨，取而代之的是适应东莞，热爱东莞，还加入了志愿者协会，与同学打成一片，改变的速度让我诧然。我想，这不仅是我们共同努力的结果，也是因为小南本身悟性较高，不适应大学生活才一时没能调整过来，实在让我欣慰。后来，为了更好地巩固以及帮助小南提高自信，我们还成立了一个新生交往小组，主要针对的是在人际交往方面有困难、渴望学习人际交往方面知识的同学，我鼓励小南成为这个小组的负责人，内容涵盖新生应该如何与师长、异性等交往技巧，如何处理宿舍之间的关系等，主要形式以小组角色扮演为主，通过小品、演讲等活动形式模拟校园内人际交往场景。小南将小组管理得井井有条，慢慢凸显能力。

四、经验与启示

抓住问题根源。小南虽然是个案，但也普遍反映了大多数大学生入学存在的问题，由于大学新生成长背景差异，每个大学生适应新环境能力不一样，辅导员应该熟悉每一位学生的档案，根据不同学生的特点，分析学生的特殊原因，比如说案例中小南说要退学，其实是适应性的问题，因此我们不要仅仅以为只要打消退学的念头就是任务完成，更应该以学生为本，从系统、生态、发展、赋权的视角来综合解决这一问题，真正做他们的人生导师和知心朋友。

加强家校联系。家庭对大学新生校园适应性具有预测作用，家庭功能完善，大学新生适应更强，适应状况好，因此学校可就出现的不适应个案与家长共同研讨处理。这样，学校无形中和家长在教育的方向上达成共识，与家长教育观念、行为指导和结果达成协调统一，利于改善不适应学生的成长环境。

以朋辈教育介入。组织开展"师兄师姐伴我行"一对一新生帮助活动。选择适应性能力强的，代表性强（来自外省，或者贫困生身份、同专业内优秀的）高年级的学生，在分享适应经验、大学生活感受上对新生的帮助效果更好。

以小组工作介入。朋友在新生适应中举足轻重，辅导员应鼓励学生多结交朋友并且创造更多便利条件，将有共同困难的新生召集，组成成长小组，每周开展活动，内容包括新生成长（包括如何提高独立生活能力，如何快速融入当地等）、新生社交（如何处理宿舍人际关系，如何处理师生关系等）、新生学习（什么才是大学最正确的学习方式，如何自主学习，以及学习困难帮扶小组）等内容。达到"助人自助"的目的，共同成长。

一封诀别信的故事

——非正常离校学生的危机处理工作案例

管理科学系　邓雨鸣

一、案例简介

"我很喜欢你们，你们对我也很友好，我与你们在一起时感觉很温暖，可惜我终究觉得自己与所有人都格格不入……你们追韩星，我却喜欢张国荣；你们看综艺节目，我却喜欢看书。我已经努力尝试融入大家，但却无能为力……我决定永远离开学校，不再回来，请你们不要担心，永别了……"这是女生小刘在"诀别信"中写下的内心独白。2015年4月8日清晨7点，东莞某高职院校工商企业管理专业2014级学生小刘在没有告知任何人的情况下，在宿舍留下了一封"诀别信"后，趁着室友们熟睡，独自一人带着简单的随身物品，离开了学校，第二天傍晚彻底失去了联络。谁都没有想到，平日里懂事安分、与同学相处友好的小刘，竟会突然以诀别的方式离开学校。

这是一起因成长发展问题引起的危机事件，4月8日事件发生后，经过及时妥当的突发事件处理以及学校、家庭、警方三方的联动配合，于4月14日凌晨在云南省大理市找到了小刘，并由她的父亲接回家中休养一周，4月20日正式返校上学。小刘返校后，我对她的实际情况进行了分析，制定了专门的心理疏导、生活辅导以及学业帮扶措施，现在小刘不但适应了校园生活、摆正了心态，在学校找到了与自己志趣相投的朋友，还找到了发挥兴趣爱好的平台，在一家报社找到了实习编辑的工作。

二、案例原因分析及处理思路

从案例整体来看，小刘离校失联属于突发事件，而导致其离校失联的主要原因是小刘在入学以后在成长发展方面出现了问题，最终导致了这场惊心动魄、万里寻人的突发事件。经过和小刘的多次深入交流，我发现造成小刘"心病"的主要原因有三：第一，人际交往模式存在缺陷，缺乏社会支持。小刘性格内敛，不爱与人交往，不热衷参与集体活动，课余时间喜欢看书、写文章，且不是东莞本地人，在生活习惯和文化上与其他东莞本地的同学存在一定差异，因此自入学以来并未完全融入集体。第二，没有树立远大理想和人生追求，缺乏精神寄托。对所学的工商企业管理专业不感兴趣，而在她感兴趣的文学方面却始终没有机会一展拳脚，甚至连一起阅读、交流的朋友都没有，这进一步加剧了小刘因为人际交往问题导致的孤独感。第三，容挫抗压能力较弱，存在畏难情绪。小刘的父母、妹妹都性格强势，对她进行了全方位的保护，使她成了真正的"温室里的花朵"，一旦离开家门遇到挫折时便束手无策、不敢面对、丢盔弃甲，最终不得不逃避问题，选择一走了之。

针对小刘的实际情况，我的处理思路是从解决当前危机事件、对小刘进行长效成长帮扶2个方面着手。首先，是解决当务之急。小刘的出走已经成为一起涉及学生人身安全及校园和谐稳定的突发事件，学生的人身安全高于一切，辅导员必须在第一时间启动应急预案，联合学校、家庭以及其他一切可发动的社会力量进行及时妥善处理，找到小刘并确保她的人身安全。在处理过程中要本着认真负责、实事求是的态度，做到三个"第一时间"：辅导员、班主任要第一时间赶抵达现场、控制局面、核实情况；第一时间将情况反馈给院系及学校职能部门领导，必要时向警方、医院等社会力量寻求合力；第一时间与家长取得联系，保持密切配合。

其次，是筹划长久之计。从事件成因及长效处理来看，这属于学生成长发展问题。解决学生成长中的问题，是处理本案例真正的出发点和落脚点，帮助小刘融入大学生活，树立起正面积极的人生理想，找到切合实际的成长实践路径，才是最终能够帮助小刘在大学校园中找到"存在感"的有效"解药"。

三、案例实际处理

在危机事件处理阶段，当务之急是保证小刘的人身安全。小刘室友在她离校第二天下午18：30许发现"诀别信"后立即向我和小刘的家长反映了情况，我和家长分别于18：40前后各与小刘通电话一次，但未能接通。18：45，我与班主任抵达小刘宿舍，核实情况后，立即向系部和学生处领导汇报此事，向派出所报案，并建议家长立刻前往学校协助处理。20：00，小刘的家长抵达学校，并收到派出所报案回执，民警到学校调取了监控录像、了解具体情况并做详细记录后当即开始寻人工作。与此同时，我也对小刘的室友们开展工作，一方面进行情绪上的疏导和安抚；另一方面控制局面防止消息扩散，以免将来对小刘造成更大的伤害。

在成长帮扶阶段，我首先向学校心理咨询中心老师寻求帮助，对小刘的心理状况进行及时干预、评估、疏导，评估小刘是否存在一般或严重心理问题、是否需要转介。较为幸运的是，评估结果表明小刘存在的是一般心理问题，经过心理老师的定期辅导能得到有效缓解，可以维持在校的正常学习、生活。经过心理辅导，小刘开始逐步建立起积极乐观的心态及思维模式。

其后，在小刘的心理状况开始好转之时，我着手帮助小刘改善适应性问题及人际交往问题。为此，我一边做小刘的思想工作，鼓励她突破自我封闭的堡垒，尝试与同学敞开心扉交往，一边私下建议室友们对她"多多关照"，多组织聚餐、郊游、"卧谈会"等集体活动，上课、运动、泡图书馆时多邀请小刘一同参与。同时，在小刘返校一周后我组织了一次班级拓展活动，有意识地选择了两人三足、同心圆等能够增强集体凝聚力、有利于小刘融入集体的活动；在小刘返校一个月后我又组织了第二场班级拓展活动，全班同学一起到松山湖风景区郊游，小刘与同学们一起骑自行车游湖、烧烤，在轻松愉悦的氛围中不知不觉便拉近了与同学间的距离。

此外，我想办法帮助小刘增强容挫抗压的能力。经过与小刘家长的多次沟通，家长愿意适当放松对她的保护与管束，鼓励小刘到校外兼职，增加社会阅历并体验生活百态。经过与任课老师的沟通，老师们也在课堂上给予小刘更多的机会展示自我，帮助她更好地开展专业学习、提升专业认同感、发现兴趣点。

同时，考虑到小刘爱好文学，我结合自身专业特长经常主动与她进行探讨，共同交流读书心得，并指导她寻找发展兴趣爱好的平台。最终，小刘凭借自身努力，在我院《学在东职》报刊担任了编辑职务，在课余时间从事她钟爱的文字工作，并因此结实了一批志同道合的朋友。此外，小刘还创立了自己的个人微信公众号"lashinlau"，自2015年年底创立以来，发表了原创文章近80篇。

如今，小刘的大学生活乃至人生开始走上一条更加阳光、宽广的道路。

玉不琢不成器，人的成长面对的是一条曲折坎坷的道路，不经历挫折磨难的打磨、不对症下药解开内心的症结，如何有机会迎来雨后的彩虹？我想，小刘今后定会慢慢地成长为一个"心中有阳光、脚下有力量"的人。

四、案例反思与启示

作为一名"辅学生成长、导学生成才、圆学生梦想"的辅导员，这一事件让我对辅导员工作有了更多的思考，警醒着我工作当中仍旧有许多反思与改进之处。

首先，进一步完善学校突发事件的应急预案。应对突发事件需要做到有章可循，如依据教育部《学生伤害事故处理办法》等文件制定符合学校实际的应急处理机制，努力实现有效预防、及时控制、妥善处理，提高反应速度和处理能力，将突发事件的危害降到最低。

其次，"辅导学生成长"，关键功夫用在平时。学生工作无小事，对于学生成长过程中易出现的问题要有预判，并依据指导性的文件、政策采取有针对性的教育措施。如根据《普通高等学校学生心理健康教育工作基本建设标准（试行）》的要求，定期对学生进行心理问题排查；又如新生入学初期的适应性问题、外地生源的融入性问题、90后学生容挫抗压能力较弱问题、宿舍矛盾问题等等，通过开展谈心谈话、主题班会、集体活动、柔性管理等多种抓手将思政教育落到实处。

再次，"引导学生成才"，需加强相关学科知识。辅导员老师面对众多学生，正所谓千人千面，要根据不同学生的思想状况、认知水平、学习能力以及自身素质来选择适合学生的方法来开展工作。这需要辅导员广泛运用思想政治教育学、教育学、心理学、法学、管理学等宽口径的学科知识，而当前辅导员群体相关学科的知识水平尚显欠缺，亟待提升。

最后，"圆学生梦想"，应注重工作方式方法。2004年《中共中央国务院关于进一步加强和改进大学生思想政治教育的意见》中指出，大学生思想政治教育的原则之一是"坚持解决思想问题与解决实际问题相结合，既讲道理又办实事，既以理服人又以情感人"，这指明了学生工作的落脚点之一在于帮助学生解决问题。而要做到这一点，工欲善其事，必先利其器。要求辅导员在工作过程中要注重方法、找准切入点，用准确到位的方式切实帮助学生有效解决问题。

建设温暖班集体

——班风学生建设工作案例

电子与电气工程学院 薛松

一、案例概况

我系电子信息工程技术专业是中央财政支持的重点专业、"十三五"广东省品牌专业建设项目和2017年广东省现代学徒制试点专业，是学院首批开展订单班、学徒班的专业。该专业与华为签订了订单班，在大二第一学期将通过面试的方式进行分班，依次分为2个华为班、2个电子班。

我所带班级是电子班，该班是由未面试华为的学生和面试华为未被录用的学生组成。鉴于之前其他班主任带电子专业班级所面临的问题，如学习积极性普遍不高、班级凝聚力较差等。我一直在思考，如何改变当前所带班级的现状呢？如何提高同学们的学习积极性，提高学生干部的工作积极性，提高同学们的人际交往能力，提高班级的凝聚力？

二、案例分析

（一）了解班情

开学伊始，本人花了2周的时间，找班里30位同学谈话，了解学生的家庭情况、个人喜好、学习状态和班级情况。通过了解，班级主要存在以下几个方面的问题。

第一，未面试华为的学生普遍积极性不高，对电子专业兴趣不足，学习主动性不高，课余对学生活动参与较少，综合素质测评普遍靠后。原因是：

首先，高职学生的特点，对学习积极性不高；其次，该班级有部分学生高考是调剂过来，对本专业兴趣不大。

第二，面试华为未被录用的学生，虽然主观上对本专业有兴趣，但在专业成绩上不是很好，同时在表达能力、人际交往、组织协调等方面提升空间还很大。原因是：华为面试全面、系统，不仅对专业进行测试，对人际交往等综合能力也有测试。根据华为面试后的反馈，绝大部分同学在语言表达、组织协调、人际交往方面有欠缺。

第三，班级凝聚力较差，学生班级意识不强，同学之间较陌生，同时又缺乏交流。原因是：班级是大二分班后新组建的，没有大一学年的感情基础。

第四，学生干部队伍也比较懒散，工作效率低，有疲于应付的状态。原因是：班级是大二分班后新组建的，没有大一学年的感情基础，学生干部责任意识不强。

（二）明确思路

结合学院系部情况、"95后"学生特点、我班情况。我们分步采取以下措施：以情感为基础，以活动为载体，在活动中引导，以班风带学风，指导学生学业规划，发挥学生干部带头作用，提高学生人际交往能力，帮助学生全面成长。

（三）具体措施

确定了基本的工作思路后，我先后实施了以下措施，从学生角度出发，促进学生成长。

强化班级意识。由于我班是新组建班级，大部分同学的班级意识停留在分班前的班级，我们通过制作班服、选定班歌，强化新班级的集体意识。在班服、班歌的选择中，不同意见的碰撞与融合，使班级力量进一步凝聚。

举办班级活动。在活动中加强思想引导，寓教于乐，更能深入人心。在进行班服、班歌的选定后，班级意识得以强化，下一步举办班级活动，加强同学间的交流，继续营造融洽的班级氛围。分别举办了踩单车、游松湖，班级趣味游戏、集体观影等活动，让新组成的班级青春活力、积极向上，让同学们找到班级归属感。为下一步的工作打下感情基础。

设立班级制度。通过前期班风的营造、班级意识的加强、班主任的积极参与，师生间、同学间建立了良好的关系。设立班级制度，让同学们从心里、从行为上都接受。在召开班委会后，制定我班的基本制度。第一，学生干部不准旷课；第二，学生干部挂科即主动辞职；第三，加大迟到早退旷课处罚力度，只要单项行为大于2次，将通报家长情况；第四，上课不能玩手机；第五，保证每个同学顺利毕业。通过班级基本制度的约束，保证了学生的到课率，学风得到明显改善。

提高专业兴趣，指导学生制定并督促实施学业规划。经过班级基本制度的约束，学生到课率得以保证。由于班级的特殊性，相比于其他两个华为班，我班学生专业素质整体偏下。根据学生的学习基础、学科偏好、个性特点，本人与学生反应比较难的科目的科任老师，有针对性地制定了中长期学习计划，帮助学生确立学习目标，并督促其实施学习计划。

同时针对部分同学对专业兴趣不大的问题，我邀请了专业负责人、优秀毕业生（快意电梯肇庆区域售后负责人），为学生做了一次专题分享会，让学生对专业前景有了更详细的了解。

培养学生干部，发挥学生干部的带头作用。学生干部具有多重角色，一方面是学生，另一方面也是老师的助手，如何培养他们走在队伍的前列，成为学生的榜样？我采取了例会制度，我所带6个班的班长，每周三下午开例会。在例会中大家把工作中遇到问题抛出，老师带领着同学们一起解决，共同学习，共同成长。用解决问题的方式，指导实际工作。在经过一段时间的磨炼后，我班团支书和班长逐渐将班委变成一个群策群力、以身作则的集体，有这样的班委发挥主观能动性，发挥带头作用，班风、学风在潜移默化中得到改善。

情商修炼，提高学生人际交往能力。在班级中，大部分未被华为订单班录取的学生，据华为反馈，一部分专业知识欠缺，绝大部分经过测试在知识面、表达能力、人际交往等方面有所欠缺。这不仅仅是他们存在的问题，也是全班学生的问题。我通过理论联系实际的方式，在实践中让同学们提高人际交往能力。一方面，我们在班级开展了集体学习卡耐基的《人际关系学》，了解人际交往的知识。另一方面，鼓励学生利用课外时间兼职或加入学生组织，重点将部分同学推荐到辅导员助理岗位。让学生在实践中慢慢提高人际关系的能力。

三、实施效果

通过一个学期的工作，我班班级氛围变的融洽，学生在班级中找到归属感。班委的工作也开展得更加顺利，学生普遍积极配合。学风得以改善，学期末考试，绝大多数同学成绩都有较大幅度提升，专业排名前20，我班入围7个。在班级荣誉统计中，有60%的同学获得荣誉证书。50%的同学利用周末兼职或加入学生组织。在一连串的数据背后，说明我们的班风学风措施取得一定效果，开头良好。

四、案例启示

这是一个以班风带学风，促进学生全面成长的典型案例。在高职院校的工科院系，男生多女生少，同时又是在大二新组建的班级，如何建设好良好的班风学风更为艰巨。通过我班建设良好班风学风的案例，有以下几点启示。

班级活动是建立良好班风学风的载体。结合我院、我系、我班的实际情况，在活动中加强师生间、同学间的情感交流，寓教于乐。在教室以外的场地开展思想引领工作，能取得更好效果。

设立班级制度，学生遵守是关键。设立规矩虽易，但如何让学生真正接受是问题所在，也是设立规矩方式方法的艺术所在。"95后"是个情感丰富的群体，或许因为他喜欢你，他就听你的。在充分了解班情，了解迟到早退旷课同学的情况后，我利用单独谈心，晓之以理，与学生平等对话，让学生从内心接受规矩。

发挥班干部的带头作用，事半功倍。班干部是班主任、辅导员的有力助手，是班集体的组织者、领导者。他们的思想素质和工作能力直接影响和制约着班级建设，培养学生干部要有计划性和针对性，要做到培养和使用的有机结合。

沟通从心开始

——帮助新生改善人际关系的实例

管理科学系 黄丽军

一、案例背景

大学对于每一个新生来说都充满新奇，都需要适应，然而同学们又都来自五湖四海，由于背景、经历、习惯都可能不同，相互之间的人际适应就显得至关重要，对于来自偏远山区的学生来说更是十分不易。通过朋辈教育拓宽视角，获得社会支持，是可取之道。

朋辈教育的路径很广，本案例主要以优势视角、心理剧、小组工作等方法帮助"XIN"同学探索认识自我，引导学生感同身受，形成合理认知，成为一个有弹性的人。

二、案例介绍与分析

（一）拒绝沟通："老师，我不能来见你"

在近期的班干部会议上我了解到班上的"XIN"同学性格孤僻、独来独往、内心敏感且自傲，尤其因为近期发生的一件事情：因所在小组的一次作业没完成好，到了其所在小组分享时，其在课堂上非但没有分享作业，还极力痛诉小组其他同学出现的问题以及谩骂了个别同学，这一行为遭到了小组其他同学的厌烦，甚至出现了班上同学一边倒的情况，都认为"XIN"同学的行为非常伤人，是个"奇葩"，双方在微信群上进行了长达半个小时的骂战，事后不了了之，造成的结果就是全班同学都有意识地和"XIN"同学隔离起来，有的出于保护自己，有的出于打抱不平。

根据平常我对"XIN"同学成长经历、家庭情况、社会支持、兴趣爱好等方面了解，知道他来自偏远山区，缺乏关爱，多次面试学生组织均失败。我试图多次联系其见面以待深入了解该生，但该生都委婉拒绝、避而不见，只通过短信回复我说："老师，我不能来见你，我只能通过短信和你联系。"于是在多次短信交流中我没有刻意提到班干部反映的事件，但也在交流中发现该生有非常多片面的、绝对化的观点，同时也发现其文字功底很好，并从优势视角给予了客观的肯定和赞扬，其也向我诉说了他写的小说故事。

（二）满心疑惑："我真的可以帮你策划心理剧吗？"

鉴于该生文字功底不错，我提议让他帮我策划心理剧，写他自己的故事，以备比赛之需。他先是满心疑惑，得到我的肯定答复后，喜上心头，为了方便双方沟通心理剧相关事宜，我提出并加了他的微信，他在朋友圈里透露着淡淡的冷漠，也总是喜欢不断地撤回消息，并且在正式碰面的时候他的表现没有短信中的那么洋洋洒洒，很是手足无措。在招募心理剧的演员时我刻意挑选了一些热情、开朗、包容的同学，经过反复修改、排练，当一台心理剧完整呈现时，我看到了他的满脸泪花，我想他这既是感慨进步和收获，更是对自我的表达和疗愈。我肯定了他的收获，也询问了他之前怎么只愿意和我短信联系，以及不断地撤回消息是什么意思，他告诉我他感觉见面表达不清楚，因为他不能允许自己不严谨，只有足够严谨，才会呈现在别人面前，撤回消息大概也是这个原因吧。我非常肯定地告诉他，他在和我见面的这段时间我能非常清楚地了解他想表达的内容，这与他的感觉不是很一致。

（三）主动纠错："我谩骂他人是错的"

我以当时新闻热点老虎咬人事件为引在班上组织了小组讨论，先是让大家各自抒发自己的看法和意见，再是让大家分别体验这个事件中三大主角——老虎、人和事件处理者的感受以及处于这种角色时的表达，然后再作为舆论者发出自己的声音，结果前后两种声音会有很大的不同，在小组讨论后，他们更能体会各种角色的为难、困惑，也明白要坚守规则和底线。同时，我也和该生就他之前在课堂上谩骂他人的行为进行了深入的讨论，明确指出谩骂他人是极不尊重人的行为，我们是不是可以寻求比谩骂更有效的沟通渠道呢？他思考良久，对我说："老师，我骂他是错的，我向他道歉。"后来，我让他明白了被他谩骂的那个同学当时的感受，以及怎么沟通会比较舒服。他找到了答案，觉得也许和同学私下说会更有效，他也如是做了，班上同学都觉得很惊喜。

（四）融入集体："我收到了班上同学的祝福"

集合班干部在班上开展了"把我的家乡带给大家"的活动，了解是理解的基础，在同学们听他介绍他的家乡时，会发现他不是那个认为"钻进虎园的人一定要死的"无情的人，他不是那个在课堂上谩骂他人、无礼的人，他是那么认真，那么小心翼翼。当时正值感恩节，班上也开展了感恩节送祝福卡片活动，他发微信告诉我："老师，我也收到了班上同学的祝福卡片（笑脸）"，喜悦之情溢于言表。慢慢地，他开始能从不同的视角看待问题，偶尔也能见到其在班级群里主动发言，与同学们结伴而行，如果有不知道怎么处理的事情，他也会主动和我说，请我帮忙给意见，也很少撤回消息了。

三、案例启示

（一）提高警惕：少松懈，多发现

每一个小事情都有可能转变成一个大事件，因此，要提高警惕，防患于未然，每一个小事情都要谨慎处理，将可能随时引发的因子牢牢控制住。只有平时工作深，突发事件才不易成真。

（二）优势视角：少责怪、多肯定

每一个学生都有自己的特长和优势，我们要善于发现、肯定并熟记于心，尤其是内向、经济困难的同学，更要多关注，当有能发挥其特长的平台时，要多想到他们，鼓励他们参加并给予恰当的指导，因为第一次的经历都让人特别难忘。

（三）助人自助：少灌输，多体验

很多来自偏远山区的学生尚属于未完全社会化的人，他们并不清楚该如何和别人相处，但他们内心又十分向往与他人交好。因此，少向学生灌输纯理论，多向学生提供能帮助他人的平台，让其在这个平台尽情地体验、感受，以提高自己的眼界、视角、弹性，以促进自身的内心成熟和成长。帮助他人的过程，其实也是一个自我价值实现的过程，在这个探索自我的道路上，他们也会收获来自自己和他人的肯定和信任。

（四）形成合力：少独行，多联动

一人之力仍然十分有限，学生本身也需要多方社会支持，很多支持并不是老师就能替代的。因此，要与班级、学生家庭等形成合力，相互配合，以达到最佳的成效，让学生感受到满满的爱和温暖，给予其充足的力量陪伴其前行。

心有灵犀一点通

——关怀听力障碍学生成长案例

管理科学系　邓雨鸣

一、案例简介

2014年9月，夜晚，操场上，几千名当天才刚踏入大学校园的新生正在列队等候与教官的初次见面，空气中弥漫着兴奋与欢快的气息，我也欣喜地看着自己的300名新生。忽然，我的衣袖被扯了一下，一扭头看见一个瘦弱的身影站在身边。我有点诧异，连忙问她有什么事情，可是问了好几声，她却始终埋着头没有作答。这就是2014级工商企业管理3班的小江同学。那天晚上，她最后终于开口对我说，她想要退学去打工。

小江来自广东省梅州市五华县的一个农村家庭，由于家庭经济困难，初中时生病没有得到及时医治，落下了严重耳鸣的毛病，虽不是严重残疾，但已经影响了正常的人际交往与课堂学习。她付出了常人难以想象的努力才进入大学的校门，却因为身体缺陷、家庭经济困难、担忧就业无门等多方面的困难丧失了对未来的信心，觉得前途一片灰暗，十分自卑，于是心生辍学打工的念头。

小江的状况让我有些措手不及，不禁陷入了思考，到底应该如何教育、引导、帮扶，才能让这个最需要通过知识来改变命运、树立自立自强观念的寒门学子重拾信心、扭转观念、成长成才？根据小江的身体状况与家庭条件，她能考上专科实属不易，通过大学三年的专业学习掌握安身立命的一技之长更是她改变命运的宝贵机会。此外，依据小江当前的心理状况，如果不及时采取恰当措施极有可能进一步演变成校园危机事件，酿成悲剧。因此，及时帮助小江扭转面对困难的心态，排除校园危机事件，使之健康成长成才成了一个迫切而必须解决的问题；而解决问题的关键，就在于对症下药。

二、案例分析与处理

近年来，国家对于家庭经济困难学生、残疾学生的帮扶政策越来越全面，助学贷款、学费减免、助学金等政策在一定程度上减轻了学生和家庭的负担，为特殊学生上学提供了有力保障，小江也同样可以运用各项资助政策承担大部分学费。从小江个人实际角度来看，解决了大部分学费负担的她更应该珍惜来之不易的求学机会，充分运用好大学三年的时光夯实专业技能，为将来谋求发展之路，可究竟是什么原因使得原本应该奋发刻苦求学的小江选择了相反的道路？

经过与小江多次深入聊天、与小江的父亲电话联系、调阅档案、询问周边同学之后，我发现主要有3个原因。第一，小江从偏僻的粤东小山村来到"珠三角"现代化的大城市求学，加之家境贫寒而自身又有身体缺陷，加重了原本就存在的自卑情绪，一时之间难以适应，出现心理问题与新生适应不良问题。第二，小江有严重耳鸣的病症导致课堂听讲效率极低，加之本身文化基础薄弱，小江自知顺利完成大学课程难度极大，认为毕业乃至就业的可能性微乎其微，因此知难而退。第三，小江对自身生涯发展缺乏规划意识，没有树立远大理想，没有对自己及行业进行深入认知与探索，故而不了解自身优势劣势及当前社会就业现状，从而导致做出缺乏长远目光与追求的判断。

通过分析，我逐渐理清了思路，小江是个自尊自爱、艰苦朴素、意志坚强的学生，结合小江的思想特点及实际情况，我制定专门针对小江的"成长生涯发展计划"，希望这个计划能指引她走好大学成才路。

第一阶段，调整心理状态，适应大学生活。一方面从谈心谈话、生活照料方面入手，帮助小江缓解自卑和焦虑的不良情绪从而适应新的环境与集体生活。我利用查寝、查晚修的例行工作制造与小江接触的机会，了解她的实际生活需要，通过国家及学校资助政策进行补助；了解她的思想动态，运用共情、积极关注等手法对她进行情绪疏导和鼓励。另一方面发挥朋辈教育的影响力，在最大限度保护小江隐私与自尊的前提下要求班干部、室友对她多加关照，并由班长牵头组织班集体活动邀请小江参加，让小江在温暖、愉快、安全的氛围中融入集体。

第二阶段，掌握学习方法，增加就业砝码。为克服客观困难、保证学习效果，我一方面与小江的任课老师一一联系请求协助，在保护小江隐私与自尊的前提下对她进行关照，如不在课堂上当众对她提问，避免她因听不清提问而造成窘迫；在课后对她进行单独辅导；为小江准备纸质版的讲义；等等。一方面，和小江一起商讨对策，引导小江提出在课后将不懂的问题发邮件询问老师，提出到办公室当面请教老师以及"每日自习3小时计划"等解决办法。同时，鼓励并牵线搭桥帮助小江与同学组队参加专业技能竞赛、"挑战杯"等赛事，既锤炼专业学术水平又开阔视野、增强自信。

第三阶段，做好职业规划，敢于树立梦想。经过前面2个阶段的努力，小江到大二时精神面貌已经焕然一新，对自己和生活重新树立起了自信。在学习方面，大一学年除《经济学原理》一科需要补考外，其余科目均顺利通过且平均分在75分左右；在生活方面，小江与班级同学相处融洽、互帮互助，生日时一起吃蛋糕庆祝，周末一起到松山湖郊游；小江也变得更加自立自强，利用课余时间外出兼职赚取生活费；等等。此时，我开始对小江进行进一步的生涯规划指导，引导她进一步挖掘自身价值、充分认识自己。经过《职业生涯规划与就业指导课程》、撰写《职业生涯规划书》、MBTI职业性格测试、SWOT分析、社会实践等环节，小江发现自己适合从事人力资源管理相关的工作，下定决心通过专插本考试取得相关专业的本科学历，并为自己制定了备考计划。

按照"成长计划"，经过不懈努力，2016年6月，小江与同学组队参加了2016年"挑战杯——彩虹人生"广东职业学校创新创效创业大赛，并获高职创业计划类一等奖，参加了2016年"挑战杯·创青春"广东大学生创业大赛，并获创业计划类银奖；2017年4月，小江顺利通过专插本考试，被东莞理工学院城市学院人力资源管理专业录取；2017年6月，小江从东莞职业技术学院毕业，品学兼优。在领到毕业证的第二天，小江给我发来了一条长长的短信："昨天领到毕业证，与专插本的录取通知书放在一起，好像有种不真实的感觉，三年东职人，一生东职情……至今不敢相信我真的走过来了，以前做梦也没敢梦过能有这样的一天。我从不善言辞，其实我很想向班里的同学说声谢谢，向你说声我很爱你，可我开不了口，我怕我会忍不住哭。你教了我很多东西，我会记得的。"我读着信，回首三年来小江与我相互陪伴走过的那条成长道路，回忆那一路披襟斩棘，一路昂首高歌，不禁湿了眼眶。我只给她回复了千言万语汇成的短短一句话："小江，好样的！"

三、案例思考和工作建议

小江在成长道路上所遇到困惑与困难在高校特殊学生群体当中具有普遍意义。来自偏远地区、家境困难的特殊学生群体由于地域环境、文化氛围、生活习惯等现实问题的影响，大学入学阶段较易出现生活学习等方面的适应不良问题，加之身体缺陷所带来的障碍，层层困境之下难免使他们对求学产生畏难情绪。在此基础上，如果学生没能在大学阶段树立远大理想，确立生涯发展的规划、实施路径，对自身以及所学行业、社会就业现状了解不深入，则容易做出缺乏长远考虑的错误抉择，断送了求学改变命运的道路。

自20世纪80年代始，国家开始关注高校特殊学生的高等教育问题。1985年，教育部明确提出要求各地高考录取时要有比例地录取学习成绩优异、身体有残疾的学生，并先后颁布了四份针对性文件：《关于做好高等学校招收残疾青年和毕业分配工作的通知》（1985）、《高等教育自学考试条例》（1988）、《关于发展特殊教育的意见》（1989）、《残疾人教育条例》（1994），随之而来的是残疾大学生受教育权利的不断提高。但是，在取得良好成效的同时，也依然存在一些问题，在高校特殊学生群体教育工作上存在疏漏，为此，我提出以下三点工作建议。

其一，强化意识，有针对性地开展高校特殊学生群体的教育工作。高校之中特殊学生群体的比例极小，因而极易在高校学生管理领域、成长服务领域、思想引领领域等育人工作中受到忽视，进一步成为高校之中被"边缘化"的弱势群体，这一局面将是特殊学生群体的身心健康发展及成长、成才道路的阻碍。辅导员在实际工作当中应该强化意识，高度关注，及时给予必要的帮扶引导。

其二，加强管理，跟踪关注特殊学生群体动态，排除潜在校园危机事件。特殊学生群体相对容易产生负面情绪，如自卑、焦虑、自暴自弃，因此更应该对其加强管理，应对特殊学生群体进行建档造册，详细记录其学习生活情况、思想动态、存在的困难等方面的信息，这既能够全方位了解学生状况以便第一时间提供有针对性的帮扶措施，又能够及时排除潜在的校园危机事件。同时，还应该加强家校联动共同关注学生动态，形成教育合力，共同为学生健康成长、顺利成才提供支持。

其三，注重方法，巧用科学育人方法鼓励帮扶特殊学生。这一群体敏感、脆弱，辅导员在开展工作时更需注重教育的科学与艺术。一方面，要开展一对一、全程跟踪、系统调整的生涯发展规划辅导，如"成长计划"，巧妙地在保护学生隐私与自尊的前提下将生涯发展指导做到"润物细无声"。另一方面可以采用"残健融合法""榜样激励法""积极沟通法"等符合教育学、心理学原理的方法来开展工作。

走出阴霾，融入大学生活

——心理障碍康复期学生人文关怀案例

学生处 陈萃韧

一、案例概述

小根，男，广东阳江人，2012级汽修班学生。单亲家庭，经济特别困难生。母亲待业，弟弟花艺馆打工。2013年春节，小根母亲在东莞厚街做洗碗工，因回家花费大，于是选择在东莞过年，而小根则在一家国际酒店做服务员，遇到了一个外省的男人称自己是做皮料生意，能带领他赚钱，这位外省男人先后分3次将他打工的积蓄以及母亲给他的学费共计9600元骗走，此时小根倍受打击但也不敢跟自己家人说，将此事埋在心里。一个星期后，小根与学校声乐队同学一起去惠州玩耍时，初次犯病，思维混乱，开始说胡话，同去的同学立马联系他的家人。过了一段时间，小根情况正常了，在2013年暑假返校，小根病情再次发作，被家长接回。此后小根入住广州中山大学附属第三医院，确诊为"双相情感障碍"。在经过2个月治疗后，病情好转。直到2015年3月份，小根在外兼职回到家中，弟弟发现小根再一次变得话多，病情复发。他虽然每天吃药但情况仍不稳定，而后因家庭贫困，无力将其送往广州治疗，5月，被县级医院诊断为"精神分裂症"。我于2015年初接手小根的班级，得知小根的情况立马申请转介，在帮助其申请休学一年之后，我不断与小根联系，给予他帮助。2016年小根继续返校学习，又回到我的班级，在我的耐心开导和关心下，他渡过了难关，顺利毕业。目前小根选择留在东莞，从事他热爱的汽修事业，看着他的改变与进步，意味着对于他，我的辅导员工作成为他人生中重要的一个分号。

二、案例分析及应对措施

1.受骗造成的经济压力让他无法化解

小根家境贫穷，是家中长子，非常渴望通过自己的能力撑起整个家庭，赚钱欲望强烈，加上本身是经济困难生，面对非常强的经济压力，感到力不从心。

2.现实的经济困难让他不堪承受

因学生家境贫困，一心想挣钱养家，在这种焦虑的情绪下往往会误判挣钱渠道。春节选择在外兼职不回家过年，兼职期间遇到一位传销人员，先后3次将他自己打工的积蓄以及母亲给他的学费共计9600元骗走，这笔数目对于小根来说并不小，这超越了他的心理承受能力，使之一时没经住挫折和打击。

3.消极情绪没有得到排解

小根2014年曾发过病，在广州中山大学附属第三医院曾治疗并开药，但由于小根的母亲文化水平较低，并没有意识到该病的严重性，加上家境窘迫，也想省点钱，所以也没有督促小根按时吃药。此外，小根生长在农村，早年丧父、穷苦家庭让小根有说不出的痛苦，将自己严实包裹起来。再加上小根临近毕业压力大，许多负面情绪在积压，多重的环境影响和多件事情的打击和压力让他无处宣泄负面情绪。

这是一起贫困生因传销被骗而引发的精神异常。我立马协助家长、学校帮他申请转介，为他办理了休学手续，返校复学后，与他相处的一年中，开展学生心理健康跟踪，起初他身体反复，心情也时而糟糕，但在我的耐心开导和关心下，他的身体状况逐渐平稳，心理也逐步恢复正常。

三、主要措施

1.学院在思想上的关心、经济上的帮助，解决其现实困难。

（1）发病期间时逢端午节，我与他班主任以及任课老师给予他充分关心，节日期间驱车前往阳江对他以及家庭嘘寒问暖，第一时间给他送去补助及水果慰问。

（2）得知小根问题后，基于该生家庭贫困，而平时作风艰苦奋斗，勤奋学习，帮其申请临时困难补助4000元，解家庭生活之急，此后也有不同形式的补助，使他有能力交纳拖欠的教材费、住宿费等。

（3）系部发起爱心捐款，筹到的8000多元款项全部用于小根的病情治疗。

2. 辅导员在多方面的关心、爱护，使他踏实了、安心了。

（1）通过他的父母、亲人、班主任、前任辅导员、班干部等人多方面多层次了解到该生的具体情况。事发第二天，经小根妈妈同意，本人与小根通话半小时，他告知我他现在在病院，妈妈过来看他，他本人非常渴望继续学习。聊天中，他条理清晰，思路广泛，倾诉欲望强烈。随后恰逢端午节，我亲自驱车6小时前往他家慰问他关心他，为他提供生活上的帮助和精神上的支持。

（2）休学期间，与家长保持联系，了解小根的情况，以及返校后，加强同家长的沟通，及时反馈小根的近况。

（3）返校后，积极与小根沟通，在精神上给予安慰，在生活上给予帮助，安排班干部、同学多与他沟通，让他不再感到孤独。

（4）鼓励小根积极参与班级活动，让他时时处处都能融入班级中去，经常去宿舍探望他，找时间与他在校园内谈心，让他心情放松。

（5）与小根建立良好的信任关系，鼓励小根遇到任何新的困难都可以与我主动联系，并通过热情接待、耐心倾听、真诚沟通、积极追踪等方式关注他，使他放下戒备，并在每次察觉自己的异样时，能主动找到我，化险为夷。

（6）赋予小根奋发动力，提高个体自我效能感。我积极配合学院心理咨询中心，挖掘小根的"希望"，通过自信心训练等技巧帮助他对未来产生期待并且有所规划，在实际生活中完成自我期待，并用此产生的自我效能感来战胜之前的障碍。

3. 同学们之间的关心、帮助，使他融入集体。

（1）在他复学次日召开主题班会，同学们纷纷热情地表示愿意为他提供帮助，并对小根复学表示热烈欢迎，让小根感受到集体温暖。

（2）发挥大学生群体力量，在班级活动中，鼓励班级同学积极邀请他参与，坚决不让他掉队，也鼓励小根参与积极正面的集体活动，在其他乐观同学的感染下改善低落情绪。

（3）在宿舍中，安排值得小根信任的舍友或者班干部密切关注他的动态，使其在突发情况时，既能立刻上报学校，又能安抚稳定其情绪。

四、案例启示

1. 做好新班级的心理筛查与预防。对于新接手的班级应全方位多层面了解学生情况，积极关注班级内"特殊学生"，如家庭贫困、性格内向、学习困难或重大特殊事件经历的学生。对一般心理问题的学生，及时通过心理辅导进行干预，严重的心理问题一旦出现，要及时让学生去医院接受正规治疗。早发现、早预防、早治疗，防微杜渐，从细微处关注学生各类思想动态和心理变化，把心理障碍危机消灭于萌芽状态。

2. 完善的心机危机干预体系是保证。为了更好地干预心理障碍学生，辅导员个人力量毕竟有限，因而高校需要建立起学校—院系—班级—宿舍四级心理危机预防系统，从建立学校心理健康中心开始，在院系、班级、宿舍也要设置班级心理委员、宿舍长等，这样既可以密切关注学生的心理动态，上报学生心理异常，又能让学生在常态的心理互动中提升心理健康水平。

3. 要学会甄别心理问题、神经症和精神疾病。对有心理问题的学生可以通过谈心、心理咨询、心理辅导等方式解决，而对像小根这种已经出现心理异常的，必须立即通知监护人及时送院治疗，以防耽误有效治疗时间，给患者本人或他人造成伤害，引发严重后果。

4. 加强对学生的安全教育。学生被骗是病情发展诱因之一，往后会加强对学生的安全教育、日常管理，强调自我保护意识，及时了解学生的思想动态和日常行为，通过假期去向登记以及返校统计，及时取得联系，并提醒学生提防高薪兼职广告，求职尽量通过正规渠道，保护好自己的人身安全，坚持自己正确的价值观。

5. 家校合作，形成合力。遇到心理危机事件，应及时上报并积极主动与家长沟通，赢取家长对心理危机干预工作的支持与配合，耐心告知其子女在校学习生活情况，让家长对小孩的病情清清楚楚，以便及时就医、配合治疗、病重休学等阶段取得家长的理解与支持，达到最佳治疗效果，充分发挥老师、学生、家长、学校等各方面的力量，形成合力，共同教育。

精品项目

　　该章节选择5篇具有代表性的工作项目，均以问题为导向，为怎么样给学生提供个性化、有针对性的服务给出了许多有益的思考。每份项目中的设计理念都是亦师亦友、强调服务成长的教育设计，日常实践养成教育、朋辈教育、学生自主教育、人文素质提升、工匠精神的培育这几方面的精品项目，都是根据高职学生的特点与不同的需求，以学生为主体，既挥舞起思想政治教育的工作旗帜，又能接地气，春风化雨般融入学生的日常生活。依据学生工作特点，设计学生个性化发展的方案一直都是学生工作者要攻破的难题，于此，我们也从实践中看到了学生工作者迎难而上的执行力与突破常规的创新力，其中无不彰显学生工作者个体的智慧与团队的力量。每个项目各具特色，相信这些经验能为下一步工作添砖加瓦。

讲出自己好故事

——朋辈教育工作项目

学生处 李浩泉

一、项目理念

身边榜样因其真实性、可亲近性，极富感染力和教育价值，成为高校立德树人的有效着力点。学院近年紧密结合大学生身心特点，联系大学生学习、生活实际，广泛开展各类的朋辈分享活动。通过分享身边的好人好事，将社会主义核心价值观从理论概念变成充满人格魅力的人物形象甚至是感人肺腑的故事，营造出学生喜爱的环境氛围，融教于导，寓理于引，通过形象化的感受和人格化的感染，调动大学生在情感上充分融入，从而取得"春风化雨，润物无声"的良好成效。

二、主要目标

"讲出自己好故事"活动从设立开始，就有2个基本定位。一是要给有好故事的同学创造演讲实践机会，鼓励他们大方地说出自己的故事，敢于在同学面前表达自己的思想；二是要给广大同学搭建一个面对面交流的平台，用具体生动的好故事代替生硬晦涩的大道理，增进交流，共同进步。

三、基本内容

近年，学院从2013年开始，坚持每年4、5月面向全院学生开展"讲出自己好故事"成长分享活动，广泛组织德才兼备的同学作事迹报告、优秀班干作成长分享、最佳舍友讲温馨故事、兴趣小组传授学习经验，在讲述同学身边的真实故事当中，促进同学们的人生自觉和反思。

四、实施过程

（一）前期准备——指导学生选好主题、掌握技巧

在主题上给予启发，比如，2017年的活动主题定了10个方向：大学，梦开始的地方；"输掉"了高考，别输了人生；学神秘笈开讲；我在东职学习的那些事；班干部，我选择，我喜欢；拥抱大学，珍惜幸福；人总要有点爱好；我的达人生活；宿舍，有你更精彩；看看外面的世界。在内容上给予提点，譬如，要学会总结提炼一些鲜活的经验和方法，以体现实际价值，不妨大胆讲出成长遭遇的困境、面对困难的坚强意志，鼓励遇到挫折的同学振奋精神。在实操上加以训练，指导学生仔细推敲文稿，精心设计演讲的环节，适当地加一些手势语，熟练记忆演讲稿的内容，事先熟悉场地，可以把当众讲话的提纲和关键点写在小卡片上，以缓解忘词时的紧张感，临上场时，可以做深呼吸来稳定情绪，引导学生通过充分的准备，增加自信心。

（二）活动开展——三级宣讲确保全校覆盖、人人受益

活动持续2个月，分班级分享、系际交流和院级精彩回放3个层次。班级分享阶段，各系组织按班或专业为单位，以主题班会的形式组织分享会，并评出活动示范班一批。学生处对活动组织工做出色、分享事迹生动感人的集体和个人给予奖励。系际交流阶段，各系择优推荐人选，在学生处统筹下，组织跨系分享交流。精彩回放阶段，每系推荐一个宣讲报告团参加院级的分享会，简要介绍本系的活动情况，并推荐一人或一个团队进行现场分享，评选出优秀组织奖并角逐最具人气故事奖、最生动故事奖及最感人故事奖。在活动中，分享者在分享中要加强与同学们的交流。听众也能把好故事的感触及时记下来，主动提问交流。鼓励各系利用微博、微信进行场内、场外互动，传递正能量。通过"班—系—院"进阶式分享，尽可能让多一些学生参与到活动的设计、准备和组织中来，选树可学可感的身边典型，激励学生见贤思齐。

（三）成果展示——生动展现把故事讲细讲活

主讲学生只有带着感情对同学们讲真话、动真情、用真心，讲出的故事才会产生震撼力和吸引力。因此，在活动组织中，更多地引导主讲人本着实事求是的态度、带着真情实感来讲好自己的故事，并鼓励其邀请自己的好友、家人等组成亲友粉丝团到场助威加油。在分享会现场，各参赛小组运用了形式多样的表现方式，如有的制作了幻灯片，并配以解说，把团队或个人的奋

斗历程娓娓道来；有的用 flash 动画，对自己的学习和生活情况进行生动的展示；有的现场进行才艺表演，展示个人魅力；有的根据故事内容拍摄微视频，将学习和生活的场景再现。学生由于身心条件及奋斗目标的差异等，对于好故事的选择也自然会有不同的心理期待和价值判断。学院把同学们"点赞"作为重要的评判标准，设立大众评委，让学生自己选出自己的好故事。在活动的现场，同学们的反响非常热烈，许多同学纷纷表示，听着这种真实小故事，不仅有新鲜感，还少了距离感，多了亲切感，从中汲取了动力，看到了希望。

五、实施结果

（一）让学生讲自己的故事，他们最有感觉

因为分享人与听众本来就熟悉，而且讲的是自己的真实故事，所以主动性特别强，从 PPT 的准备，到现场亲友团的组织，学生都亲力亲为。他们本人也乐见有自己的"粉丝"，会仔细琢磨如何把故事讲活讲好，认真思考怎样回答现场问题，这也使得分享更为生动。

（二）说身边的故事，大伙都爱听

给学生讲大道理，学生不一定爱听，但给学生讲故事，效果就大不一样了。通过"讲故事"的方法，用学生喜欢的语言将发生在身边的真实故事呈现给大家，虽然不见得很完美，但学生听起来感觉特别亲切。

（三）真人真事真情，唤起情感共鸣

在学生中选树的榜样，有刻苦学习、自立自强的，有志愿服务、甘于奉献的，有热爱集体、团结奋进的，还有乐观豁达、积极向上的。他们的成功经历看得见、摸得着，真实可信又感人，更能引起学生真正的共鸣，更容易产生敬佩、仰慕之情，进而进行学习和效仿，并内化为自己行动的意志和决心。

六、思考与展望

"讲出自己好故事"活动得到同学们的热捧，这既让学院的学生工作者增强了信心，又促进了同学们的思考。只是开展一个活动是远远不够的，学生的榜样教育是一个渐进的过程，学生受影响也是一个连续的心理活动过程。因此学生的榜样教育要保持经常性和持久性，要把"讲出自己好故事"工作推向深入，一步步用先进事迹和典型人物感染学生。

（一）培育和发现更多的身边典型

学院近年加大对评奖评优、校园文化、社会实践、志愿服务、大型比赛中涌现出来的优秀学生的关注力度，对具有典型意义的优秀学生主动跟进，组织校园媒体广泛宣传，营造学先进、争先进、创先进的浓郁氛围。

学院还注重完善大学生考评体系，用政策引导学生典型产生的多元性。如考虑到"90后"的学生富有激情与表现欲望，渴望得到老师与同学的赞许与认可，学院出台学生日常奖励办法，集体和个人只要在日常学习期间有进步，都能得到及时表扬。从日常奖励中获奖学生中挖掘出来的"为什么能成为全院成绩进步最大的学生""走近64%同学获奖学金的零补考班级""学霸宿舍开讲"等故事，学生也更喜欢听。

（二）给学生典型持续的关注与激励

孕育榜样不容易，成为榜样有压力。为避免优秀学生在鲜花和掌声中停滞不前甚至"褪色变质"，学院从生活、政策、思想等方面入手给学生榜样以更多的关心。一方面积极创造条件，及时对榜样进行精神、物质方面的表彰和奖励，在困难补助、评优评先、就业推荐等方面对他们给予一定的政策倾斜，惠顾先进，激发后进；另一方面为他们提供施展才能的平台，有重点、有针对性地进行锻炼和培养，如开展多种多样的锻炼口才的校园文化活动，培养学生的口才。同时，对榜样不提出过高的要求，只严格要求其言行举止，以免他们产生太大的心理压力。这样既鼓励了优秀学生保持本色、不断进取，又确保了榜样教育长流水、不断线。

（三）创新宣传和交流形式

学院近年结合新媒体发展趋势，制作微视频、访谈录等音像视频，更加形象、直观地讲好身边故事。将各系优秀学生事迹汇编入由《学在东职》报纸的"身边榜样"栏目。公开一些优秀学生的微博、微信，方便与同学们交流互动，进而可以通过留言、跟帖等便捷的方式与学生探讨问题，解决思想困惑。根据学生学习生活的实际需要，建立"专插本备考群""班长交流群""心理驿站"等多种QQ群，让优秀学生在线与同学们进行交流互动。通过搭建学生榜样的展示推介平台、教育宣讲平台和交流指导平台，真正使榜样在纸上有名、网上有影、会上有声，扩大了榜样的影响力和辐射面，让榜样的影响力辐射到身边、辐射到校园、辐射到每一个人。

学在东职 绽放精彩

——在校园媒体建设中的学生自我教育项目

学前教育系 刘佩云

一、项目理念

不同时代的大学生都有自己的际遇和机缘。现在的高职学生身处经济社会转型的关键时期，要更好地谋划人生、创造精彩，关键是要学会思考、善于分析、正确抉择，做到稳重自持、从容自信、坚定自励。为引导学生主动学习、启发学生独立思考，《学在东职》校园月报，从学生的视角，以轻松愉悦的方式讲好校园故事，受到学生的喜爱，让学生爱上阅读、学会思考。

二、主要目标

《学在东职》从创刊开始，就有两个基本定位。一是聆听学生心声，捕捉关注话题。始终坚持"内容为王"的理念，注重了解学生所感、所想、所惑、所得，通过丰富的、有感染力的内容，不断增强报纸的亲和力，吸引学生的关注，满足学生的需求；二是把握学生思想脉搏。《学在东职》专设"校园调查"栏目，借时、借事、借势开展主题调查，通过问卷调查、深入访谈等多种方式，了解学生的学习生活现状和思想动态，并通过深度调查报告，引起大家对学生群体的关注。

三、办刊方式

《学在东职》通过组建院、系、班三级学生信息员队伍，开设《学在东职》

微信公众号，接收在线投稿，提供网上咨询，面向全校公开征稿，使学生人人都有机会"发声"，让学生倍感亲切。同时，注重及时吸收学生的意见，在每期《学在东职》编辑前，召集各系负责《学在东职》工作的老师、学生召开务虚会，每人说出一个新闻事件或可深度挖掘的主题，鼓励在场的其他人就这一事件进行"头脑风暴"。在每期《学在东职》出版后，召开学生编委点评会，总结本期的经验和不足，思考如何改进。每周二晚上召开《学在东职》学生编委工作例会，讨论工作，并进行业务培训。

四、实施过程

为鼓励学生多投稿，我们对每位文章被《学在东职》录用的同学发放正式的录用通知书，并且给予稿费。每篇稿件都写上作者所在班级，优秀稿件还配上作者自己最满意的一张生活照，这对于学生是一种无声的激励，让学生感受到只要用心去写，去创作，就会得到相应的回报，有所收获。在报纸出版以后，派发至每个班级、每间宿舍，让每位同学都有阅读的机会，广大学生反响热烈。很多同学拍下自己的文章发到朋友圈与亲人和好友分享成功的喜悦。

（一）读好书增长心智

《学在东职》加强与学院图书馆的沟通协作，开辟"品味阅读""悦·读"栏目，定期推荐经典名著，选登优秀读书心得，联合各部门深入开展校园读书文化节活动，把集中组织与自主阅读结合起来，把线下活动与线上阅读结合起来，引导学生改变碎片化阅读、网络化阅读和浅阅读的习惯，静下心来，认真读书，从经典著作和深度阅读中汲取营养。

例如《夏洛特的网》一书比较受学生的欢迎，阅读的同学较多，在第六期《学在东职》刊载了邱泽旋同学的读后感。

（二）微家书述说真情

科学技术的迅速发展给人们的生活带来便利，手机短信、电话、微信、QQ 等联系十分便捷的今天，人与人之间的空间距离大大缩短了，但心灵的距离却越来越远了。2017 年 3 月初，在《学在东职》编委会的例会上，一名编委同学提出"手写一封信给自己或亲人"的提议，得到大家的一致赞同。同学们马上动手撰写活动方案、设计活动海报，由学生处组织以"徜徉时空，写出心声"为主题,向全院学生征集家书的活动,提倡同学以书信的形式向朋友、父母、亲人、长辈、老师等手写一封信,诉说自己的心路历程,分享成长的快乐与困惑。或以"致未来的……"为题,写给未来的自己、伴侣、子女、亲人、朋友,既可以是自己想说的话,表达自己的感情,又可以是对以后的自己的寄望和憧憬。

活动一经推出,受到同学们的热烈反响。同学们放下手机,走出网络,静下心,铺开纸,执起笔,认真地写信。从收到的家书来看,同学们更多地把目光投向未来。很多同学以"写给未来的自己""写给未来的你""写给未来的孩子"等为题,他们想象若干年后的自己,跟什么人在一起,在什么样的工作岗位、过着怎样的生活……对自己的未来充满憧憬,关注自己成长,反思自己的现状,督促自己要从今天开始努力才能实现明天的梦想。

(三)专栏学习增强家国情怀

心中有信仰,脚下有力量。《学在东职》专设"学习路上"栏目,让学生更多地关心国家政策、国家时事。全国高校思想政治工作会议在北京召开后,"学习路上"及时从为何重视高等教育、为谁培养人才、如何培养人才、如何做好高校思想政治工作、如何办好高等教育5个方面,图文并茂地向学生阐释会议的主要内容。2017年5月,习近平总书记到中国政法大学视察,同青年学生谈理想信念,谈人生价值,谈奋斗成长。《学在东职》利用学习习总书记在中国政法大学重要讲话精神的契机,刊出"习近平总书记赠给你的《青年成长指南》",以习总书记的成长经历为背景,以习总书记对青年成长的寄语为依托,号召全院学生坚定跟党走,扣好人生第一粒扣子,爱学习、多读书,主动担当社会责任,在自己的青春年代努力奋斗,立志做大事。这样宣传既有亲和力,又有感召力。

五、实施结果

(一)引导学习规划,指导学业生涯

由学工队伍开展深入的学情调研,内容涵盖专业兴趣、学习态度、学业目标和规划、学业现状等方面,形成全院学生的学业状况调研报告,在《学在东职》第一期"校园调查"栏目刊登。调研显示,大多数学生喜欢自己的专业。而对专业毫无兴趣,甚至是抵触的同学,大部分在选择专业的时候都是父母决定、他人推荐或者是服从调剂的，表明学生的专业自主选择性越弱，对被调剂专业的逆反心理越强；学生的学习态度不容乐观，高年级学生比低年级学生态度积极；学生的学习目标与学业规划不明确，缺乏行动力；学生的学业困扰普遍存在，学业指导需求空间大。学生更希望得到专业教师、优秀学长或朋辈等人的指导，包括如何缓解学生学习压力，怎样提升学习的兴趣和动力，如何学生合理地分配时间，怎样做好学业规划，等等。调研持续近1个月，切实掌握了学生在学习中的困惑和期待，调研结果引起了学生的警醒，也为学生学业指导工作提供了有益的参考。

（二）宣传身边榜样，激励学生成长

《学在东职》有意识地组织、刊发一些学生先进典型事例，如优秀学生标兵、国家奖学金获得者、优秀校友、优秀班集体等等，让学生在阅读这些真实、新鲜故事的过程中自省，引导学生向先进学习。设置"文韵花开""心中阳光""脚下力量"等栏目，让学生表达对身边人身边事的观点，谈对大学生活和学习的感受与体悟，起到了交流思想、互帮互助等作用。例如学生信息员在活动中发现同学们比较关心"专插本"，学生处便及时组织"专插本，你准备好了吗？"学长学姐分享讲座，并结合此次分享会，现场对有意愿专插本的同学进行了问卷调查，之后，调查回访成功专插本的同学，总结提炼他们备考的经验，在《学在东职》上分享了如何设定报考目标，报考什么专业，如何合理安排复习时间，如何备考等方面的建议，受到同学们的欢迎。

（三）树立实践典型，倡导知行合一

为更好地引导学生多读无字之书，学习人生经验和社会知识，《学在东职》注重在"行远"栏目挖掘学生在实践中加强磨炼、增长本领的题材。比如，选登志愿者在工作中的典型故事，这些的成长感受比异彩纷呈的宣传活动更加深入人心。又如利用大三学生实习归来的契机，刊载优秀毕业生实习的文章，让同学们见贤思齐，向先进学习。

2014级电子4班黎裕平同学的工资达1.5万元，他刚开始进入企业时只是一个普通的实习生，薪水只有2000元。虽然公司是新成立的，甚至还一度陷入困境，但他没有因此放弃，仍然踏实工作、用心学习。因为请不到技术人员，他通过自学掌握了核心技术，得到老板的信任，渐渐地，老板把一些重要的任务交给他，他得到了更多的锻炼机会，慢慢地他成为企业中的骨干，待遇也不断提高。他特有的经历和感触使同学产生好奇，这篇报道在校园内引起不少的轰动。

六、思考与展望

学习是大学生的主要任务，下得苦功夫，才能求得真学问。《学在东职》以学生的学习生活为内容主体，始终关注学生的学习需要，激发学生的学习兴趣，帮助学生探求有效的学习方法。

《学在东职》最大读者群是学生，他们个性鲜明，思想活跃，接受力强。在网络新闻客户端和社会报纸种类繁多、特色各异的情况下，《学在东职》更为注重引导学生、帮助学生、给学生以人文关怀，让学生得到从其他媒体得不到的启迪、发现和收获。

手脑双挥　全面发展

——体育专业学生人文素质提升项目

体育系　张楠

一、项目背景

人文素质是指人在人文知识和人文精神方面所具备的综合素质。近年来，随着素质教育的推进，提高大学生的人文素质的呼声越来越高，而提高体育专业学生的人文素质尤为迫切。长期以来，体育专业学生重视专业技术训练，文化基础薄弱，使社会上形成了体育专业学生"四肢发达，头脑简单"的偏见，缩窄了体育专业学生的就业空间。体育专业学生只有全面提高体育文化素质和心理素质，才能成为一名合格的体育人才，适应择业要求，提高就业质量。

我国高等教育目标是培养德、智、体全面发展的社会主义高级专门人才。这就要求体育专业学生不仅要学好专业知识，还要有较高的思想品德、心理素质、文化修养、价值追求，这些集中表现为一个人的人文素质。

我系学生大部分是高中时有一定体育特长，而文化底子薄，文化课成绩不理想，走不进普通院校的学生；还有一部分是通过自主招生入学，文化水平更是参差不齐；走进大学后，由于其专业的特殊性，体能消耗大、训练任务重，很难静下心来学点专业的理论知识和人文类知识。在专业技术进步的同时，人文素质持续走低。长期以来，人文教育的缺失所带来的后果就是体育专业学生缺少良好的语言表达力和文学美学视野、理性思维及文化积淀，做事鲁莽、冲动、偏激，学生中存在吸烟、酗酒、斗殴等不良风气。只有加强人文教育，弥补体育专业学生人文素质的短板，才能在潜移默化中提高体育专业学生的人文素质。

二、项目目标

培养学生高尚的精神品质，弘扬人文精神，塑造学生理想的人格。

1. 提高文化素养

加强大学生的人文素养在于使大学生具备合理的知识结构以及运用这些知识的方法能力，塑造其完善的文化品质，进而影响其他方面素质的培养。

2. 规范道德行为

促进学生把知识、道德准则、价值标准等等外在的东西融入日常的生活、学习工作及行动中，并反复修炼、内化为自身的东西。规范大学生的道德行为，完善其人格和品格，使之真正能够达到知和行的有机统一。

3. 弘扬人文精神

人文精神是大学生人文素质的本质所在，弘扬人文精神是人文素质教育的核心。弘扬人文精神，主要是通过传授人类的特别是中华民族的优秀精神财富，并在实践中反复修炼，使每一个学生完善心智、净化灵魂，明了对民族对社会应该承担的责任和义务。

三、项目内容和实施

针对学生现状，我系开展了一系列人文素质提升活动，将其中行之有效、效果明显的活动提炼总结，逐渐形成体系，成为体育系常规学生工作。

1. "好读书，读好书"，优秀书籍推荐

体育专业学生本身好动不喜静，多数人没有好的阅读习惯，更有部分学生觉得读书是一件痛苦的事情。针对这种情况，我系定于每学期开学由3个教研室及学工办向全系同学分别推荐2—3本通俗易懂、可读性强的经典文学类书籍，并在学期中以读书故事分享会、读后感评比等形式开展读书活动，聚少成多，点滴培养学生阅读习惯。

2. 出台体育系学生行为规范

针对本系学生特点，在教育部《高等学校学生行为准则》基础上，出台了《东莞职业技术学院体育系学生行为准则》，促进体育系学生将行为规范和

道德准则内化为自身行为。

3. "体艺杯"辩论赛，展现自我，明辨是非

众多口才类活动中，辩论赛最能考查学生个人语言表达能力、反应速度和准确性、逻辑思维能力、知识丰富程度和团队协作能力等，是学生综合素质的最佳体现。因此我系自2016年起创设"体艺杯"辩论赛，作为每学期必选的学生文体活动项目，系属在校各班级通过初赛推选出一支队伍，经晋级赛、决赛，产生系级冠军，并选拔种子选手参加校级辩论赛。有了层层磨炼，我系在历年的校级辩论赛中都有优异的表现，2018年更是力战学校各系，层层闯关，荣获第一名。

4. "每周一播"人文素养节目展播，新颖的晚自习

体育系专业学生不同其他系学生，因平时多有各体育项目晚训，故不参加学校的常规晚自修。每周一晚，由系学生会学习部组织全系学生到固定多媒体教室观看人文类宣传片、纪录片，或邀请专家开展人文素养相关的讲座，并在每次观看后展开小组讨论，讲述心得。活动开展近一年，先后选播了《开讲了》《朗读者》《百家讲坛》等优秀人文类节目，感动中国十大人物颁奖典礼及《筑梦者姚明》等体育人物传记片等。以润物细无声的方式，促进体育专业学生了解国家大事、身边时事、历史故事，进一步提高文化素养。

5. "师兄师姐有话说"成长分享会，见证榜样的力量

体育系因专业性质原因，学习中以老带新的特点较为突出，同一专业项目如篮球、游泳、田径、营地教育等，学长的榜样作用和影响力非常明显。一位优秀的学长，可以带动一批学生在相应的项目领域里做出成绩。我系每学期举行优秀学生成长分享会，邀请综合素质高、个人发展好的优秀校友、优秀毕业生和在校优秀学生分享成长故事，为学生答疑解惑，方便在校学生了解社会需求，提高个人综合素质，实现全面成长。

四、项目成果和改进目标

项目实施一年多以来，经公共课、专业课教师访谈和调查，体育系专业学生文明礼仪、道德修养、课堂秩序等均有较大提升，学生自我定位、学习目标、职业规划更为明确。2016级学生进步明显，迟到、旷课、晚归等行为大幅减少，临近顶岗实习，大部分同学都有较科学合理的个人职业生涯规划。

2017级学生效果显著，其中2017级运营班全班无一人补考，荣获全校为数多的"零补考班级"荣誉称号及优良学风班和先进班级荣誉称号。2018级学生进校开始即融入常规人文素质教育活动，学生反响良好，积极参加校内各项活动如征文比赛、辩论赛和读书活动等，人文素质教育已初见成效。

目前体育专业学生人文素质提升项目除继续开展常规工作和活动，巩固活动效果外，接下来拟从红色教育、节日和纪念日教育入手，利用中国传统节日如端午节、中秋节、重阳节等，国际国内重要纪念日如世界卫生日、世界环境日、烈士纪念日等，传承红色精神，弘扬传统文化。深入挖掘红色文化和祖国传统文化的教育价值资源，利用好传统节日和国际国内重要纪念日活动契机，对体育系学生开展人文素质教育，实现大学体育专业学生人文素养的全面提升。

工匠精神育新人

——高职学生情景创设培养项目

学生处　陈萃韧

一、主要目标

发挥高职学生的主观能动性，以场景融入，面对面交流，高层次实战等方式让同学们陶冶艺术情怀，感悟"工匠精神"，锤炼工匠技能，努力让"工匠精神"的培育工作虚功实做、落地生根。

二、项目理念

"工匠精神"首次出现在政府工作报告中，让我们看到了国家态度，看到了重振"工匠精神"的信心，也进一步明确了职业教育工作者的责任与使命。职业教育直接服务于经济社会发展，培养高素质技术技能人才，是与企业发展、科技进步、社会繁荣、人民幸福密切关联的教育类型，重振"工匠精神"离不开职业教育。

长期以来，职业教育更注重专业知识的授受与专业技能的训练，而对人的发展未能给予足够的重视，职业素质养成缺少，无形中把学生当成了技术的容器，体现的是典型的"技能至上"的功利主义理念，偏离了育人的教育目的，这种理念下培养出来的人缺乏"工匠精神"，很难生产出高精尖产品。职业院校应该注重"工匠精神"的培育，在职业教育中深化文化育人的理念，将职业道德、人文素养教育贯穿人才培养全过程，营造"工匠精神"的氛围，让学生获得工具性知识和技能之外的职业素养和精神。

"工匠精神"的培养不是一朝一夕就能完成的，应努力让工匠精神在学生的行为和素养中萌芽，通过日常养成教育，以润物无声的教育方式，厚植学生的文化技能底蕴、深化学生的职业技能素养。学生只有在内心认可工匠精神，才能在行为上不断地向工匠靠拢。

三、实施过程

1.理论依据

（1）隐性教育理论

隐性教育，就是把教育的意向与目的隐藏在受教育者周围的生活环境和特定形式的活动中，让受教育者在心理上并未察觉的一种无意识教育方式。思想政治教育中隐性教育主要是指教育者以隐性课程、文化传统和环境情境为载体，引导学生在体验、分享中获得身心和个性发展以及价值观、理想信念和道德观念的活动过程及其方式。主要包括渗透式教育方法、陶冶式教育方法和实践体验教育法。

（2）社会学习理论

社会学习理论从心理学角度提供了理论依据。该理论十分重视外在行为对人的行为习得影响，认为人通过替代强化去习得行为，如果充分鼓励人做出正确的行为，抑制不良习惯，将有利于人的成长。通过教育活动，能以系统的方式对个体施加影响，使之形成各种行为习惯，而个体在成长过程中，通过内化和外化，可以使得行为方式固定下来。社会学习理论重视榜样的作用，教育者借助榜样这一媒介影响受教育者心理和行为的教育活动，受教育者通过观察、模仿、整合、内化等一系列的心理过程获得榜样所代表的精神品质和价值观，最终指导自己的行为。社会学习理论为实际操作提供帮助并使榜样教育、养成教育的研究成为有本之木，有源活水。

2.过程方法

（1）场景性融入，陶冶艺术情怀

通过创设全方位的"工匠精神"环境，建设宿舍人文走廊，让同学们展示自己设计的艺术作品，一方面可以使学生亲身感受自然和生态文明，激发学生热爱专业，热爱学校的良好心理；另一方面，也能陶冶学生心灵，启发学生美好想象，提升学生的自豪感和审美能力，进而刻苦学习，向"专"与

"精"的技术领域攀登。

（2）面对面交流，感悟"工匠精神"

通过开展大讲堂，给学生提供面对面交流的机会，邀请墨刻大师杨晓光先生为大家主讲"陶瓷工匠的变形记"。邀请创业专家莫安达教授围绕《东莞创业观察分享——兼谈创新进取把握人生》这一主题，从创业者的角度深入，通过多个创业实例，给学生带来了新的视野与启发。并积极邀请本专业领域成就突出的知名企业家、知名学者、知名校友来校现身说法，使得"工匠精神"与技能和大师、技术创新等有机结合，并内化于学生的实践活动中，发挥对学生的引领、示范和激励作用，让学生感悟工匠精神。

（3）高层次实战，锤炼工匠技能

学院鼓励、指导学生积极参加与专业相关技能大赛，通过高层次实战，锤炼工匠技能。2016年学院在"挑战杯·创青春"广东大学生创业大赛获银奖3项、铜奖7项，在"挑战杯—彩虹人生"广东职业学校创新创效创业大赛获特等奖2项、一等奖3项、二等奖7项、三等奖3项等。学院智寻机器人团队是全院唯一一个能去参加2016年东莞市"庆五四，创青春"青年创新创业论坛的团队，近距离地与企业家和创业青年接触，通过实战锤炼工匠技能。

3. 实施结果

（1）搭建学生自我展示、主动分享的舞台。各系踊跃提交作品，积极展示风采，参赛的同学也乐于与大家分享挑战杯参赛的经验，给师弟师妹带来不少启发。

（2）从真切的交流分享中汲取精神力量。现在，学院开展的相关讲座几乎高朋满座，同学们从原来害怕被学院指定要参加讲座，害怕不听讲座会被点名，怕听讲座会睡觉、神游，到现在积极参与讲座的热情高涨，十分踊跃，再到对相关讲座的满怀期待，态度有了较大的改变，学生真正从真切的交流分享中汲取了精神力量。

（3）身边的榜样更加得到同学们的认同。榜样的带动力量是无穷的。参与技能大赛的同学们乐于与大家分享，他们的奋发向上的精神面貌也带动并激励同学们为了自己目标奋斗的动力，促使同学们以榜样的道德精神为基础，调整自己的认知并引起情感上的共鸣，以此增加受教育者的心理认同，最后通过主观努力内化榜样的精神品质。

四、改进与提升

1.高职院校办学历史不久，文化积淀不厚，校园文化定位普遍缺乏特有优势。长期积淀形成的地域、区域文化，可以作为高职院校特色文化形成的丰厚土壤。学校要主动融入区域文化，组织力量开展区域文化研究，吸收有利于本校学生健康成长的文化元素，使得东莞文化精神、工匠精神能激励学生热爱东莞，献身东莞。

2.培育"工匠精神"固然离不开学校的不懈努力，但同时也离不开社会环境的熏陶。如果社会、企业、家庭出现越来越多摒弃浮躁、孜孜不倦、精益求精的劳动者，那么这种氛围和精神力量必然会为学校育人添砖加瓦。

3.在通过日常养成教育中培育"工匠精神"的教育活动中，对于如何激发受教育者主动参与的积极性应该重视，不能认为受教育者会理所当然地配合教育活动，这需要教育中持久的耐心、精心设计。在设计过程中应该充分考虑到受教育者的群体特色、个性特点、关注点和兴趣点在何处，争取以别出心裁的方式吸引学生的眼光，让他们认同养成教育会对个人工匠精神的培养产生益处，激发其参与的热情。

我们的宿舍 我们的家

——大学生养成教育项目

学生处　李浩泉

一、目标与思路

（一）项目目标

坚持尊重大学生的主体性，积极为学生营造实践教育、自我教育的氛围和环境，将社会主义核心价值观融入宿舍的物质环境、文化环境、人际环境及宿舍成员的个人生活中，从而不断深化学生对社会主义核心价值观的理解和认同。

（二）思路

1. 在定位上要以社会主义核心价值观引领宿舍文化建设。要结合大学生思想政治教育和理想信念教育，开展关于爱国主义、集体主义教育，大力弘扬民族精神和时代精神的活动；要结合校级校规教育倡导学生遵纪守法和良好文明行为习惯的养成；要结合学校人际关系处理等现实问题促进爱岗敬业、诚信友善、互帮互助等良好风气的形成。

2. 在载体上要创新社会主义核心价值观的宣传教育的活动形式。通过构建宿舍宣传阵地、策划专题宿舍文化节等网络新媒体手段开展互动性活动，将社会主义核心价值观的宣传教育形象化、生动化、生活化，进一步增强吸引力和感召力，努力营造人人践行社会主义核心价值观的良好宿舍文化氛围。

3. 在制度上要建立健全工作长效机制。要在活动中坚持辅导员、班主任进宿舍制度，及时了解同学的思想状况，帮助同学们解决实际困难。要完善系学生工作考核机制，指导各系开展形式多样的宿舍感情建设、学风建设、卫生建设活动，对学生进行思想教育。要充分发挥学生干部的带头作用，在开展学生团课、党课以及宿舍日常教育管理的过程中，要有计划、有意识地将社会主义核心价值观纳入教育和考核的指标中，通过发动学生干部和楼层长认真学、主动学，主动抵制歪风邪气的侵蚀，用自身的模范言行和人格力量引领整体宿舍风气。

二、项目建设实施过程、方法与成果

（一）实施过程

项目立项以来，我们将宿舍文化建设工作融入日常工作当中，每季度一个重点，做到月月有活动，最大程度吸引学生参与其中，通过自我管理、自我服务实现自我教育。

（二）实施方法

1. 坚持环境育人，提升人文气息

为全院2474间学生宿舍统一安装有辅导员、班主任、宿舍成员联系方式的铭牌，以此方便联系及宿舍管理。改造17栋学生宿舍楼的宣传栏，制定日常投稿和使用申请办法，让学生自主策划与宣传。征集学生设计作品、书法、绘画、手工制作、心理漫画等300多幅优秀作品，建设宿舍人文走廊，增强文化气息。以"我们的宿舍、我们的家园"为主题，征集宿舍文明宣传用语，并在洗漱间、洗衣房、走廊内，安装文明标语，帮助学生增强自律意识。

2. 坚持情感育人，力求贴心服务

我们与学校相关部门，院系密切合作，开展了丰富多彩的宿舍文化活动。举办"东职好室友"活动，用小中见大、挖掘点滴小事、"草根式"语言等新方式讲好师生听得懂、记得住的宿舍好故事。开展"hi"八分钟交友和"温馨你我他"的友爱传递活动，鼓励同学们走下网络、走出宿舍，结交新伙伴，结识新朋友。组织"奔跑吧！东职青年！"第五届宿舍夺宝奇兵竞赛，上千名同学踊跃参与。创新宿舍典型的宣传方式，通过"五星宿舍"雅室设计大赛和"魅力东职，我型我室"宿舍风采大赛、十佳宿舍评选等活动，以微视频、微电影等形式，更加形象、直观地展示各种特色宿舍的风采。我们还每月定期开展楼层长服务日，收集和反馈学生对宿舍管理服务工作的建议和意见。

3. 坚持制度育人，促进科学管理

从宿舍安全文明卫生督查、晚归就寝考勤和宿舍长会议等最基础的环节抓起，深入、准确地掌握学生的思想动态以及学生在学习、生活方面存在的问题。通过《东莞职业技术学院学生公寓管理办法》《东莞职业技术学院就寝考勤制度与晚归、晚出违纪处分管理办法》，注重学生的养成教育，要求学生按时熄灯、每星期通报晚归情况，对晚归的学生进行批评教育，并短信通知其家长，以此架起学院与家长的沟通桥梁，让家长及时了解孩子的在校动态。每月定期举行楼层长及宿舍长的主题会议，以点带面，通过考评结合、定期培训的形式，激发他们参与宿舍文化建设的积极性、主动性和创造性。

转变观念，探索搭建"学生干部策划、公寓管理部门搭台、各系唱戏"的格局。将宿舍文化建设的重心逐步下移到各系，由各系牵头，全体辅导员参与，根据各系学生所学的专业特点，开展宿舍文化建设，本次系列活动都由各系承办，各系还可组织男生到女生、女生到男生寝室检查文明创建情况，交叉班级组织班干部在上课时间到宿舍查无故旷课，对整天上网聊天、看电影、玩网游的学习成绩差的学生发出学业预警，利用本系管理的宣传栏发布本系活动信息，展示学子风采，营造温馨气氛，组织各系宿舍长和各班生活委员参与到宿舍文化建设中来，以各种学生自主参与的手段，推进宿舍整体文化的发展。

（三）实施成果

1. 形成了健康文明的生活习惯

以每月一次的宿舍安全文明卫生督查的结果作为学生评优的依据，并将评选出的优秀宿舍的寝室照、寝室同学照片以及每周晚归通报张贴在宿舍区，有力地督促同学遵守各种规范。宿舍楼的洗漱间、洗衣房、洗手间内，都设有"宣传节约用水""熄灯后不喧哗""注重文明卫生"的标语，每天晚上由楼层长提醒熄灯，通过各种温馨提示，帮助同学们养成文明习惯，与他人融洽相处。

2. 营造了互助友爱的温馨氛围

新生入学初，自律会深入宿舍听取同学们的需求，了解大家对宿舍文化建设的想法，帮新生解决实际问题，并根据他们的意见建议及时改善住宿环境，使新生们从入学之初就体会到宿舍大家庭的温暖。同时，通过组织丰富多彩的活动，将"热爱生活"的理念贯彻到同学们的日常生活中，让同学们学会生活、珍惜生活、创造生活。体育活动是开阔心胸、锤炼意志品质的有效手段。在大一新生中全面推行阳光健康跑活动，同学们纷纷结伴走出宿舍，积极参加体育锻炼，提高自身身体素质，培养团结诚信意识，营造温暖、和谐的环境氛围。

3. 保障了宿舍管理的良好秩序

我们不仅定期开展宿舍安全文明卫生督查、优秀宿舍评比等评优活动，奖励先进，调动学生创建文明宿舍的积极性与主动性，还将学生在宿舍的表现纳入学生综合素质评价体系，并在各类评奖评优活动中考虑宿舍卫生等情况，对学生在宿舍的行为进行柔性的约束和引导，创造了文明、健康、安全、整洁、舒适的学习和生活环境。

三、思考与展望

经过近年的探索和实践，"我们的宿舍家园"社会主义核心价值观实践养成教育取得了良好的效果，学风建设、安全教育、校园文化等工作全面推进，为进一步强化社区文化育人功能、社区服务功能做出了新的有益探索。总结起来，进一步深化宿舍文化建设要坚持以下三点好做法。

（一）持续改善宿舍软硬件设施，满足学习生活需求

宿舍是学生学习生活和交流互动的重要场所。学院应根据学生需求改善宿舍的硬件基础设施，为学生的学习生活提供有力保障。我们逐步解决了学生宿舍宣传布告困难、缺少艺术文化氛围等问题。这都是我们不断调研及倾听学生意见后的改进措施。学生是宿舍的主体，也是宿舍工作持续提高的原动力。有效的沟通渠道，能够帮助宿舍管理人员聆听同学的意见和建议，了解同学各方面的需求，也有助于吸引更多普通同学参与到宿舍管理和建设中。

（二）调动全员育人，形成教育合力

要发挥学生宿舍的育人作用，需要学生工作系统、后勤工作系统、学院相关部门、系部等众多单位协调配合，形成合力。这既需要从学院层面明确各部门的职责，又需要学院全体教职员工牢固树立"教书育人、管理育人、服务育人"的意识，主动承担育人责任。经过多年的实践，我院学生宿舍已初步建立起系部密切配合、齐抓共管的良好局面。系部也积极将学生思想政

治工作深入宿舍。各系都安排带班辅导员经常走访学生宿舍，及时了解同学的思想状况，帮助同学们解决实际困难。同时系部主动配合学院相关部门，开展形式多样的宿舍感情建设、学风建设、卫生建设活动，对学生进行思想教育，充分发挥学生宿舍的育人作用。

（三）调动学生的参与积极性，逐步实现自我教育、自我管理、自我服务

建立起一支以学生为主体的自我教育管理队伍。这支队伍以学生公寓文化助理、自律会干部为核心，以学生楼长、层长、宿舍长为主体。学生管理队伍不仅充分调动了学生参与宿舍管理的积极性，使宿舍文化建设更贴近学生需求，也让学生在参与宿舍管理和宿舍文化建设中得到锻炼，并为学生公寓的稳定运行提供了有力的保障。实践表明，建立以学生为主体的学生自我教育管理队伍是让学生参与宿舍工作，通过自我管理、自我服务实现自我教育的有效途径。在参与宿舍管理工作的过程中，学生的独立工作、与人交往等多方面的能力得到显著提高。更重要的是，参与工作的学生了解同学们的需求，能够设计出学生更乐于参加的活动，同时他们能够与同学更好地沟通，能解决一些宿舍管理员难以解决的问题。

第三篇　感知感悟

教师心语

　　"古之学者必有师，师者，所以传道授业解惑也。"韩愈在其《师说》一文开宗明义地指出教师的职责有三：首先是传道；其次是授业；再次是解惑。在全国高校思想政治工作会议召开的大背景下，作为高等职业院校学生工作者，我们是大学生思想政治教育的骨干力量，是学生日常思想政治教育和管理工作的组织者、实施者和指导者，要将教育引导青年学生树立远大理想和树立正确的世界观、人生观、价值观作为追求，勇敢肩负起时代与角色赋予我们的光荣使命。传道、授业、解惑，永远在路上。

让高职学生的路越走越宽

学生处处长 李浩泉

我与高校学生工作结缘，始自毕业后的第一份工作。当时在东莞理工学院学生处，先后参与就业、招生及学生处（团委）日常事务，从中得到很大的锻炼。2013年，我又回到高校，在蒸蒸日上的东莞职业技术学院从事学生工作。在这4年再学习、再探索的过程中，我逐步加深了对学生工作的了解，也有了一些粗浅的思考。

在工作中，我深深感受到，高职院校的学生与本科院校学生一样，同样怀揣着激情与梦想。但他们的发展面临着与本科生不一样的"成长烦恼"。与本科生相比，高职学生朴实勤奋、吃苦耐劳，但文化底子薄弱、人文知识贫乏，总体上抗挫折能力较强但自信心不够，动手能力不错但学习自觉性欠缺，参加活动热情高但持久的自我约束力不强。有的还存在重应用学习轻理论学习、重实践活动轻研究思考、重眼前功利轻长远目标的倾向。学业、情感、职业选择等很多现实的问题很容易让他们陷入迷茫、焦灼的状态，相当一部分学生对当前形势和个人不足缺乏清醒认识，竞争意识和紧迫感不强，胸无大志，得过且过。

应该说，不同时代的大学生都有自己的际遇和机缘。现在的高职学生身处经济社会转型的关键时期，要更好地谋划人生、创造精彩，关键是要学会思考、善于分析、正确抉择，做到稳重自持、从容自信、坚定自励。精神上开阔了，现实中的人生道路才会开阔起来。因此，近年我与同事们一道，更多地关注学生的价值追求和利益关切，积极探索教育引导学生的有效方法，努力帮助学生扣好人生第一粒扣子，迈好人生第一步。

一是给学生以规矩，让其心存敬畏。现实中，高职学生基本都能意识到规矩的存在，但在行为上常常漠视了"应然状态"，有的无意识，对规矩"熟视无睹"，有的重功利，钻规矩的空子"投机钻营"，有的走极端，把个性追求与规矩约束完全对立起来，其种种忧患需要引起教育工作者的重视。随着工作的深入，我越来越认识到对学生严管就是厚爱，厚爱必须严管。因此，刚到学院了解到学生晚归较为严重的情况，我马上通过制定管理办法、严格晚归登记、每周通报、辅导员谈话、给家长发提醒短信等措施加强对晚归同学的教育，迅速有效控制晚归不良现象。同时，引导同事们摒弃高职学生一向懒散的成见，更为注重养成教育。每学期深入开展学情调研，加强对学生的学业指导，严格学生的学业管理，狠抓学生上课迟到、早退、旷课等违纪行为，统一学生参加活动的加分管理，规范请假、销假制度，建立学业预警、与学生谈话和家校联系机制，常态开展优良学风班创建和学风建设季活动，每月由学工人员带队进行宿舍安全文明卫生督查，把走访调查、正面引导、奖惩激励、实践养成、寓教于乐等富有成效的老方法用好、用活。同时，探求摸索新方法，启用学生通讯录系统，开通短信发送平台，及时向家长发送其孩子在校获奖、晚归、旷课等信息，并利用手机 APP 推行阳光健康跑，通过易班平台发布消息、推进工作，把"互联网+"融入教育实践中。通过抓细抓实，学生的日常行为得到明显改观，守规矩、重学习逐渐成为学生的自主追求和自觉行动。

二是给学生以关心，让其安心读书。学生的思想问题表现在思想领域，以思想的形式出现，但归根结底是和实际问题有着千丝万缕的联系。因此，近年我力求把资助政策落到实处，把心理健康教育做到深处，把日常服务做到细处。争取学院从事业收入中足额提取学生资助经费，推进精准资助，专门从中安排10%用于资助新生；为非东莞户籍家庭经济困难生统一购买东莞市城镇居民基本医疗保险，为其就医解除后顾之忧；因应学费上调，将勤工助学时薪提高到14元，以更大程度减轻学生压力；在购买校方责任保险基础上，增加给全体在校学生购买校园无责任险，保障校园平安。同时，争取将《心理健康教育》纳入必修课，为全体学工人员进行国家心理咨询师职业资格专题培训，邀请校外知名心理专家来校进行培训、开展督导，常年举办形式多样的心理健康宣传活动，建立学院、系、班级、寝室四级心理危机预防体系，在宿舍区建立心理工作坊，加强人文关怀和心理疏导，为学生的健康成长保驾护航。此外，设立学生事务微笑服务站，为学生提供更实在的咨询和服务，每年召开学生管理座谈会暨学代会提案答询会，邀请职能部门负责人现场回应同学们的诉求，着力解决事关学生切身利益的各种问题，让学生感受到校园的温暖。

三是给学生以平台，让其成就自我。日常的教育活动不一定是开展越多就会越好，关键是看活动能否适应高职学生的身心特点、思想实际和理解接受能力，切实做到让学生参与前有兴趣，参与时有共鸣，参与后有感悟，真正起到教化作用。近年我特别注重搭建学生各种交流分享的平台，以保证学生有充分表达交流和深度思考探究的机会。在大二学生中选拔优秀学生作为新生班级班主任助理，架起师生沟通桥梁，提升学生自我管理能力。支持和引导学生会和学生社团自主开展活动，如指导学生会、自律会编写《新生学习指南》《学生宿舍百事通》，有效引导新生适应大学生活。组织优秀学生回母校与学弟学妹谈大学收获，让考生及家长更直观地了解我院办学情况。坚持每年4、5月开展"讲出自己好故事"成长分享活动，深入挖掘学生身边的先进典型，鼓励他们深入同学当中讲故事、谈心得、畅想未来，学生在交流互动中增强了自信、增进了感情。创办《学在东职》校园月报，从学生的视角，以轻松愉悦的方式讲好校园故事，让学生得到从其他媒体得不到的启迪、发现和收获，受到同学们的喜爱。通过搭建这些朋辈互助平台，树立了身边榜样、培育了学生社团、倡导了师长引航，加快了年轻人的社会化。

总的来讲，这几年在学院党政的关心支持下，我与学工队伍全体同志、特别是奋战在一线的辅导员们一起，把"让高职学生的路越走越宽"这个想法付诸行动，真正把学生工作做具体、做扎实，做出了一些成效，越来越多学生从中受到教育，得到成长。我深知立德树人是一项漫长的、艰巨的教育工程，我们将遵循学生发展和教育本身的规律，继续努力探索，做出我们应有的贡献。

我在实际工作中也遇到一些困扰。例如，我们的学生也是蛮"拼"的，很爱兼职，喜欢做点小生意，而且"拍拖"、网购、看电影、打游戏，一个都不能少，但过分珍惜生活中的"小确幸"，却没能好好体会眼前的大时代，怎样更好地培养学生高远的志向、奋斗的精神，希望得到专家和同仁们的帮助与指点。

自树树人，与学生共同成长

校团委副书记 范军

我热爱辅导员岗位，长期坚守一线，6年来，结合所带学生思想特点，细致做好思想政治教育工作。从本科院校到高职院校以后，我主动学习现代职业教育的新要求，较快地创新工作方式方法，从激发学生职业兴趣入手，以促进职业技能学习为目标，将职业精神和职业道德的培养作为重点，努力激励学生形成自己的职业理想，并将这4个环节的育人理念有效渗透到工作中，取得良好成效。

一、将心比心，做激发学生职业兴趣和学习动力的知心人

万事开头难，高职院校学生除了具有普通大学生新入学时的各种迷茫与困惑之外，因高考失利，往往还缺乏职业兴趣，职业规划模糊，学习动力不足。经过了解，我所带汽车维修与检测、制冷与空调技术专业的学生多为调剂生，男生占比高，普遍入学成绩较低、专业归属感不强、语言表达与文字能力较弱。这一基本情况让我一度感到棘手，如何帮助学生顺利调整心态，激发学生的职业兴趣和学习动力，找到归属感，明晰个人定位，树立人生目标，成为我走路、吃饭都在思考的一个问题。

我将心比心，从学生的特点和需求出发，首先利用新生始业教育的契机，开展主题班会并配合教研室开展专业认知主题教育讲座，指导心理委员开展心理体验课，有效激发学生的职业兴趣和学习动力。

我为新生设计了《转动人生方向盘，踏上青春圆梦路》主题班会。利用

"方向盘"一语双关，先从汽修专业入手，再到制冷专业推广。在这次班会上，我从高职新生高考失落的心理出发，放眼大学规划与人生梦想，引导新生总结高中，正式告别，转换心态，直抒胸臆，畅想未来，收到了良好的教育效果。一方面，这一主题班会成作为我参加辅导员大赛的主题班会竞赛的蓝本，获得大区赛小组第一的好成绩；另一方面，更加令人欣慰的是，这大学第一课，让许多同学都有了深深的触动。"记得那天我分享了我的人生目标，你给了我一个大大的拥抱"，学生周树玲后来说，她是通过这次班会真正认识了自己的辅导员，也是这次班会让她重新燃起了自己的小小文学梦，"我觉得我能朝自己的职业理想的方向前进多亏了你"，辅导员经常给爱好文学的我推荐书目，工科专业的树玲在业余生活中坚持写日记、读各种书、开自己的微信公众号，去感受、去体验、去思考。终于，通过积累与努力，2016年她获得了广东省"助学·筑梦·铸人"主题征文比赛一等奖，这篇文章体现了我寻找职业兴趣、职业理想的心路历程，也发挥了她文学写作的特长。现在的树玲，大三了，每年都收获学业奖学金，正在准备赴台湾交流学习半年。她总忘不了大一时我给他们上的那堂主题班会课，也常说起她大二担任学生干部时的耳濡目染，跟随我学习做人做事的点滴，在她心里我是她大学生涯中对她影响最大的人，现在她亲切地称我"军姐"。学生的认可和进步，也给我带来职业的认同感与成就感。

此外，我组织全体学生认真参加各教研室开展的专业认知主题教育，让学生入学后第一时间接触到各专业负责人，了解专业前沿资讯，全面认识专业前景，有效激发学生的专业兴趣。仅2016年，我所带的3个班级的学生参加各项技能竞赛获奖7项；获得各种奖学金、荣誉称号151人次。制冷专业考证通过率100%、汽修专业考证通过率接近80%。

二、诚心诚意，做培养学生职业精神和职业道德的引路人

要想做好高职学生的辅导员工作，切实成为学生的人生导师，我意识到既要重视学习习惯的养成教育，更要有前瞻性，引领学生思想进步。我面对学生经常缺课的情况，首先抓纪律，严正学风，培养学生良好的学习习惯，促进学生学习扎实的技能；进一步，引领学生有意识地关心社会、了解行业、学会思考，做一个符合时代需求的合格高职毕业生；思想是行动的指南，再

进一步，进行职业精神、工匠精神的培养，将社会主义核心价值观印入学生的心田。

诚心诚意关注学生的成长成才，我第一步就从严格执行考勤制度做起，学生说"你是我们最严厉的老师"。我也总是耐心解释，分析逃课对于个人、班级、任课老师的影响，最后还不忘强调我最担心的是在学校散漫惯了会将不好的习惯带入职场，影响的则会是个人职业生涯和学校的社会声誉。除此之外，我利用《就业指导课》的契机，组织学生围绕"大众门"等行业热点事件展开分组讨论，迫使惰性强、思考面窄、分析研究能力差、不善表达的高职工科生们研究、交流、学习，并要求各小组制作PPT进行主题演讲，各组互相打分，如此一来，这成为朋辈教育的好时机，各组互补长短，共同进步。为了深入培养学生的职业精神、工匠精神，培育和践行社会主义核心价值观，我配合系部专业老师开展实训课程教育和企业参观学习，鼓励学生参与校中厂"朗讯汽车维修厂"的实习、参加职业技能竞赛，积极发动学生考取技能证书，还组织学生收看《大国重器》等纪录片，引导学生关注"中国制造2050"、《开讲啦》等专题，让职业的精神理念在同学们心中生根发芽。

大三第二学期，我在东职院的第一批学生都奔赴企业开展为期半年的顶岗实习。有一位汽修专业的同学给我发来微信欣喜地说，终于做到专业维修岗位了。原来，他在实习的4S店做了整整3周的汽车美容，每天洗车打蜡，他很想尽快转到维修岗，发挥自己的专业技能并能在实践中积累经验，提升技术水平，如今万里长征迈开第一步，他想起来我在课堂上说过，职业精神就是敬业奉献、工匠精神就是精益求精，十分期待在未来能够自己创业，用技术创新自己的人生。

在培养学生职业精神和职业道德的过程中，我也始终坚定个人的职业信念，用诚信、敬业、友善的职业精神对待学生、对待工作，做学生的榜样。

三、同心同德，做激励学生树立职业理想的启发人

在平常的工作中，我认识了汽修教研室的朋友，为同学们请到了一位白手起家、自己创业开汽修厂的实训课教师——张老师。每次上完课，午间休息的时间，张老师都会背着一台电脑匆匆赶回修理厂，解决工人们遇到的技术难题，而后再返回学校给学生们上下午的课，他乐此不疲。通过和张老师

的交流，我发现张老师虽然只有高中毕业，但他技术精湛，具有很强的学习能力和开拓精神，是一位极具专业精神和创新意识的青年企业家，他也曾走南闯北，积累了丰富的人生经验。他是同学们看得见，触得到的高级技术工人，也是技术工人自行创业的成功典型。于是，我邀请张老师通过课堂和学生们分享自己的创业故事和职业理想，引导学生们在专业领域内树立职业理想和人生梦想。同学们对于张老师这样有专业技术、有职业追求、有创业能力的人感到很佩服。在日常工作中，我也经常和同学们交流自己的成长历程，希望通过自己千里求学的故事、职业发展的故事给同学们带来一些启发，引导学生找到自己的人生定位，能够更好地树立自己的职业理想、追寻自己的人生梦想。

在辅导员的岗位上，我始终坚持将心比心，做激发学生职业兴趣和学习动力的知心人；始终坚持诚心诚意，做培养学生职业精神和职业道德的引路人；始终坚持同心同德，做激励学生树立职业理想的启发人。在自树树人的过程中，成就学生，成就自我。

学生资助工作手记

媒体传播系党总支副书记　赵韵姬

在学生资助工作岗位上工作近五年，我以积极态度面对工作，以乐观态度面对生活，我更愿意是学生的良师益友，引领每一位学生成长成才。开展学生资助工作，用心关爱每一个需要帮助的学子，努力把工作做出特色。

一、暖心资助，润物细无声

在辅导员日常工作中，我们时常能感受到来自经济困难生身上的那种自卑和敏感心理。有些同学虽然贫困，但是相对于贫困本身，他更加害怕别人用异样的眼光来看待他们的贫困，他们害怕别人给自己贴上"贫困生"的标签。我们应该看到这种心理的背后是一个人长期处于在非正常经济状态下，并且长期承受着这种经济压力引发的生活压力和心理压力。所以，学生资助工作不仅要做到"有效"，而且要人性化，在操作和落实的过程中，尽可能不要伤害学生的自尊心。在设置勤工助学岗时，我会对招聘对象进行扩充，只要有意愿自立自强完成学业的学生，都可申请勤工助学岗，弱化其对应关系。坚持假期送温暖，我系大部分贫困生选择假期留校打工赚取生活费，我会组织班主任一起亲自走进学生寝室，关心学生生活和工作上的情况，送上物资与关怀，使学生感到家的温暖。同时，给有需要的同学办理临时困难补助金。在得知我系2013级赵芝金和2015级巫嘉瑜同学做手术而家里无力承担费用时，我马上让他们申请学院临时补助金，解决燃眉之急。

二、授之以渔，提升自立能力

授之以鱼，不如授之以渔。学生资助往往远不能解决学生的生活困境，而且获得资助在某种意义上容易促成学生"等、靠、要"的心理，养成不劳而获的习惯，有违素质教育的初衷。故真正做好学生资助工作，还需要长期不懈的努力，从提升学业、自我管理、综合能力的角度提供帮助。

促进学业进步。在资助工作中不断引导学生树立自信心和进取心。开展"朋辈帮扶""导师计划"等帮助学习困难学生顺利完成学业；积极支持学有余力的同学进行科研创新，推荐他们参加各类专业竞赛。他们不忘初心、奋发自强，其中陈晓燕等十多名家庭经济困难生，在各类国家级、省级专业竞赛中获得多项荣誉。林乐仪同学作为励志成长成才优秀学生代表学院获广东省"国家资助 助我飞翔"全省励志成才优秀学生典型。

关爱学生成长。重视贫困大学生心理健康教育，通过"心理健康活动月"、飓风营救定向越野等活动积极宣传心理健康知识，将心理帮扶与成长成才结合起来；开展"心理情景剧"等活动，引导家庭经济困难学生亲身组织和参与，形成了关注心理健康，关爱心理问题的良好氛围，促进了家庭经济困难学生的身心健康。其中，胡锦鸿同学讲述自己的成长经历，代表学院参加区域心理演讲比赛，表现出色，进入决赛并最终获得二等奖。

提升综合能力。坚持以经济资助为基础，能力发展为核心。针对家庭经济困难学生环境适应、人际交往、发展规划等方面存在的困难，对学生进行文明礼仪、职业发展规划、日常办公软件应用、暖心互助拓展等培训，开展"救助于行""智助智救"等讲座，增强了他们的实际工作能力和社会适应能力，使家庭经济困难学生的团体凝聚力和综合素质不断提高，也为他们迅速融入集体，更好地与人交流，在团队中发光出彩提供平台。

三、良师益友，传递思想的温度

"交贤方汲汲，友直每偲偲"，榜样的力量是无穷的，我们开展"良师益友，与君共勉""好故事分享会"活动，邀请优秀的学长学姐返校分享经验，给予他们人生道路的引领。"情系学生，做学生的良师益友"这是我工作的座右铭。日常我除了经常深入学生的教室、寝室关心困难学生的思想生活，我更喜欢通过微信和 QQ 和他们沟通，分享想法。比如我系有个学生得知自己得了红斑狼疮疾病，心理痛苦不知如何面对生活时，我除了为她申请学院临时补助金 4000 元，同时在日常生活中，每当我看到一些温暖的句子我都会和她分享，鼓励她学会"戴着镣铐跳舞"，允许自己在疾病、痛苦、难受的同时，继续生活，学会和生活中的任何不幸和平共处。不去想着排斥它们、逃离它们，而是学会接受它们、理解它们，体会接受和理解之后的释然和放松，感受岁月美好。后来她参加好故事分享，以自己的经历鼓励别人，活动结束后她发了微信给我，"一路学会了很多，老师，谢谢您"。我在工作当中全情关注学生，将温度传递给学生，同时学生也将温度带给我，我与学生共同成长。

四、志愿服务，铸就爱的立方

"生命如水，撞击岩石能溅出美丽的水花，跃下悬崖则形成壮丽的瀑布，即使在最平坦的地面，亦能奉献点滴，滋润万物"。党和国家为帮扶家庭经济困难学生制定了很多优惠政策，还有很多经济困难学生是在爱心人士的帮助下才得以完成学业的，取得别人的帮助，不是为博得别人的怜悯，而是"借力"，更好地发挥学生的聪明才智，使学生成长成才，既而服务社会，帮助更多需要帮助的人。几年来，在迎新期间、校运会运动场上、宿舍实训室清洁卫生中，总能看到我们经济困难同学忙碌的身影。学生还自发成立"爱立方"社会服务队，利用周末闲暇时间，深入社会开展系列志愿服务活动。与隶属于东莞市救助站的"街角曙光"项目办公室一起帮助街头流浪汉人士重归家庭，去虎门"启迪星"自闭症康复中心进行探访活动，一起关爱"星星孩子"，用心出演，给"银河孩子"的世界带来温暖……每每在志愿活动结束返程的路上，总能看到同学们脸上泛着笑意，带着责任与坚毅的神情。是的，这是一条"友谊链"，也是一场接力赛。心如暖烛，常怀感恩，把得到的帮助当作"爱心火炬"，在有能力的时候将这份阳光和爱传递给更多人，用自己的实际行动传递爱的能量，铸造爱的立方，奉献爱的青春，让青春在爱的奉献中闪光。

五、努力追求，不忘初心

作为一名学生工作者，我深知提升自身素质和业务能力，才能更好地开展工作。我始终没有放松学习，先后参加了第 168 期全国高校辅导员示范培训班、广东省高校第五十三期思想政治教育骨干培训班、市政工业务理论辅导班;公开发表了《自媒体环境下高校辅导员开展思想政治教育路径探析》等论文。同时先后获得我校"优秀辅导员""优秀团总支书记""就业工作先进个人""心理健康活动月""好故事成长分享活动""职业规划、赢在职场"优秀指导老师等荣誉。

同时,推荐林乐仪同学作为励志成长成才优秀学生,其代表学院获广东省"国家资助 助我飞翔"全省励志成才优秀学生典型称号。指导胡锦鸿讲述自己成长经历,让他代表学院参加区域心理演讲比赛,其表现出色,进入决赛并最终获得二等奖。

作家老舍先生说过:"人生最值得纪念的是'大学生活'那一段,因为它是清醒的,生动的,努力向上的生活。"学生资助工作看似细小,但细小中却有大学问;看似琐碎,但琐碎中却有大文章;看似简单,但简单中却有大责任。

我衷心祝愿我的学生们在他们的人生道路上有足够的能力和勇气,去面对这个未知的世界。也许我所能给的只是些许的能量,但哪怕只有一句话,哪怕只是一个坚定的眼神,倘若这一点小小的光亮,能够拂去一个心灵的阴霾,启动一个沉睡的灵魂,并运转出伟大的力量,善莫大焉。

立德树人"三讲"引路

管理科学系辅导员　邓雨鸣

我自研究生毕业就在东莞职业技术学院管理科学系担任一线辅导员，至今已将近5年。这5年来，我负责过2014级、2015级、2016级、2018级4个年级的学生共计900余人次，在与高职院校学生打交道的过程当中我一边积累一边探索，尝试总结针对高职院校学生因材施教的"三讲"做法。

一、辅导员要讲认真，言传身教带动学生爱上学习

高职学生的成才之路离不开对专业技能的勤学苦练，针对高职学生群体普遍存在重实践学习轻理论思考、兴趣爱好广泛却难以持久坚持的问题，我开始琢磨如何才能带动学生爱上学习。

首先，想办法激发学生学习的兴趣与热情，从做活校园文化活动、做细专业技能竞赛着手，在关键节点给学生以支持和鼓励。如在筹办工商模拟市场过程中，我以启发学生自主学习为目标，从模拟企业创立、摊位投标、营销策划、采购进货，到广告宣传、企业管理，再到财务核算、照章纳税，各个环节都由学生唱主角，鼓励和引导他们将书本上的理论知识运用到实践操作之中。在参与筹办工商模拟市场的这两年来，工模在推动学生创新创业、技能实践方面成效突出，被《东莞日报》专门报道，辐射带动了全系近400名学生积极投身到创新创业的专业实践中来。

其次，将心比心，用情感教育融化学生对学习的抵触心理。2016级酒店2年1班是一个特殊的班级，该班37名学生全部通过自主招生考试从中专升入

我院，同时也将中职的学风带入了大学校园。他们自视为"野孩子"，面对老师的教诲，他们总是说："我们班本来就是这么差，就是难教！"为此，我通过细心观察、单独谈话、班干部会议等方式了解到学生内心的真实想法，发现他们自暴自弃的逆反行为的根源在于害怕得不到认可。在意识到这一点后，当有一天学生们又一次在课堂上说出"我们是最差的"时，我当即毫不留情地"反击"道："才不是！我看你们明明就是最好的班级，因为你们要用2年的时间走完别人3年的路！"话音落下，原本吵吵闹闹的空气顿时凝固了，随后，爆发出一阵欢呼与掌声。随着不断的鼓励与正向引导，该班级的风气步入正轨，最终还有1名同学顺利跨专业考取了汉语言文学专业的本科插班生，2名同学应征入伍。

再次，将生涯规划辅导与职业精神培养融合到一起，培养高职院校学生的工匠精神。我为学生们设计了贯穿他们大学3年的个性化生涯发展指导，围绕大学生涯规划、自我探索与成长、职业生涯规划、就业与创业指导、职业精神等内容，引导学生认认真真地为自己的将来寻找最适合的生涯发展路径。同时，我也在指导过程当中坚持"认真到底"的原则，专门考取了国家三级心理咨询师证书，为学生进行生涯规划辅导400余次，修改简历300余份，至今仍有毕业生通过微信、电话等方式找我进行咨询；连续3年为2014级、2015级、2016级毕业生开展职场礼仪、模拟面试、简历制作、求职心理、职场维权等方面的培训。渐渐地，我的"工匠精神"、职业精神也潜移默化地感染了我的学生们。

二、辅导员要讲追求，精益求精让学生全面成长

高职学生文化底子薄弱、人文知识贫乏、活动泛娱乐化的现状引发了我的思考。究竟如何才能提高学生对人文素养与综合素质的追求呢？我尝试从以下3个方面来打开局面。

第一个尝试是从学生干部队伍建设入手，以"一个学生干部就是一面旗帜"为理念，对学生干部队伍高标准、严要求。为学生干部队伍开设工作能力提升培训班，并以卷面考试、民主测评的方式进行考核，要求学生干部每周撰写工作周志，并进行年度述职等等。经过努力，2014级和2016级学生硕果累累，形成了良好的班风、学风，涌现出了先进团支部、零补考班级、院

学生会副主席、院学生会副秘书长、院艺术团团长、院大学生媒体中心主任、院志愿服务中心主任、院辩论队队长、系团总支副书记、系学生会主席等优秀学生干部及先进典型。

第二个尝试则是将学生人文素养培育、文体才艺培养融合到一起。利用"东职院管理系团学"公众号和学生处《学在东职》平台，鼓励学生以编辑、记者、撰稿人的身份参与其中，引导学生关注时政热点问题及与学习生活息息相关的话题，将所思所想所感所悟诉诸笔端。这样一来，可以将人文素质培养从被动接受向主动参与、从抽象理论向动手实操、从单一渠道向丰富开放转变，迄今为止，该公众号共有粉丝8000余人，成为学校粉丝量最多的微信公众号，管理系仅2017年度就向《学在东职》投稿原创图文达118篇。

第三个尝试是借助创新创业大赛的平台，以赛促教，专门指导，挖掘学生潜能。为了能够给爱学习的学生提供更好的学业指导，我鼓励他们多参加技能竞赛，并与我系专任老师合作为学生进行点对点的专门指导。这样一来，学生当中逐渐涌现出了一大批先进团体与个人，包括"挑战杯—彩虹人生"职业学校创新创效创业大赛全国二等奖、"挑战杯·创青春"广东大学生创业大赛创业计划类银奖、全国职业院校创业技能大赛——企业经营管理沙盘模拟竞赛全国二等奖等等。

三、辅导员要讲理想，树立目标让学生成就自我

"大专生用不着那么认真学习，本来就不是学习的料，学门技术混口饭吃就行啦！""我的理想很丰满，但现实很骨感，我上了个大专将来肯定也没啥指望了……""我家里是收租的，我爸说以后房产都留给我接着收租，您就别总让我去实习、找工作了吧？"……面对学生一连串的"坦诚"，我为学生的胸无大志、得过且过的人生态度感到痛心。因此，对高职院校学生进行价值观引导、理想信念教育显得尤为重要。

在常规班会要求以外，我每学期结合学生的实际需求开展2次以上主题班会，对学生进行正向思想引领。将学生不同阶段的成长需要与特殊时间节点、正能量题材相结合，将辩论赛、主题演讲、故事分享、征文交流、知识竞赛、才艺展演等方式融入其中，如《读大学，究竟读什么》《请你抬头——不当"低头族"》《大一最遗憾的事》《不忘初心跟党走——党团知识竞赛》《当

我说"爱"你》等等主题班会获得学生一致好评。

在鼓励学生大胆做梦的同时，还要想办法帮助学生勇敢追梦。2014级家庭经济困难生小江同学患有严重的耳鸣，影响正常人际交往与学习，入学时她因为自卑、不适应大学生活、担忧身体缺陷会导致无法完成学业等原因，开学第一天就想要辍学打工。为此，我专门为小江制定了成长帮扶计划，调适心理状态、融入校园生活，开展学业帮扶、提升综合素质，进行生涯规划、自信追逐梦想，步步推进，全程跟踪。2年后，小江不仅获得了"挑战杯·创青春"创业大赛广东省银奖，顺利从学校毕业，还成功通过了专插本考试，考取了心仪的人力资源管理专业。同为2014级的张锦豪同学从入学之初便有着一颗投身公益活动的热诚之心，为了实现他的心愿，我一直鼓励并支持其步步成长，张锦豪同学从一名普通的学生志愿者，到班长，再到学校志愿服务中心的主任，最终成了学院学生参加"全国青年大学生西部计划"第一人，到新疆生产建设兵团第三师图木舒克市援疆办进行志愿服务。

辅导员工作本就不易，面对特点鲜明的高职院校大学生，更需要我们以踏实的钻研精神与饱满的热情去投入工作，才能真正助力学生成长成才。

做学生成长的铺路石

马克思主义学院教师 苏楠

有人说："教书是一场盛大的暗恋，你费尽心思去爱一群人，最后却只感动了自己。"不知不觉间，自己在"暗恋"这条路上竟也走到了第七个年头，刚毕业时一个人背着行囊初来报到的场景还历历在目，恍若昨日。何其有幸，能够成为东职大家庭的一员，圆了我的教师梦。刚来这里的时候，校园里还没有今天这般绿树成荫、芳草萋萋，几个尚在进行中的工地"诉说"着这所学校的年轻稚嫩，可仿佛就在一瞬间，她就从一股新生力量一跃成为广东高职院校中的翘楚、省示范、一流校、创新强校等诸多成绩的取得，都让我为之振奋和骄傲。六年多来，我与她同呼吸共成长，一起在建成具有东莞特色的全国一流职业技术学院的目标道路上携手共进、奋力向前。

和别人聊天的时候常被问起我是教什么的，我说"思修"，"思修是什么？""思想道德修养与法律基础"，然后会听到"呵呵"。其实"思修"是一门很有意思的课程，关乎我们如何做人、做事。在课堂上，我跟学生一起探讨理想信念、爱国主义、人生价值、道德文明、婚姻恋爱、法治观念、权利义务；我常用优秀师兄师姐的故事来督促他们，告诉他们大学不是人生的终点，而是新的起点，要努力去寻找最好的自己，不要让大学庸碌无为；我会鼓励大家勇敢向前，告诉他们命运给你一个低起点是让你去谱写一个绝地反击的故事，这个故事关于独立、关于梦想、关于勇气、关于坚忍；我会找到一些大学生谈恋爱的案例，正面的、反面的，告诉他们大学生可以谈恋爱，法律也允许够条件的大学生结婚生孩子，但最好的爱情不是盲目冲动和沉迷，而是努力给对方一个更优秀的爱人；我会告诉他们每一个人都有自己独特的价值和使命，我们要用心去找到它、实现它；我会跟大家一起交流法律赋予我们的权利和义务，每一个人都要树立起对法律的敬畏，培养法治思维，既要遵纪守法又要懂得拿起法律武器维护自己的合法权益……其实我说的还很多，哪怕有一句能被学生记住，能够影响他们的观念和行为，我都会感到很欣慰。

在学校教学楼悬挂的壁画上有一副写着"人民有信仰，国家有力量"，每每走到此处，我都会停下脚步凝望这句话并在心中默念一遍。作为思政课老师，我们的职责就包含着传递"中国自信"，筑牢大学生的信仰根基，当然也包括筑牢自己的坚定信仰。诚然，与本科的学生相比，高职院校的学生文化功底略显薄弱，但这里依然不乏拥有理想信念、积极活跃、踏实勤恳、吃苦耐劳的优秀大学生。作为老师，我在传授给他们知识的同时，也通过各种课堂活动帮助他们找回自信，鼓励他们努力成为"大国工匠"，成为这个社会的有用之才。

铁打的东职，流水的学生，每一年我们都会迎来新的学生。时至今日，我依然很感激计算机系2011级多媒体班的学生，这是我毕业后带的第一届学生，他们包容了我的经验不足，给予我很大的鼓励和支持，督促着我不断学习、不断进步。他们毕业后我依然与部分学生保持着联系，他们也会在我出差到他们所在城市的时候跑过来见上一面，聊聊生活和工作，我想这也是做老师最有幸福感、成就感的时刻之一。其实每一届的学生都会给我带来不一样的感动和不一样的收获，不能详细地说他们的故事，但我保留着每一年的课表和学生名单，记录着和学生一起走过的日子。

人们常说一个人在做一件有意义的事情，就会感到充实、快乐、有力量。我总是和朋友说，教书是一件有意义的事情，在东职教书是幸福的，这里有经验丰富的老教师为我答疑解惑、指点迷津，有优秀的同事相互交流切磋、学习提升，让我这样的年轻教师能够快速地站稳讲台，愉悦成长。东职有优良的学风，思政部也有比较宽松、和谐的环境，让老师在完成课程基本要求的基础上，自由地成长。清华大学的扈志明教授写过这样的话，他说："作为教师，用心是做好工作的基础和保障，用心向老教师请教，用心向同辈学习，用心掌握教学要求，用心组织教学内容，用心完成教学过程，当然更要用心关爱自己的学生。"我会以此来要求自己，继续在教学一线，与我的前辈、同辈、学生一起共同成长。

教学相长

　　2006年，《普通高等学校辅导员队伍建设规定（教育部24号令）》正式发布施行，其中第一章第三条明确要求，辅导员应当努力成为学生的人生导师和健康成长的知心朋友。在将近10年学生工作历程中，我校学生工作队伍坚持育人为本、德育为先，认真做好学生日常思想政治教育及服务育人工作，遵循大学生思想政治教育规律，努力拓展工作途径，贴近实际、贴近生活、贴近学生，增强工作的吸引力和感染力，以真情感人、以真情化人、以真情育人，形成了亦师亦友的良好师生关系。

科技改变生活 创新成就梦想

2015级华为2班　卓惠佳

常常有一些奇怪的点子浮现在我的脑海中，无论道路有多么艰难，我都会将这些点子一一实现。没错，我是一个电子爱好者，常常"DIY制作"各种各样的电子产品，对电子充满着谜一般的兴趣。因为我坚信，兴趣是最好的老师，在电子的世界中，没有创新，何来科技？

我叫卓惠佳，是东莞职业技术学院电子与电气工程学院2015级华为2班的学生，也是2016—2017学年度国家奖学金获得者。对电子的痴迷，令我对这个世界充满着求知欲。我深知知识的重要性，知识是科技创新的根基。入学以来，我充分利用自己的课余生活，沉浸在知识的海洋中学习各种各样的知识。在大一一年里，我通过自学完成了大二要学的所有主干课程，这也为后面的比赛打下良好的基础，为科技创新的道路做了铺垫。

大二那一整年，很多奇奇怪怪的想法涌现出来，我先后制作了"基于51单片机的蓝牙空气净化器""LED可见光智能刹车预警系统""电子白板""钢珠运动测量装置系统"等众多作品，也将这些作品拿去参加各种各样的电子竞赛，先后获得第十六届全国机器人大赛Robotac赛事二等奖、第十四届"挑战杯"广东大学生课外学术科技竞赛一等奖、全国大学生电子设计大赛广东组三等奖等诸多奖项。对我来说，大学，就是要在比赛和创新中度过才显得更有意义。只有参加比赛，才能够接触到更多的知识和更多的技术，才能满足我各种各样的想法。

然而，比赛都不简单，紧张刺激的备赛让我尝遍了各种酸甜苦辣，但为了梦想，我还是坚持下来了。我相信，付出就会有回报。终于，皇天不负有心人，在我和队友们的共同努力下，2018年3月我们获得了"LED单体封装结构""基于双极性霍尔传感器的电子黑板及其书写系统"两项专利，这无疑是对我最大的鼓励。

通过竞赛，不仅让我专业技能得到了很大的提升，同时也使我在自学能力、团队合作、为人处事等方面有了很大的进步，我离科技创新的梦想又更近了一步。这段经历，也是我人生中的一笔巨大的财富。

除学习之外，我的大学生活里还有许多有意义、有意思的事情。大二那年我担任电子工程系电子协会项目部部长。负责协会的各个项目进度的跟踪和指导。这一切都让我受益良多。在科技创新取得成果的那刻，我甚至还想去创业。在大二的下学期，我参加了"东莞市中集智谷杯创业比赛"，在60多个队伍中杀进前十，取得了三等奖的成绩。

梦想与实践同行，只有实践才能将梦想实现。在大二的暑假，通过老师推荐，我到东莞市长工微电子有限公司实习。在实习过程中，我深感只有不断学习知识，才能成就科技创新的梦想。新工作、新知识、新见识、新体验，都让我对未来充满了憧憬，对科技充满了期待。

三年的大学时光如白驹过隙，转瞬即逝。在这三年实战与理论相互交锋的战场，我将自己缠在茧里，默默成长，不断锻炼自己的筋骨，磨砺自己的意志，坚持我的梦想。不积跬步，无以至千里；不积小流，无以成江海。在人生的轨道中，我要给自己留下浓墨重彩的一笔！

【指导教师点评】

电子爱好者的成长辅导记录

电子协会指导教师 麦强

电子协会，一个电子爱好者梦想起飞的地方，在这里能找到志同道合的人，一起实现自己奇思妙想；在这里没有手机游戏，却能让成员利用课余时间相聚一起；在这里有成功设计出作品的喜悦，也有越到难以解决困难的苦楚。电子协会助电子爱好者快速成长。

我与惠佳相识于电子协会组织的电子创新创意设计项目，这个项目通过申请立项、作品制作、评审作品这个流程，资助学生独立完成一个电子作品设计与制作。当时惠佳与陈思波（秘书部部长）、刘璐（设计部部长）三位大一的学生组成团队，提出要设计一个LED唤醒灯的项目，并找我当指导老师，在整个项目设计过程中，他们3个通过提前自学电子专业核心课程单片机，完成了作品的设计。

大一是一个积累的过程。惠佳经历了创意项目的设计过程，参加了第六届电子设计竞赛，为暑假广东省电子设计大赛积累了一定的基础，设计出作品"基于51单片机的蓝牙空气净化器"获得了广东省三等奖。

大二是快速成长的一年，在这一年里他参与了省"攀登计划"，并先后获得全国职业技能大赛嵌入系统设计广东省选拔赛二等奖、第十四届"挑战杯"广东大学生课外学术科技竞赛中一等奖、第十六届全国机器人大赛Robotac赛事二等奖、全国大学生电子设计大赛广东组三等奖，满满的收获背后是整天"宅"在电子E创空间的艰辛付出，一系列的比赛让他比其他同学成长得更快。

大三是沉淀与拓展的一年。他在"赢在东莞"大学生创新创业大赛中，通过对自己项目的总结，学会了从创业角度分析了项目，并获得比赛三等奖。也逐步对项目进行提炼，申请获得授权专利2个，发表学术论文1篇，并选择了一家集成电路设计公司进行顶岗实习。

看着学生在协会里逐步成长，作为电子协会的指导教师，我深刻地意识到通过项目的孵化让学生积累设计经验，以及通过参加各种比赛提高学生专业技能的重要性，电子协会已经形成知识竞赛、电路制作大赛、创新创意设计项目、电子设计大赛等系列活动，为学生专业技能的培养提供有效的路径，为各类比赛输送人才。我将继续努力将电子协会打造成为电子爱好者实现梦想的地方。

挥手自兹去 望君记初心

2013级会计4班 陈凯婷

再回首恍然如梦，

再回首我心依旧，

转眼间，大学三年已经过去，

回首我的大学生活，

一切依然历历在目，

我想即使很多年过去，

我依然会怀念那时，那天，那人，心怀感激，

挥手自兹去，望君记初心

　　我是来自财经系会计专业的学生陈凯婷，几天前接到学生处的通知，让我在今年的毕业典礼上作为毕业生代表发言，在我感到十分荣幸的同时，更多的是忐忑，因为这个节点是在已经离开学校实习了一段时间，经过在工作岗位的锻炼，再跟之前在学校的学习生活对比，我感慨万千。原先我准备了一篇很正式的演讲稿，但想想还是想借这个机会用最朴实的话语和最真实的感受把我自己这三年的大学生活分享给大家，能够站在毕业典礼的演讲台上发言，这或许是我大学生活中所获得的最珍贵、最具分量的一份荣誉。

　　就在上周，我的微信朋友圈被学院公众号推出的一条链接刷屏，那条链接的题目是"东职，离开之前再看你一遍"，我相信在座的各位很多都有留意。点击进去，勾起了我很多回忆，才发现原来校园的每一个角落都留下了

我们的身影，教学楼、图书馆、实训楼、学生活动中心等等都为我们提供了良好的学习环境，为我们将来的发展搭建了坚实的平台，如今说声道别真的舍不得。

今天回到宿舍收拾行李，翻开一摞厚厚的获奖证书，有个人的，也有集体的，回头看看这一路走过的脚印，踏实而坚定，尝过的酸甜苦辣，都给我留下了弥足珍贵的回忆，也成为我未来发展的不懈动力。

今天在场的很多都是我的学弟学妹，师姐想借此机会跟你们说："好好珍惜余下的大学生活，大学是一个很好的锻炼舞台，只要努力，这里便可书写你的精彩，学好专业知识，多考取专业证书，拓宽自己的人脉，积极参加学院组织的各项活动和比赛，一次失败了没关系，咱们再来第二次，坚持下去，总会有意想不到的收获。不忘初心，方得始终，只有不忘记自己最初的目标，才能有始有终地去完成自己的梦想。"

这三年，也许你精功于学业，出现在奖学金获得者的名单上；也许你活跃于校园，在学生会独当一面，社团活动毫不松懈；也许你想要在各个领域展示自己，创业大赛、建模大赛、歌唱大赛一个都不落下……我们学会了怎样去努力，为集体荣誉而打拼，但是当这一切慢慢成了回忆和过去，我们渐渐发现，其实大学三年给我们最大的财富不是这些经历，而是每一张恋恋不舍的脸，在前一天我们财经系的毕业聚餐上，就算是喝得醉得不省人事，也还是想泪流满面地去拥抱一个又一个同学，也许这是我在大学3年里最不堪、最"东倒西歪"的形象，但那都是我想要对大家说的"一起放在心里"的最深感受，我希望我们能够做到：一朝同窗，一世朋友。用最熟悉的一句话来说就是：遇见你们就是我在东职3年最大的意义。当然，除了朋友之外，还有一样不会变的，那就是老师，在我上周回来办离校手续的时候，走进老师办公室说感谢老师这3年的指导，当听到"如果真的感谢我们，就应该常常到办公室来敲一敲我们的门，常回来看看"那一刻我突然觉得很惭愧，这3年我们更多的是关心自己，关心朋友，却忘了是老师撑起了东职的这一片天，是你们让我们懂得了去关爱这个社会，关爱我们的父母，对我们自己负责，我们平时太羞于表达，但并没有阻止我们对你们的喜爱，我们都希望在走出这个校园之前和你们每一位合影，听你们说一说话，谈谈对未来的看法，谈谈人生的道理，记住你们的每一句叮嘱和每一个微笑，我想代表2016届全体毕业生向老师们说："谢谢你们，现在是，将来也是，希望我们能够常联系，让我们走出校园之后还能记住你们的训导。"

当然，最后我想说的，就是我希望我们的同学和老师都要保重身体，为了我们事业、我们的幸福、我们的梦想，也为了在3年、5年、10年之后，我们仍然能够集聚一堂，回忆我们的青春岁月，感谢东职给我们的一切。

【指导教师点评】

一起成长的精彩

管理科学系辅导员 何璐

2013年9月还在学生处工作的我接到任务，担任财经系2013级会计4班的班主任工作，也因此认识了陈凯婷同学，从此结下了师生之缘。

初次见到陈凯婷时，她是一个刚做了手术出院，身体还比较虚弱的瘦小女生。因为新生入学要军训，她跟几名同样是因身体原因不能参加军训的学生一起向学校申请了免训，当时由于学生处日常工作的需要，这些学生就在军训期间留在学生处当临时的学生助理，正是这个契机，凯婷成了我的临时小助理，也因此成为我在2013级会计4班中最先熟悉的一名学生。

我开始留心这个小女孩，通过观察，我发现她对待老师布置的任务非常用心，每件事都用虚心的态度去学习，用心完成，当时就受到了学生处各位老师的赞扬。当我这个新生班主任因工作原因不能去运动场看望军训的同学时，她就会主动关心同学，把紧急情况及时告诉我，让我来处理，让我及时掌握班级的动态。同时，我还发现凯婷综合素质较高，有着担任多年班长的经验，社会实践活动丰富，尤其有书法上的特长，曾获得了1个国家级的书法大奖。我为发现了1个好苗子而欣喜不已，开始设想如何才能够为她搭建一个更好的成长平台，在大学3年得到更多的锻炼，走上更加广阔的舞台。

第一步，就是鼓励她树立服务意识与责任意识，积极竞选班长一职。在进行新生班干部的选举前，我就做她的工作，希望她能竞选班长，协助班主任管理好班级，刚好她自己也有这个想法，在竞选班长时，她的演讲和她平时对同学们真切关心和帮助密不可分，最后几乎赢得了所有的同学对她的支持。在正式履职后，她用实际行动努力地兑现竞选班长时对大家的承诺，正如她在大三时参加学院优秀学生干部经验分享会上所说的"不忘初心 方得始终"，在凯婷的带领下，2013级会计4班硕果累累。连续两年获得了学院"先进班级"的荣誉称号；分别获得了学院"优良学风班""先进团支部"荣誉称号；班风、学风受到了科任老师和辅导员一致好评，在各类活动中全班同学都积极参与，无论是合唱比赛还是拔河比赛，都体现出了极强的班级荣誉感，大家都有不服输的精神，并踊跃夺冠。所有的成绩，不仅仅是全班同学共同努力的成果，也是凯婷作为班长向老师、同学们交出的最好答卷。

除了鼓励凯婷担任班长一职，我还着重培养她的综合素质，支持她发挥特长，广交朋友，勇敢突破自我局限。如此一来，凯婷的校园生活越发的忙碌、充实，她不仅担任了我们班的班长，还担任了学院书法社学生负责人、学生处学生助理负责人等职位，真正做到了学习、工作两不误。在毕业典礼上，她还作为优秀毕业生代表上台发言，看到她在台上自信、成熟的发言，让我回想初次见面时那个瘦小、略有青涩的女孩，心中充满了感动，因为她真的是一个谦虚、有爱且知道感恩的女孩，她常对我说，是老师给了她很多的锻炼机会，老师给了她坚持的信心。她在离校的最后一天，还特意把我们班3年来获得的荣誉证书、锦旗、奖牌用1个大大的袋子包装好交给我保管，说等以后他们回校看我时再一起回忆这些集体的荣誉。

凯婷是我在高校担任班主任遇到的第一个班长，她是一个非常负责用心的班长，在我今后的辅导员和班主任工作中选用学生干部时起到了很好的借鉴作用，只要学生干部用好了，学生工作就好做了，班集体就容易管理了，最后才能整体提升班级的品质。

在云南支教的青春时光

16级社区2班　陈静琳

白墙，灰瓦，墙裙；蓝天，竹林，砖房；台阶与星光。

距离支教结束离开云南已经1个月了，1000多公里以外的问候与想念总是显得那么珍贵，虽然我再也没有接到小朋友的电话，但是时常想起支教时所经历的某些瞬间，那些美好瞬间就像电影剪辑一样绚烂。那些蜿蜒的山路、动听话语，都定格在相遇的一瞬间。时光更迭，人来人往，转身离开大山，便是远方。

每个梦想都值得灌溉，眼泪变成雨水就能落下来，每个孩子都应该被宠爱，他们是最好的未来。第一天辗转到了小寨镇中心小学，大家很累但还是整理行李和调整心情迎接明天的课程，分工安顿好之后，一起讨论为明天的第一次授课而忐忑。庆幸的是，小朋友真的很可爱，那种由内而外散发出来的开心与天真，提及梦想时眼里闪烁着耀眼的光芒，太像我们小时候了。然而，在拓展的时候，输了的队伍需要上台表演，让我们始料不及的是有个小朋友哭了，我们有点不知所措。在留心观察并和小朋友谈心后，我们互相交换意见，发现其实这里的小朋友很敏感，城里的小朋友会希望有表现自己的机会，但是对于小寨镇的小朋友来说上台表演可能是一件不是那么好的事情，由此也反映出小朋友不够自信，他们身上拥有着最宝贵的笑容却因为不够自信而把自己封锁。我们决定要为小朋友带来更多的关爱，帮助他们变得更自信。

而后的几天，我们尤其关注小朋友们的心理状态以及表现情况。心理画课程有个小朋友画画的时候一直不肯让别人看自己的画，直到后来我们才看到了画里有几个小人手牵手、太阳、很多花花、很多云，画中配文写道："我真的很开心，哥哥姐姐给我们带来的影响很大，希望哥哥姐姐能喜欢我。"我们再次为小朋友内心的脆弱和敏感而震撼，他们的内心深处还是很希望有人关心爱护，希望能有人真的了解自己，陪伴自己。家访提议得到队内一致赞同之后，我们选择了离校最远的小朋友进行家访，我们走了大约1个半小时山路，一路上风景很好，但是路很崎岖，也很偏僻，我们走山路都觉得吃力，但是小朋友每天都这样上下学。到了小朋友家里，是那种土屋，没有灯，也没有多余的摆设，偶尔有几声狗叫。交谈中才得知，小朋友的爸爸妈妈都不在家，只有外婆带着他们，让我印象尤为深刻的是外婆说"不管条件多差，我都要让她们读书"。这也是我们来到这里最大的初衷，希望把梦想的种子，或多或少地给他们播种下去。我们最大的愿望，也是希望这个种子像微弱的火苗，只要他们心里有沃野万里，就一定会燎原。

在云南的时候很累，但时间也过得很快。小朋友对我们表达爱意的方式很简单，就是我喜欢的东西留着给你，他们把自己不舍得吃的李子、桃子偷偷塞给我们吃。在云南的生活很简单，最好的青春遇上了最纯粹的童真，行囊弥漫着夏天的味道。我们所希望的支教，不再是那种扶贫式的支教，更多的是想带给小朋友一份快乐，一种理念，一份感恩社会的心。

因为这个村镇，我们有了一份埋藏在心底的美好记忆。我们眼中的小寨，虽举目皆是越不过的山，跨不过的石梯，但天总是湛蓝的，山总是清秀的，你们的笑容也总是美的。希望我们的离开是小朋友梦想的起点。

时间像静下来一样，阳光透过树荫落下斑驳，风吹过院落石台，坐着双腿摇晃，拉着手靠着肩哼着歌，云南你好，云南再见。

【指导教师点评】

彝路有你 青春筑梦彩云之南

机电工程学院辅导员 汤晓

题记：我们无法延长生命的长度，但可以拓宽生命的宽度。当我们站在路口做出选择的时候，之后的人生轨迹也会随之发生变化。在参加云南昭通支教团之前，我从来没想过自己的人生还会有这样的旅程，我们和孩子们一起练拓展聚团队、玩乐高学知识、吟诗词叹古今、打篮球强体魄、看电影读人生、手指画比创意、说旅行看世界……

短暂的时光虽然不能改变孩子的生活，但注定在他们的人生轨迹里留下不一样的痕迹。之于我们，与其说是去帮助别人，更不如说是在活动中浸润自己。体验了自己不曾体验的生活，思考了一些自己不曾真正思考的问题，感悟了一些自己不曾感悟的道理，也见到了自己没有见到过的世界。离别是为了更好的相遇，正如一个小女孩说："姐姐，虽然不舍，但未来我希望成为更好的自己，去和你再次相遇。"

2018年7月我校成立了3支志愿服务队前往云南昭通，缘分或许就是如此的巧妙，由我带领的志愿服务队，很荣幸地被派往彝良。也许是冥冥中的注定，跨越1480公里的距离，我们就这么与彝良民族中学结下了不解之缘。在学校的大力支持下，在云南省昭通市彝良县人民政府、教育局和彝良民族中学师生及家长的关心和帮助下，我们在这里与33名彝良民族中学初一的同学们共同开启了为期12天的暑期志愿服务活动。

一、选拔培训，打造思想一致、力量集中的志愿队伍

本次志愿服务活动，是东莞职业技术学院首次在云南省成立志愿服务队。学校高度重视，始终以"自愿参与、公开选拔、公平竞争、广泛监督"的原则，筛选出3名指导教师和21名志愿服务队员。其中彝良志愿服务队的指导老师和队员们都有着丰富的志愿服务经验和奉献精神。东莞职业技术学院长期以来都非常注重志愿者的培训工作。在本次公益培训活动中，东莞职业技术学院的青年志愿者们始终秉承"奉献、友爱、互助、进步"的志愿精神，以"胸怀祖国、服务人民"的要求用实际行动履行志愿诺言。

二、精心部署，为志愿服务活动提供有力保障

1.团队建设。选拔的队员都具有丰富的志愿服务经验和较强的责任心。由于团队来自全校不同专业，我们在出发前通过会议、方案策划、建立联系群等方式，增进彼此的了解和信任。

2.团队管理。活动的顺利开展离不开一个良好的管理。团队成立后，我们首先制定了本组的日常管理办法和日程安排。同时选出队长负责工作统筹，我们根据各自的特点进行课程分工，还设置了宣传组、摄影组、后期保障组。

3.沟通对接。在出发前，我们与当地政府、教育局以及彝良民族中学的工作人员取得联系，支教活动得到了他们的大力支持，同时我们充分了解彝良民族中学参加本次支教活动的学生情况，以及沟通了前往当地生活应提前准备的各项事宜。

4.课程安排。在出发前迅速拟定支教课程。根据团队成员的特长和当地学生的需求，我们拟定了素质拓展、乐高、绘画、音乐、街舞、篮球、诗词鉴赏、体育等丰富多彩的课程。

5.物资准备。出发前根据课程安排我们提前准备了电脑、书本、小礼品和各种教具。为了充分保证活动顺利开展，我们还准备了常用药品。

6.安全保障。安全是本次支教活动的重中之重，我们要求必须团队出行，不允许单独行动。同时为队员购买保险，也与队员家长保持紧密联系。

三、发挥特长，打造丰富多彩的公益培训课程

东莞职业技术学院云南省昭通市彝良县志愿服务队的队员们在保证同学们每天完成定时定量的暑期作业之余，充分发挥自己的专业特长和兴趣特长为彝良民族中学的同学们策划、组织开展了文化、艺术、体育、科技活动，活动在学校老师和学生群体中反响热烈，成效显著。

1.素质拓展，增强团队凝聚力

支教第一天的素质拓展迅速将同学们进行分组和团队初步建设，其中包含了破冰活动、认知"你，我，她"、数字传递、信任小火车、成长之路、向日葵等项目。同学们格外专注和投入，不仅迅速掌握游戏要领，还给予我们很多意想不到的方法，提出许多反思和感悟。

趣味运动会和篮球课程更是增强了团队凝聚力。通过接力赛、投篮比赛、五子棋大战、夹乒乓球、你画我猜、智力小比拼等活动，寓教于乐，在活动中学会团队互助的重要性，同时也养成锻炼体魄，加强身体素质培养的良好习惯。

2.乐高体验，培养学生创新能力

乐高是起源于丹麦的国际流行玩具，目前也是运用最广泛的创新培训课程之一，它给予了同学们无限的创意空间。我们通过组建弹力小车、搭建攻城车让同学们认识和运用重力势能、弹力势能、平行四边形的不稳定性等原理，同时发挥团队作用和头脑风暴，将有限的资源打造成个性化的作品。

3.语言世界，提升学生的语言沟通能力

英语作为国际通用语言，在全球化日益增长的当今世界，英语学习的听、说、

读、写中的说也显得尤为重要。通过对英语电影配音，以新颖的教学方式，带领同学们领略英语口语之美，同时激发其对英语学习的兴趣。

4. 诗情飞扬，让经典浸润我们的人生

惊艳时光的经典诗词，宛若中华文化的瑰宝。中国人的每一种心境，都被古诗词吟咏过了。通过诵读那些让我们怦然心动的诗词歌赋，从为我们诉说思乡之苦的"一叫一回肠一断，三春三月忆三巴。"（摘自《宣城见杜鹃花》），到忧国忧民的"国破山河在，城春草木深。"（摘自《春望》），再到大气磅礴的"恰同学少年，风华正茂；书生意气，挥斥方遒。"（摘自《沁园春·长沙》），师生们共同领略了中华文化的出尘之美。

5. 手指绘画，描绘出绚丽多彩的世界

"孩子有100种语言，100双手，100个想法，一百种思考、游戏、说话的方式"。通过手指画。让手成为世界上最灵巧的画笔。手指画的教学，让孩子们的想象力和创造力得以展现。每一幅手指画都是他们内心的真实反馈，也描绘出绚丽多彩的世界。

6. 阅历分享，让志愿者的人生经验成为学生们的指南针

在教学过程中，志愿者们通过将自身的学习方法、人生经验和同学们进行分享，不仅拉近了与学生们的距离，同时也让自己人生中经历中的一些宝贵经验成为学生们未来前行的指南针，希望他们可以未来展翅翱翔。通过观看影片《三傻大闹宝莱坞》，鼓励同学们去寻找自己的兴趣与爱好，并能够将理论知识真正融入实践当中。在人生旅途的分享课程中，志愿们更是将自己在世界各地旅行的精彩故事与同学们分享，希望同学们可以努力学习，走向外面的世界，去拥有属于自己人生的旅程。

四、彝良红色故里行，走进寻常百姓家

2018年7月22日东莞职业技术学院2018年暑期"三下乡"社会实践云南省昭通市彝良县志愿服务队一同前往"罗炳辉将军纪念馆"。罗炳辉将军出身贫寒，却通过自己的努力和奋斗成了开国元勋和战斗英雄。他是人们口中的"神行太保"，是"神枪手"，更是会运用梅花桩式游击战术的军事奇才。他为人刚正不阿，毛主席评价他"正派耿直"。志愿者们纷纷被罗炳辉将军的传奇事迹感动，也被罗炳辉将军的革命精神鼓舞。

同时我们跟随彝良县角奎镇副镇长郭友琼同志、彝良县人民政府工作人员高懋杰同志的步伐来到马腹村在探访当地村民，了解他们的生活状况和需求，同时也把大学"绿色通道"、勤工助学、学费减免、奖学金、助学金等相关资助政策，东莞职业技术

学院的基本情况和在云南的招生政策介绍给了当地村民。为教育扶贫做出应有的贡献。

五、积极传递公益精神，宣传工作初显成效

在 7 月 18 日至 28 日期间，东莞职业技术学院云南省昭通市彝良县志愿服务队通过微信公众号（东莞职业技术学院学生会、东职院志愿服务中心、团聚东职）共发文 5 篇，阅读量 3788 次，点赞数 148 次。同时还专门成立了新媒体宣传小组，积极运用微信平台进行项目推广、新闻推送、支教随笔等内容的宣传。对本次公益培训活动的开展和宣传起到了重要的正面推广作用。

12 天的时间，72 个小时的课程，凝聚了我们彝良志愿服务队每一位成员的努力和汗水，融汇了彝良民族中学 33 位同学的点滴成长。而在培训顺利进行的背后更是蕴含了东莞职业技术学院、彝良县人民政府、彝良县教育局、彝良民族中学的老师、家长们对我们志愿服务活动的大力支持，"彝路"有你们才使得这个夏天如此特别，而我们也在本次暑期志愿服务活动中收获良多，得到了锻炼。

习近平总书记在天津考察时，勉励当代大学生志存高远、脚踏实地，转变择业观念，坚持从实际出发，勇于到基层一线和艰苦地方去，把人生的路一步步走稳走实，善于在平凡的岗位上创造不平凡的业绩。习总书记这一谆谆教诲，是对当代大学生和广大青年的嘱咐，是着眼于党和人民事业基业长青的深谋远虑。当代青年往往有着各自的人生美好规划，这是激励自己前进的目标和动力，值得赞许。但是，我们要海阔天空地想，更要脚踏实地地干。实现中国梦，梦想在心中，路在脚下。彝路有你，我们用青春筑梦彩云之南。

学生感言

班级学风建设、宿舍家园建设、"三支一扶"、勤工助学、顶岗实习、插本深造……一届又一届的东职学子在他们的成长道路上摘取到了丰收的果实。学生们写下的成长小故事，不仅记录了他们在大学期间的所见所闻、所思所想、所感所悟，也反映了我校学生工作队伍在思想政治教育工作上的付出与成绩。近年来，我校学生工作队伍围绕学生、关照学生、服务学生，采取丰富多彩、积极有效的措施，帮助学生安心求学、健康成长、顺利就业。学生们的成长成才，就是对我们最好的认可。

先进班级成长记

——2016 级工商企业管理 1 班班级建设经验

2016级工商1班 邵晓清

我们班荣获了2016—2017学年度"先进班级"这一荣誉称号。先进班级建设不是一朝一夕的事情，需要长期的努力，从方方面面抓起。我们的班级建设主要从班级建设、干部组织建设、宿舍生活建设、奖评激励这几大模块入手。以下是我们班委总结出来的经验，希望能够给各个班级的建设提供可用思路。

一、班级建设

班级建设包括班委建设、学风建设、班风建设三大方面。

在班委建设上，班委通过班级民主推选产生，此后，召开班委会议明确各个班委的职责和设立班级总目标，这就相当于设立了一个共同的努力方向，比如"大一学年第一学期获得心理优秀体验课荣誉称号"。设立班级总目标是第一步，其次是要把总目标分为小目标，即每位班委在相对应的职责上面应该完成什么任务，从而促进总目标的实现。班委之间经常交流可以提高大家在工作上的默契度，顺带交流工作上碰到的困难，一起讨论解决，利于顺利开展各类的班级班会、班级活动。

2017年，我们班级团支部在老师的指导下，开始进行了"班团一体化"的探索，加强班级团支部的建设，这是很有必要的探索，它带动了我们很多同学志愿加入中国共产党，形成了良好的班级氛围。一个有战斗力的班干部团队，需要班干部之间团结、积极上进，并且有强烈的集体荣誉感，大家才能够在一个共同的目标下努力完成任务。作为班干部，我们很深刻的体会到，一个能够让工作既有效率又有效果完成的工作方法对班干部、对班级来说是多么的重要且必要。比如：在发通知之前，内容是什么，关键词是什么，对象是谁，时间限期这些都要编辑好，让班级同学能够快速知道要干什么。优秀的班委团队，是优秀班级的开始。

在学风建设上，2016—2017学年度，我们班获奖学金的共有21名同学，占班级人数的51%、占专业年级获奖人数的42%。其中，一等奖学金人数占年级比例29%，二等奖学金占年级比例33%，三等奖学金占年级比例52%。如此成果不是凭空而来的。班级实行分组学习，课堂以小组形式主动回答问题，课后能够以小组形式认真完成好作业。出勤率在系部名列前茅。难道我们的学习氛围没有低谷的时候？答案是否定的。我们班委后来总结经验，就是"擒贼先擒王"，每个班总会有几个影响力比较大、幽默度比较高、很能带动班级氛围的同学，从他们抓起总会有意想不到的效果，课堂氛围很快可以活跃起来。临近期末，同学们能够在班群里就老师平时给的练习题进行趣味讨论，共享学习方法，这对大家的复习考试无疑是很有帮助的。除此以外，大家能够主动积极地去提高自己的综合技能，如练习计算机一级、计算机二级、英语四级、人力资格证、专升本等，这和大家学习的自觉性是分不开的。学习靠自觉、也靠环境。营造浓郁的学风必要且重要。

在班风建设上，班上同学是主体，所以很多时候要鼓舞同学们一起参与进来，共建良好班风。我们通常会以主题班会、班级活动、篮球赛、心理活动、团日活动等形式来增加同学之间的互动，提高班级凝聚力。班风建设不可忽视，因为班风是一个班级的灵魂。也曾听说大学就是一盘散沙，那我们为什么不可以把散沙堆起来？班级像散沙，很大程度上是因为同学们之间联系少，不了解彼此，感情不深。所以经常能够让大家聚在一起、让大家参与进来的话题就非常有必要。同学间感情深厚，班级凝聚力增强，对我们成功开展各类活动意义重大。

二、用好班里的学生干部

我们班学生干部共有22人，占班级总人数的54%。除了班委以外，在其他学生组织担任副部长级以上的干部人数也非常多，他们横跨系团学7大部门、院5大组织、包括大学生超市店长在内。身为学生干部的他们，始终把握住"不做青年官、要做青年友"的原则，认识到积极配合班级的工作、老师的安排是自身的义务所在，并用实际行动服务同学，带动着班集体的氛围。身为学生干部的他们，有着比较丰富的工作经验和方法，在很多时候可以在其他方面补充我们班委工作上的不足，给班级建设提出更好的建议和方法，促进班级任务的快速完成。优秀的班级氛围，激励着大家不甘落后，努力做一个优秀的人，为班级争光。学生干部是我们班级建设的重要力量。

三、营造良好的宿舍风气

在宿舍生活当中，我们能够约束好自己，做到零晚归、零违规的优良生活风气，14个宿舍全部达标。在学校各类以宿舍单位评比的比赛中可以经常看到我们班的身影，比如"舍服大赛""装饰大赛"等等。良好的宿舍氛围也促进着我们先进班级的形成。

四、以评奖促建设

通过大一阶段的努力，我们荣获"优秀心理体验课班级""十佳团支部""优良学风班级""先进班级"这4个荣誉称号，这些奖项的获得绝非偶然，而是我们的团结、努力，赢得了大家的肯定，也因为大家的认可，我们会继续向前奔跑。奖项本身并不是最重要的，重要的是它代表着我们班的精神，是我们班级文化的载体，这些奖项激励大家勇往直前、努力奋斗，保持好我们班的荣誉，为自己、为班级而优秀。

我们信奉：学习是一种信仰，优秀是一种习惯。不管是在大学期间，还是在毕业后，我们都会努力保持优秀这一习惯，并内化于心，不断遇见更好的我们。

"同居"的美好时光

2015级社区1班 侯婷

宿舍并非是几米的小屋，它承载着我们4人的点滴生活，美好时光。

——题记

佛说："前世几百次的回眸才换来今生的一次擦肩而过"。2015年9月16日来到东莞职业技术学院，我感到很担心，害怕此地没有自己的容身之处。但后来我发现自己的担忧是多余的，一句"你好"打破了新生之间的羞涩感，拉开了我们温馨故事的帷幕。属于我们的"402社工·公舍"名称起源于：402是我们宿舍的门牌号，社工是我们的专业，公舍代表着我们共同的宿舍，我们共同营造的家，接下来我们大学的故事就在此地慢慢开始……

聚是一团火

构建和谐"公舍"需要大家共同努力，是我们共同怀揣着的目标。任前方荆棘丛生，我们将持之以恒；任前方波涛汹涌，我们将共赴前程。我们会不懈地摇桨，一起奏响属于我们的乐章。我们都是社区管理与服务专业的一员，从专业知识上得知社工一直秉承着助人自助的精神，服务的群体大多数都是社会上需要帮助的人，作为一名专业的社工，我们需要把握当下，使自己更加专业，注重理论与实践相结合。我们从两方面入手构建和谐"公舍"，分别是学业与志愿活动。

学业是学生之本，我们的《公舍条约》约定在学习上相互督促，共同进步，营造良好的学习氛围。在课堂上，积极与老师互动，基本是有问必答；

在实训上，群策群力。记得在公共礼仪的礼仪展示前，我们宿舍彩排5天，完美地展现出青春的风采，标准的姿态赢得了老师和同学们的一致认可。为了不让时间溜走，无论再忙，我们每个星期都会抽出一天，4人一起去图书馆接受书香的熏陶，补充课外知识。在大学里，我们考了英语四级，计算机二级，人力资源四级等与我们专业有关的证书。让我们感到欣慰的是连续两年我们都拿到学院奖学金，成为本专业唯一一个全宿舍都拿奖学金的宿舍，人称"学霸宿舍"。

志愿服务是我们的核心技能，作为社会工作专业的学生，我们平时非常留意志愿服务活动，这两年里我们在大朗老人院给老人家带去欢声笑语。在大岭山第三小学给外来工子女带去趣味小知识。关心工伤职工的康复和维权之路，到大岭山医院对工伤职工进行探访，了解他们的情况和需求。还有在国际马拉松松山湖赛区里尽责尽职，发挥我们志愿者的螺丝钉精神！我们坚信生命不息，志愿不止。

散是满天星

我们是一个集体，但又各司其职，有不同的理想和爱好。公舍里的小伙伴们平时根据自己的兴趣爱好积极参加学院组织的各项活动。

"公舍"宿舍长黄彩玉是院志愿服务中心的部长，是一个非常有爱心的女生，经常积极参加志愿活动，到大朗老人院和大岭山医院对工伤职工进行探访是常有的事，摄影也样样精通，被评为学院"优秀学生骨干"。"公舍"情感辅导员苏颖是个快乐制造师，能让快乐和正能量充盈整个宿舍，她喜欢华尔兹，是交谊舞协会会长，平时策划晚会和舞蹈比赛，吸引了学校众多的舞蹈爱好者和广东科技学院以及广东医科大学的交谊舞舞者前来参与。"公舍"高级秘书长是我们瑞恩同学，她热爱学习，博览群书，是图书馆常驻VIP，在宿舍里经常与苏颖讨论时事热点。而我是"公舍"的行政管理员，负责"公舍"的物资采购，同时我担任管理科学系团总支副书记，日常整理组织团总支各项工作以及活动的总结、新闻稿撰写等文案工作，是老师的好帮手。

大学宿舍是个充分体现个性的绝佳场所。瑞恩同学时而跟我们说生活的小道理，彩玉同学时而在一旁默默地点头，苏颖同学时而和我唱起经典老歌《心雨》。都说生活在一个好的环境中是一件幸福又很快乐的事，我们的宿舍就是如此温馨和谐的好环境，让我们深感自身的好运气。

　　青春如期，载梦远航。我们在最美好的年龄里相知相遇，一起学习，一起进步，共同展翅飞翔。我们建设的是一个真正的文明寝室，是生活学习的好场所，一起经历的点滴，丝丝缕缕的联系让我们凝结成一股强韧的力量，不断地将我们这个小小的集体维系得更紧，更紧！

支教星光 照亮未来

财经系"心夏乡"志愿队 陈鼎熙

今年7月，我们度过了一个极富意义的暑假。

初来乍到，紧张筹备

历经8个多小时的长途跋涉，"心夏"乡全体成员抵达博古小学。在到来之前，我们已经听闻该校设施简陋，但当大家亲眼所见时还是吃了一惊。1栋2层的教学楼，设有7间教室和1间简单的教师办公室，操场是门前那片空地。看着孩子们闪烁着期盼的眼睛，感受着村民和老师们诚挚的欢迎，那一刻，我坚定了决心，作为新时代大学生，我们有责任有义务尽最大的努力来支持农村的教育事业，不管条件有多么艰苦，我们都会坚持下来。

紧锣密鼓的招生工作后，我们将报名参加的学生按年级分成两班，幼儿园到二年级为小班，三年级到六年级为大班。考虑到农村小学的孩子生活条件不是太好，我们开设了趣味英语、体育拓展、羽毛球、音乐、太极拳、手语、手工课、安全教育等多门第二课堂课程，丰富孩子们的课外知识，提高他们的动手能力。在语、数、英教学方面，我们更多的是传授学习方法，孩子们有的活泼好动，有的害羞文静，都很单纯可爱，一开始都表现得腼腆，很快就和我们打成一片。了解学生是决定上课成败的关键，所以，我们每天利用课间，甚至是放学时间，聆听孩子们的心声。特别是一些调皮捣蛋的学生，只要你主动了解他的想法，给予他们应有的尊重，他们自然会尊敬你，听你的话。

由于我们人数较多，学校为我们提供了两个教室，作为临时宿舍，我们在这里生活，需要自己劈柴生火，买菜做饭，面对打地铺和大锅饭的日子，大家欣然接受，没有一个人抱怨，我们像一家人一样分工合作，互相照顾。

慢慢接触，互建感情

支教活动开始了，第一次当老师，我们有些紧张，但都竭尽全力把课上好。所谓无规矩不成方圆，第一堂课，我们给孩子们强调了课堂纪律，定规矩，赏罚分明。课堂上，孩子们很认真，很配合，他们不仅是学生，也是我们的搭档；课后，我们是孩子们亲密无间的玩伴、无话不说的朋友。有一位家长说："以前孩子一放学就会回家，现在回家吃了饭就立马跑回学校了。"看来孩子们是真心喜欢我们的，看到孩子们天真烂漫的笑容时，我们的辛苦也就烟消云散了。

我们团队的感情也日渐升温，我们变得越来越默契。最高兴的是大家一起讨论的时候。虽然之前做了充分准备，但是到达这里后才发现之前的准备工作并不一定完全适用，需要支教组全体成员一起对教案进行修改、调整。支教组，后勤组和宣传组相互配合，遇到难题一起想办法，我们这个团队是团结的。在下乡期间学院党委副书记莫强同志亲临博古小学探望我们，让我们倍受鼓励。指导老师姚志坚老师给全体队员上了一堂"一学一做"的主题团课，组织全体队员学党史知党情，提升队员的思想觉悟，我们可谓是受益匪浅。

深入基层，增进了解

为了更好地开展工作，我们对当地的家庭开展调研。我们派出队员进行家访，带着调查问卷，走访了当地家庭，调研了当地家庭对孩子教育投入状况。参与家访活动的队员分为两组，家访过程中，队员们热情礼貌，积极与村民交流。由于本地居民文化水平较低，一般是小学或初中毕业，还有部分居民是从未上过学的，队员们把问卷发给他们后还要将题目一道道详细讲解，然后让村民们回答。我们在闲聊中穿插问题，收集了第一手资料。当地居民以务农为主，经济较为困难，大多数青壮年劳动力均外出打工，而且多数选择深圳、佛山、广州等地，导致当地留守儿童及空巢老人较多。面对爷爷奶奶们，尽管语言不通，但是我们礼貌耐心，还是能顺利地跟他们交流的。我们发现当地人有"多子多孙便是福"的观念，每家每户都是兄弟姐妹众多，家庭经济负担很重，因而家长对子女教育的投入低。针对这些收集来的问题，当晚我们全体进行讨论、交流。我们认为脱离贫困的关键应该是让村里的青少年通过教育走出去，知识是致富脱贫的路径。在支教过程中，我们鼓励孩子们、家长们树立起"知识就是财富"的意识，希望尽我们的绵薄之力为农村教育事业做一些贡献。

支教星光，照亮未来

时间过得很快，离别的日子越来越近了，我们依依不舍，在这些天的相处中，我和队友们一起成长。从开始的无所适从到如今的游刃有余，现在我们能冷静对待问题、认真解决问题。离开的前一天晚上，我们举办了趣味运动会，孩子们都玩得很投入。在游戏中，我们教会了孩子们"更高、更快、更远"的体育精神，学会在竞争中尊重对手。赛后老师们为参赛获奖者颁发奖牌，为在这些天课上表现优秀的学生颁发奖状。在这些天里，尽管我们不能立刻改变彼此的未来，但潜移默化的力量是无穷大的。我们不仅仅给孩子们传授知识，还让他们的心灵得到成长。同时，我们也从中收获成长，不畏艰辛、乐于奉献的三下乡支教精神牢牢刻在大家的脑海里。

在最后一天，孩子们早早到校，像是往常一样大声地向老师们问好，像第一天那样热心地帮我们搬行李。有的孩子年纪尚浅，不懂得什么是离别，但很多孩子表现出与以往不同的沉默。是的，我们要分开了。孩子们将手工课上的作品赠于老师，用他们稚嫩的童音唱着《感恩的心》，在叠好的小小信封里写下自己的心事。离别，是我们给博古小学的学生们上的最后一堂课，面对离别我们应该微笑。汽车缓缓开动时，有的孩子终于忍不住流泪了，我们眼中也闪烁着泪光，却依然笑着挥手。

天下无不散的筵席，愿我能是你生命中的一道光，照亮你前行的路。

德国，与你相遇好幸运

2015级包装1班　欧阳东静

轻轻的我走了，正如我轻轻的来；我挥一挥衣袖，不带走一片云彩。伴随着徐志摩先生的诗篇，我的德国之行画上了句号。

为推动保障型资助向发展型资助转变，2017年4月，广东省教育厅发起"2017年广东省优秀大学生海外研学项目"，由教育厅和高校共同资助，培养一批具有国际视野、家国情怀的栋梁之材。感恩学校的推荐，让我有机会感受异国的人文风采。

带着大家的祝福，我踏上了国际航班，来到了德国。

研学第一站是杜塞理工。我到德国时，德国大学也在放暑假，但是校园里依然有学生在学习或者做实验，他们对于我们的到来并不好奇，继续专注地做自己的事。德国双元制教育模式闻名世界。所谓双元，就是校企合作，有方向性地培养适合社会工作岗位的优秀人才，让学生在学校学习理论，在企业实践。这里的大学没有围墙，没有考勤，是真正的自由自在。在如此宽松的学习环境下，学生没有放纵自己，迷失自己，而是高度自律，得到的结果就是高含金量的个人能力和职业素养以及通往自己今后职业道路的基石。

德国人在对青年人的培养和对其职业教育方面的远见卓识是让人佩服的。学生们在职业教育双元制体系中，从最开始就非常清晰地知道自己今后职业道路的发展方向。有了方向，为之努力；制订计划，为之执行。在这方面是值得我们学习的，因为我们多数是在大学职业生涯规划课程里才开始匆忙地思考自己的未来职业规划。在大学没有方向是容易迷失自我的。对此，我惊觉作为一名大学生就必须找到自己的方向，不要被短暂的安逸消磨了意志。

虽然，我们没有接受双元制的教育体制，但是学校的实训室资源丰富、设备齐全。这不正是与双元制体系中的企业有着异曲同工之妙吗？我们要充分利用现有的学习资源。

一直以来，我觉得工业与污染形影相随，而这一次我却为我的知识贫瘠感到羞愧。德国是制造强国，但当我们徜徉于重工业镇时，感受不到烟囱林立和重霾弥漫，迎接我们的只是和煦的阳光和轻柔的微风。翻译先生也为我们讲述了螺丝钉故事：伍尔特集团，自1945年成立以来专注生产单一产品——螺丝，几十年如一日的精雕细琢，终成无可替代的行业翘楚。"凝神屏气无言语、两手一心付案牍"的专注，这就是我所体悟到的德国工匠精神之魂！走访过的阿恩斯贝格、温克勒、梅克萨斯、德玛吉等培训基地，都使我深深地感受到了他们的工匠精神渗透到生产链的每一个环节。德国人的坚持、专注、严谨以及创新，就是德国工匠精神的奥秘！

杜塞尔多夫，科隆，海德堡，新天鹅堡，慕尼黑……一路向南，我把景色记录在脑海里。每经一处，拾起一粒石头，把足迹存放在一粒粒坚硬的石头里。生活并不是一成不变的，只要全力以赴，很多问题将不会是问题，你的梦想终将会实现。

在这次研学中，我觉得我自己比徐志摩先生更胜一筹，因为，我带走的，是一份情怀，一份期待，一份坚持，一颗永不言弃、执着向前的心。

小小螺丝钉

——我在华为做实习生

2015级机电2班　黄俊霖

　　起初，我不知道用什么词汇、什么身份来定义我们在华为生产实习的日子。经过9周的学习，我从一开始的迷茫、不知所措到有了目标后对知识、技能的渴望，到最后，对工作、伙伴、导师的不舍，最终在华为这栋摩天大楼里找到了属于自己的位置，成为华为一颗小小的螺丝钉。

　　出发前，老唐前来送行，眼神坚定地对我们说："到了华为，千万别把自己当作学生，而是华为员工，这样你才会有收获。"带着老师的期盼、同学们的祝福，带着对华为实习生活的憧憬，我们出发了。

　　我们来到实习生宿舍，8人宿舍、跟其他实习生混住，老鼠、蟑螂都在预料之外。刚开始同学们意见还是蛮大的，后来想通了：我们主要是来学习的，别人能坚持的东西为什么我们就不能坚持呢？在这个事情上我还是挺赞成华为的做法，任何实习生都一视同仁，符合华为艰苦奋斗的价值观。

　　天刚微亮，实习生负责人把我们叫醒了，安排我们去做入职体检。华为非常关心员工的身体健康。经过一系列检查，很遗憾有3名同学因身体原因离开了我们的团队。然后我们就开始了为期2天半的入职培训，经过密集的宣讲、培训，严格的考核、答辩，我们走上了我们的岗位——操作员，然后我们就被各自的工段长领回了工段。工段长看到我们身上充满着学生气息，起初什么工作也没有安排我们做，我们一整天都在旁边发呆。看着其他同事在忙碌，我们心里很想去搭把手，想快点融入这个大团队，找到属于自己的位置，让自己成为团队的一分子。刚开始时不能给团队带来贡献，还拿着不低的薪酬，让我感到很惭愧和失落。

后来才发现原来工段长这几天是在"冷落"我们，故意把我们晾着，就是想看看我们有没有耐心。工段长给我们每个人都安排了一个导师，让我们跟着导师学习，在导师的教导下我成长很快，1个星期的时间就获得了工段长的认可，可以独立完成一些任务，这对我来说是一种极大的鼓舞，让我对工作更加有信心了。对于初入职场的菜鸟，导师是蛮重要的，他不仅可以教你一些工作经验，也会教你一些人情世故，让你可以更快地适应职场。我很感谢我的两位导师，在我最无助的时候给我莫大的帮助。

我想其他同学可能会跟我一样，去到新的单位都会立刻想找到自己的价值，我想跟你们说一句"不用着急，这一天总会到来的"。现在，我越来越喜欢华为，我觉得我现在就是"华为人"。

时间过得很快，9周的实习期就要结束了，忙碌的时间总是让人怀念。这9周我们从一开始无所事事的无助，到后来参与工作的兴奋，再到完成任务后被信任的成就感，我们也付出了不少的努力和汗水。

螺丝钉虽小，但不可或缺。这段经历对我们来说太珍贵了，让我们在接下来的学习生活中更加认真地提升自己的专业技能，争取早日在华为占有一席之地。

逆风飞翔，一路追梦

2014级酒店管理　陈牡丹

俗语有言："逆风的方向更适合飞翔"。是的，逆风的方向也许不是一帆风顺，而是漫天风尘，一不小心也许会折了腾飞的双翼。然而，拽着风一路寻梦的坚持与无畏，终是把阻碍自己追求梦想的绊脚石变成了垫脚石，从而让人生一片晴空万里。

我出生在一个贫困的小乡村，那里山清水秀，清新的空气伴杂着泥土的芬芳，没有了城市的纷扰与喧嚣，仿若世外桃源。然而座座高山的阻挡，以至于我看不到外面世界的精彩纷呈。每当我仰望着蓝天，看着天空里小鸟飞行过的痕迹，我总渴望着有朝一日能走出大山，看看天空另一端的天地。可是看到爸妈辛苦工作的身影，所有遐想的美好都在一瞬间化为了云烟。直至14岁那年，我初学地理，看着地理书上那关于外面世界的精彩描绘：秀丽的桂林山水、雄伟的泰山、精巧别具风格的苏州园林……无一不让我憧憬。也就在这一年，我的心里开始埋下了一颗叫作梦想的种子，我梦想成为一名优秀的导游，与自己的家人走遍世界的每一个角落，与来自世界各地的人一起了解各地的民族风情，领略冰河山川的波澜壮阔。当双脚踏上自己渴望已久的那片土地之后，热衷于写作的我，也许会用我浅薄的文字写下一本游记来记录旅行中的每一个故事，每一寸风景，每一段刻骨铭心。

当梦想在心里生根发芽的时候，就如同小草一般有了破土而出的坚韧力量。于是，我借着读书这条绳索，步步攀岩，努力走出大山，朝着梦想一步步迈进。无奈的是，梦想再美好也必经风雨中的飘摇和击打，方能抵达成功的彼岸。高二那年，家有5个兄弟姐妹，由于爸妈收入微薄，生病住院频发的家庭状况，使得生活的重担已经压得我们喘不过气来。渐渐地，我萌生了辍学的念头，许是一念之差，也足以让我的梦想消逝在岁月的洪流里。庆幸的是，在亲朋好友的劝说下，以及我在无意中读到的汪国真的《生活》中的鼓励话语："有谁愿意让希望变成梦中的花朵，现实和理想之间，不变的是跋涉。"就这一句话，如同心上的一盏明灯，指引着我去重拾梦想。我不愿梦想的花儿还在含苞待放之时，我已折了它的茎，让它从此失去沁人心脾的芳香。于是，重新背上行囊，我又面向朝阳，朝着梦想出发了……

步入大学的殿堂之后，更加高昂的学费加重了家里的压力，但令我欣喜的是，大学里的国家资助帮助我减轻了压力。在国家助学金的帮助下以及我以优异成绩拿到奖学金的前提下，我毅然决然地选择了自己独立赚取学费和生活费，不再依赖爸妈。除此以外，我亦越来越渴望来一场说走就走的旅行。于是，我为梦想开始了漫长的兼职生活。回忆起往昔，兼职生活清晰如昨日，历历在目。犹记得，大学第一次兼职，在马蹄岗电子厂做流水线工作，因为我刚上手，赶不上他人的速度，于是挨了骂。如今想起监工对我说的那句话"大学生也就这样，好不到哪里去"。许是愤怒，许是委屈，这句话久久使我不能释怀。在做促销兼职时，意外被人抢去了工作，我不禁红了眼眶；在做派传单兼职时，饱受冷眼，拿着传单的双手亦变得苍白无力；在酒店做服务员兼职时，总是犯错却得到了客人微笑的原谅……一次次的尝试，在闪着泪光的青春里，一个人跌跌撞撞地学会成长。追求梦想的道路坎坎坷坷，但我始终相信，在尘埃未定，黑暗抵达之前，只要努力，梦想总有一天会焕发出光芒，这一路上仍会有姹紫嫣红，仍会是千山万水。成功之时，那些累与汗水都将变成一道日光的明媚，变成内心愉快的小幸福。

当然，要成为一名优秀的导游，学好英语是必不可少的。为了让自己的梦想绽放出满树芳华，我努力考取英语四、六级证书，并计划考取导游证之后加考英语导游和领队证。也许离梦想成功那天还有很长很长的一段路要走，也许这一路上会布满荆棘，也许背书背到眼泪都会不争气地掉下来，可是人生不经风雨又怎能见彩虹呢？弱者在困难阻碍面前说放弃，而真正的强者纵然经历万难也要咬牙坚持把梦追寻。而我，不愿做弱者。

为梦，我要飞翔，没有一个季节能把梦想阻挡！相信纵然花朵歇芳时，人生因梦想而在幽微的时光中亦有不朽的年华，就让我一路追梦，且歌且行吧！

行者无疆

——致专插本路上的你

2013级会计2班 汤婷婷

依旧是湿漉漉的雨天。

收卷铃声响起，2017年广东专插本考试结束。

收起"砖头"般的课本往校门口走去，考生们三五成群地离开考场，在我前面的是一高个儿的男生，军绿色的书包上别着格外显眼的红色小横条"XXX拼搏向前冲"……似乎所有人都相信，参加了这场二次高考真的会迎来更好一点的未来。

2次"战斗"经历

我比很多人更了解这样一场考试，因为我是一位跨专业考生，而且是"二战"考生。为了这个考试，我准备了2年。

2016年我上大三，实习工作繁重，我仅用一周时间复习考试。那时我每天在公车上背书，在工作间隙"刷题"。当时的我看起来好像很努力，却始终是抱着侥幸的心理去应付这个考试。当时我认为，即使不刻苦学习，我扎实的基础仍旧会使我取得好成绩。

失败来得有点突然，2016年4月11日，插本成绩公布，我五科总分317分，超线47分，省统考156分，比省线少4分，我遗憾败北。

成绩公布后那几天我过得特别不好，越是微妙之差，越会让人后悔和难过，没有脚踏实地认真过是我最大的错误。我开始思考走上插本这条路的初衷：我想改变不擅长的专业，想去不一样的大学体验不一样的生活，想逃避走出象牙塔去接触社会，我不想去工作，我想拥有与在乎的人并肩同行的能力，我想去更远、更美的地方，我想拥有更好的未来……想法那么多，行动却很少。毕业后我终于尝到了诸多苦果，所幸的是，我通过考试找到了很好的工作，我过得开心快乐，这些大概是失败后的觉悟吧。

2017年，我决定重新参加专插本考试。在截止报名前的最后几个小时我还在犹豫，刚刚通过司考的朋友发信息给我："其实年龄啊工作啊等等这些都不需要想太多，你不要怕。"她的话给了我勇气，我报考了和2016年一样的学校和专业。我明白，2017年的我短板依然是短板，擅长依然很擅长。作为一位尚未学成，但走过插本路2年的过来人，我愿意分享一些用血汗和教训换来的心得和学习攻略，希望同走插本之路的你可以得到一点启示，考试一举获胜。

四点经验之谈

第一，在报考前一定要自己想清楚为什么要继续读书，注意这是独立的思考，而不是父母家人的想法或者同学间跟风。这点非常重要，它将很大程度决定你的态度，是坚定不移还是左右摇摆。2016年插本的时候，因为已经有很好的工作机会，所以我并没有很坚定，一直持无所谓、顺其自然的学习态度以致后来失败。

第二，慎重选择专业和学校，千万记得，专业很重要！为什么要把专业放在学校前，因为近年来广东专插本可供选择的学校很少，自2017年开始广州大学停招后，其他二类学校几乎都没什么名校，也就是说，其实哪个学校都一样，都没有办法给你所谓"名校光环"，它们的差别大概只是学费、环境和地点。高考填志愿时，多数人还不具备独立思考的能力，也不了解各专业学的是什么，自己是否喜欢？导致很多人都是被选择，大学学的都是心里厌恶的专业。专插本有部分学校允许跨专业报考，这是你改变未来的绝佳机会。

第三，脚踏实地学习，不要抱任何侥幸心理。2年的实战，我可以这么说，专插本考试并不难，虽然除了专业课，我也没有考出什么好成绩，但我了解考试的各种规则和题型。只要你扎实认真地复习，一心一意保持几个月的高压状态，一般学校肯定是没问题的。这也是我之前没能做到的大教训，是前车之鉴。

第四，英语、政治是王道，省线是生命线。根据我的经验，一般学校出的专业课题目都比较简单，在掌握好基础知识的情况下，很容易就可以得到70及以上分数，所以五科总分很容易就可以过。插本难度在于需要2条分数线同时通过，缺一不可，这时候，三科省考科目成绩几乎决定了最后的录取结果。英语没法速成，在基础不好的情况下成绩自然糟糕。政治可以速成，这个科目就是考察记忆能力，我背诵能力很差，这科也是弱势。

世上可供选择的道路有很多，一条路不行可选择走另一条。学历确实很重要，但更重要的是你拥有持续前进的信念和个人能力去弥补学历上的弱项，千万不要妄自菲薄。

路漫漫其修远兮，吾将上下而求索。

最后，希望我的经验可以给正在迷途中的你一点小小的启发和激励，祝愿每一个同行的人拥有更美好的未来。

后　记

　　本书是《高校德育成果文库》入选书目之一，是东莞职业技术学院学生思想政治教育工作理论研究和实践探索的成果，汇聚了学工人员过去5年在一线的学生教育管理服务过程中的所思、所想、所为、所得。参与本书编写的有编委会成员李浩泉、陈柏林、刘伊、张楠、陈萃韧、邓雨鸣、汤晓、吴尔诺、王浩丰、张焕聪、吴丽莉、乐韵，我校教师刘佩云、赵韵姬、伍小鹃、党亚男、周欢、王伟、郑继海、莫欣妍、钟银贞、曹译方、薛松、黄丽军、何璐、苏楠、麦强、梁欢、文亚西、李俊衡、郭词飞、杨潇博、林再辉，以及我校学生邵晓清、卓惠佳、陈凯婷、陈静琳、侯婷、陈鼎熙、欧阳东静、黄俊霖、陈牡丹、汤婷婷等。本书在编写的过程中，得到了光明日报出版社的大力支持，在此表示衷心的感谢。

本书编写组

2019年1月于东莞